日本の食文化史

旧石器時代から現代まで

ISHIGE, Naomichi
石毛直道

日本の食文化史

旧石器時代から現代まで

岩波書店

まえがき

二〇一二年に、フランスのLucie éditions社から、わたしの著書『日本料理の技（L'art culinaire au Japon）』が刊行された。表紙には、フランス語の書名とならんで、日本字で「日本の食文化史」と書かれている。そのことからわかるように、日本人の食生活の文化を歴史的に論じた本である。

このフランス語版とほぼおなじ内容の著書が、二〇〇一年に英国のある出版社から、The History and Culture of Japanese Foodという書名で刊行されている。この本は、わたしが出版契約をした出版社が破産して、著者に無断で別の出版社に英文原稿を渡して刊行したものである。英国の友人から「あなたの本が書店にあるよ」という手紙をもらって、刊行を知ったしだいである。

したがって、わたしのもとには出版通知も、印税の支払いもない。著者の校正も経ずに、勝手に出版された不完全な出版物であり、わたしとしては不満な点がおおい書物である。英国の法廷に訴えようかと考えたのであるが、国立民族学博物館の館長に就任したばかりの時期にあたり、忙しさにまぎれ実現しなかった。しかし、わたしの抗議もあり、絶版にしたようで、現在の英国の古書店では、きわめて高価で売られているという。

この英語版の欠点を修正したり、あらたに書き足しをしたりして作成したのが、フランス語版である。世界的な日本食ブームのなかで、西欧語で読める類書のない分野について論じているということもあり、フランスの新聞に好意ある書評がいくつも載せられた。日本の食生活についての知識がない読者を想定してつくった本のことである。そこで、フランス語版では、日本のありふれた食物について考えたり、中国、朝鮮半島と比較したときの日本の食文化の独自性を論じたりしている。

従来の日本食物史についての書籍には、日本史研究者の著書がおおい。そのため、日本史の時代区分のなかに、食に関する出来事をちりばめるスタイルが一般的で、食文化を歴史学の枠組のなかに押し込めたようなものがおおかった。

近年、ようやく食文化研究が社会的に認知され、食文化の視点から日本人の食の歴史を考える論文や書籍が刊行されるようになった。しかしながら、それらの業績を理解するためには専門的な知識が必要であり、一般の読者にはとりつきがたい。

してみると、日本人の食についての予備知識のない西欧の読者のために、食文化研究者のわたしが書いた本の日本語版を刊行することにも意義がありそうだ。ということで、本書をつくることにした。

本書はフランス語版をもとにしながら、あたらしく書きおろしたものである。第一部「日本の食文化史」は、先史時代から現代にいたる食文化の通史である。ここでは歴史学における時代区分を採用せず、食文化の歴史を巨視的に考察するために考案した、わたし独自の時代区分法を採用して記述している。

第二部「日本人の食の文化」では、食卓、台所、外食店に舞台をとり、そこに登場する食べもの、飲みもの文化について描いている。

第一部、第二部の章立てはフランス語版とほぼおなじであるが、内容はことなる箇所がおおい。フランス語版では、日本の読者にとっては自明の事柄でも解説しているが、この日本語版では省略した。

そのかわりに、食から日本文化を読み解くという姿勢をより強調した記述となっている。
本書のもととなった英語版、フランス語版の刊行にさいして、わたしの日本語原稿を翻訳したり、海外の出版社との交渉をしてくれた京都通信社の中村基衛さんと、本書刊行にご尽力いただいた岩波書店の中嶋裕子さんにお礼申しあげたい。

二〇一五年九月

石毛直道

目　次

装丁＝桂川　潤

第一部
日本の食文化史

イントロダクション

政治や経済の体制、イデオロギー、技術などが、しばしば革命的ともいうべき急激な変化をしめすことにくらべると、食生活の歴史の変化は、よりゆるやかな進行をしめすのが普通である。

歴史学での時代区分は、政治体制の変化を指標になされることがおおいが、王朝や政府の制度が変わったからといって、民衆の食事の慣習がすぐに変化するわけではない。

あたらしい食べものや、食事の方法が国民全体に普及するためには、生産や流通に関する体制をととのえるための準備期間が必要である。また、幼少期から少年・少女期にかけて形成された食べものにたいする嗜好や価値観は、世代を単位とするゆっくりとした変化の過程で、すこしずつ変形しながら伝承される性格のものである。そこで、食生活の歴史の区分は、歴史学で一般にもちいられている時代区分とは、ずれをもっている。

この本では歴史学の時代区分にはとらわれず、日本人の食に関する歴史を考察するために実際的と思われる、著者独自の巨視的な時代区分法を採用することにした。

すなわち、日本列島に人類が住みつきはじめた旧石器時代から、新石器時代である縄文時代までを「先史時代」、弥生時代、古墳時代を「稲作社会の成立」の時期としてとらえる。

古代から中世の後半までの、六世紀後半から一五世紀までにいたるながい時間を「日本的食文化の形成期」としてあつかう。

ついで、中世の終わりから近世のはじめにあたる一六世紀から一七世紀前半までを、ひとつの時期として「変動の時代」の章でとりあげる。それは中世的秩序が崩壊し、封建制の再編成がなされた日本社会の変動期にあたる。また、中国、西欧との貿易によって外国の文化要素が導入され、それらの影響によって食の文

表1　日本食文化の時代区分

本書での時代区分	日本史の時代区分		
先史時代(狩猟採集)	旧石器時代		先史時代
	縄文時代	紀元前16000年頃から	
稲作社会の成立	弥生時代	紀元前900年頃から	
	古墳時代	紀元後250年頃から	
日本的食文化の形成期	飛鳥時代	592～710年	古代
	奈良時代	710～794年	
	平安時代	794～1185年	
	鎌倉時代	1185～1336年	中世
	南北朝時代	1336～1392年	
変動の時代(1500～1641年)	室町時代	1392～1568年	
	安土・桃山時代	1568～1603年	近世
伝統的な食文化の完成期	江戸時代	1603～1868年	
近代における変化	明治時代	1868～1912年	近・現代
	大正時代	1912～1926年	
	昭和時代	1926～1989年	
	平成時代	1989年から	

化が再編成された時代でもある。

一七世紀中頃から一九世紀中頃までは、鎖国の時代である。この時期は、国外からの影響をうけることが比較的すくない状況のもとで現代に連続する日本の食の文化が成熟した時代であり、「伝統的な食文化の完成期」という章をもうけて説明することにする。

一九世紀中頃に開国して以来、欧米の文明を規範とした日本社会の近代化が進行し、それとともに食の文化もおおきく変化しはじめ、その変化は現代にまでつづいている。これを「近代における変化」の章であつかう。

政権の所在地などを指標として時代を区分する日本史の伝統的な時代区分と、この本で採用した食の時代区分の対照表を表1にまとめておく。

一　稲作以前

1　旧石器時代

後期旧石器時代の日本　日本列島は弧状に南北に伸び、アジア大陸の北東部をふちどる。国土の主要部分は北海道、本州、四国、九州の四つの大島から構成される。

寒冷化による地表水分の大規模な氷結がおこり海面が低下した氷河期には、日本列島の四つの島は一続きであり、北海道がシベリアと陸続きで、九州と朝鮮半島は陸橋でつながれ、日本海は巨大な内海となっていた。このような時期に、アジア大陸から動物や人類が陸づたいに日本にやってきた。

かつては中期旧石器時代の日本列島に人類が住んでいたとされていたが、のちに、その証拠とされる数カ所の遺跡から「発見された」と称する石器が偽物であることが判明した。現時点で確実に実証されているのは、中期旧石器時代から後期旧石器時代のはじまりにかけての遺跡が発見されていることから、約五万年以前から、日本に人類が居住していたということである。

旧石器時代の遺跡のほとんどからは、わずかばかりの打製石器と石器をつくったさいの石くずが出土するだけである。当時の日本は亜寒帯性の気候であり、植物性の食料資源にとぼしく、漁労技術は発達していなかったので、狩りの獲物として得られる動物性の食料資源に依存する比重のたかい食生活であったと考えられる。

洞窟や岩陰の居住跡や、竪穴《たてあな》住居も発見されているが、簡単な小屋を一時的に建てたり、運搬可能なテント状の住居に住み、狩りの獲物を追って移動することのおおい遊動的生活が主流であったと考えられる。

食用とした動植物の遺物がほとんど発見されていないので、旧石器時代の日本における人類が、なにを、どう調理して食べたのかを具体的に知ることは困難である。日本は世界有数のつよい酸性土壌におおわれており、有機質の遺物の保存に適さないため、旧石器時代の遺跡から発見されるのは石器ばかりで、当時の人びとの食べた動植物についての情報はあまり得られない。

旧石器時代遺跡から発見されている動物の遺物としては、哺乳類ではナウマンゾウ、野牛、原牛、トナカイ、野生のウマ、オオツノシカの一種、ニホンシカ、イノシシの骨、魚類ではソウギョの骨とサケの歯くらいにすぎない。これらは食用にされたものと考えられる。

石焼き料理　関東地方の旧石器時代の遺跡から、にぎりこぶしくらい、あるいはそれよりもいくぶん小さな自然礫《れき》で、火熱の作用をうけて焼け焦げたものが、一カ所に集中して出土することが知られている。これらの焼礫に動物質の焦げた有機物がついていることがあるため、「石焼き料理」に使用されたと考えられる。

土器を製作する文化を欠如した南太平洋諸島では、焚き火で熱した石ころのうえに肉や魚、タロイモ、ヤムイモ、パンノキの実などをのせ、そのうえにバナナの葉や土をかぶせて土中で蒸し焼きにする、地炉《じろ》による料理法が知られている。これは、旧石器時代のヨーロッパでもおこなわれていた。日本では、焼礫は新石器時代である縄文時代の遺跡からも発見されている。

土器や鍋を利用する調理法が普及したのちも、焼け石を使用して調理する方法は残存し、現在にまで伝えられている。たとえば、日本海のなかの小島である新潟県の粟島《あわしま》では、漁民が海岸で昼食をとるとき、石焼き料理をする。釣りあげた小魚を串に刺して、焚き火で焼き、それを円筒形をした樹皮製の漆塗り弁当箱であるワッパにいれ、水をそそぐ。そこに焚き火で熱した石ころをいれると、瞬時に沸騰する。この沸騰した焼き魚のスープのなかに味噌を溶かしこむと、鍋なしで味噌汁ができるのである。この料理法を「ワッパ煮」という(1)。

後氷期の気候変動　約一万年前の日本列島の住人たちは、大きな気候変動を経験しつつあった。寒冷で、乾燥した氷河期の気候から、温暖で湿潤な後氷期の気候への変化がおこり、それまでの日本をおおっていた植生である針葉樹の疎林や草原は、北日本や高山に追いやられるようになった。それにかわって、温帯の繁茂した森林が列島の低地をおおうようになる。

植生の変化にともない、ナウマンゾウ、トナカイ、原牛、ウマなどの草食性の野生大型動物が姿を消し、ニホンシカ、イノシシが森林で得られる主要な獲物となった。

サケやマスなどの冷水を好む魚類は北日本に分布を限られるようになる。陸橋は消滅し、日本海が大陸と列島を隔てる海となる。太平洋岸、日本海岸ともに南方からの暖流と北方からの寒流がまじわる場所となり、日本沿岸は世界有数の好漁場となったのである。

このような気候変動にともなって、人びとの生活が変化する。一万年前の遺跡からは、太い柱の穴の跡がある住居跡や、貝塚、墓地が発見され、人びとが遊動生活から定住生活にきりかえはじめたことがわかる。それは日本ばかりではなく、おなじ時期に温帯森林が拡大したヨーロッパ、西アジア、中国、北米などの世界の中緯度地帯で定住生活がはじまることと軌を一にする。

日本において定住化の基盤となったのは、温帯森林が生産するドングリ、クルミ、クリなどの炭水化物のおおい堅果類の採集に主力をおく経済活動である。それにくわえて森林でのシカ、イノシシの狩猟がさかんになった。

また、この時期に海水面が上昇したことにより、入り組んだ海岸線が森林に迫る地形となり、適当な場所に住居をかまえれば、森で得た食料と魚や貝をあわせて食べることが可能になったのである。

(1) 石焼き料理と粟島のワッパ煮について、くわしくは石毛直道『食いしん坊の民族学』(平凡社、一九七九年。再録、中公文庫、一九八五年)の「石焼き料理」の章を参照されたい。

2 縄文時代〜土器の出現

世界最古の土器 考古学者たちは、土器の出現を区切りとして、日本は旧石器時代から新石器時代に移ると定義している。細い編み紐をよじったものを、生乾きの土器の表面に回転させて紋様をつけた土器(縄文土器)がおおいので、約一万六〇〇〇年前から紀元前九〇〇年頃までの日本の新石器時代を「縄文時代」という。旧石器時代は石を打ち欠いてつくる打製石器がもちいられたが、縄文時代には石を磨いてつくる磨製石器が発達した。

縄文土器は、いままでに発見された世界の土器のなかでもっとも古いものである。この土器を使用する文化が日本で独自に発生したのか、シベリア方面にいまだ発見されていない世界最古の土器文化があって、それが日本に伝播してきたのかについては、研究者によって意見がわかれるところである。

土器の使用によって「煮る」調理技術が発達した。最古の時代の縄文土器に、火にかけて使用した痕跡が確かめられていることから、貯蔵用の容器としてだけでなく、煮るための道具として利用されたものと考えられる。

煮ることによって、食物を柔らかくすることが可能になるし、食物にふくまれる有害物質や渋味や苦味を除くこともできる。また、ごく小形の貝類や種子、堅果類を煮て食用にすることや、煮汁に溶けた栄養分やうま味を逃がさずに利用することが可能となった。土器を使うようになってから、植物性の食料資源の利用が活発になったものと考えられる。

堅果類の利用　小山修三は、縄文時代のはじまった頃、約二万人程度であった日本列島の人口は、現在から四〇〇〇年前の縄文時代中期には二六万人にまで増大したと推定している(1)。

このような人口増加の背後には、あたらしい食料資源の開発があったであろう。縄文時代の人びとの主要な植物性食料資源としてもっともよく利用されたのは、さまざまな種類のドングリとトチの実、クリの実、クルミである。

ドングリにはタンニンをふくむ種類がおおく、そのままでは、苦くて食用にしづらい。潰したり、粉にして、袋や編み目の細かい籠などにいれて水に漬けて、「あく抜き」をしなければならない種類、水に漬ける以前に煮ておかないとあく抜きができない種類などがある。このような操作をおこなってから、はじめて料理の材料となるのである。縄文時代の初期の遺跡からはドングリも発見されているが、生で食べたり、焼いて食べることができるクリやクルミなどの堅果の比重がたかい。

人口の増大した縄文時代中期になると、あく抜きを必要とするドングリとトチの実の発見例が急増する。住居のそばに穴を掘り、その中に大量のドングリやトチの実を貯蔵して利用したのである。非水溶性成分であるサポニンやアロインをふくむトチの実を食用にするためには、アルカリで中和しなくてはならない。現在でも日本の一部の地方に民俗例として残存しているように、大量の灰を加えて煮ることによってトチの実のあく抜きをしていたと考えられる。そのための灰を集める特別の施設を備えた炉をもつ縄文時代の住居が、各地から発見されている。

これらの堅果類の生産性はきわめてたかい。小山の計算によると、ドングリの一種であるクヌギの実の一〇aあたりの生産量は六五kgで、それは一定の土地から生産される食料エネルギーに換算すると、もっとも生産性のたかい作物であるイネを水田耕作した場合の八分の一に達し、当時のもっとも一般的な狩猟対象動物であったイノシシの五〇〇倍にあたる。

旧石器時代と縄文時代のはじめの主として狩猟の獲物に依存する食生活から、堅果類を主とする植物性食料主体の食生活への移行によって、人口が増加したのである。

これらの堅果類は落葉広葉樹林帯(「ナラ林帯」ともいう)の産物である。この樹林帯は日本列島の東北部に分布するので、縄文時代の人口の大半は東北日本に集中し、照葉樹林帯の西南日本の人口は希薄であった。

縄文土器の発展とともに、堅果類をおおく食べるようになり、大きさや器形のことなる、さまざまな土器が出現する。この分化は、調理や食事の方法の多様化を意味するであろう。浅い鉢は、堅果や野生の植物の地下茎からつくった澱粉《でんぷん》をこねることに利用され、装飾のほどこされた鉢は食物を盛るのに使用されたと考えられる。

こねた澱粉をクッキー状にまとめて、炉の灰の中に埋めて焼いたと思われるものが発見されている。そのほか、団子状にまるめて、土器のなかで煮る調理法があったと推定される。肉や魚、貝、野草と一緒に煮た鍋物風の料理もつくられたであろう。また、澱粉を水で溶いたものを土器で煮て、粥状に加工して食べることもおこなわれたと考えられる。

食用海産資源の利用　縄文時代の遺跡のおおくは貝塚である。そのことからもわかるように、食用海産資源の利用もさかんであり、沿岸の魚類もよく食べられたし、採集しやすく、量的にも安定した収量がみこめる貝類も日常的に食べられた。

縄文人のごみ捨て場である貝塚の堆積状態を分析すると、人びとが一度に食べる量以上の貝殻が大量に廃棄されている例がしばしばある。

生の貝の殻をあけるのは大変だが、煮ればたやすく身をとることができる。大量の貝を捕獲できる季節に貝集めをし、煮て、貝の身だけをとりだして、乾燥させ、保存食品としたものと想定されている。もちろん、そのさい得られた貝の煮汁はスープとして食べられたであろう。

塩とサンショウ　縄文時代の後期になると、海水を煮つめて塩をつくるための製塩用の土器も出現する。海藻に塩水をかけて天日乾燥させて、水分を蒸発させることをくりかえし、ついで、その海藻を海水で洗って得られる濃縮した塩水を煮詰める製塩法が最近までおこなわれていた。縄文時代にも、おなじ方法によって塩がつくられたのであろう。

『万葉集』に「藻塩《もしお》」を焼いて塩をつくることが歌われている。海水の浸みこんだ海藻を焼いた灰を海水で溶かし、その上澄みを煮てつくった塩のことだと解釈されるのが普通である。しかし、灰まじりの塩を、そのまま食用にした可能性も否定できない。考古学的遺物としては残らないが、この製塩法も縄文時代に存在したであろう。海岸地帯では、食物を煮るさいに、土器に海水をいれて味つけする方法もおこなわれたはずである。日本では岩塩を産せず、塩湖や塩泉がなく、海水からの製塩にたよらざるをえないので、古代から塩は内陸部との重要な交易品としての価値をもっていたであろう。

塩のほかの調味料としてはサンショウが発見されている。現代の日本料理にもよく使用されるサンショウは日本原産のスパイスである。

（1）　小山修三『縄文時代――コンピュータ考古学による復元』中公新書、一九八四年

3　縄文時代の社会と食生活

農業欠如の新石器文化？　メソポタミアにはじまる新石器革命とは、石を打ち砕いてつくった旧石器から、石を磨いてつくる新石器が出現したという、石器製作における技術改革をしめすだけではない。新石器革命とは、狩猟採集社会から、農業や牧畜による食料生産をおこなう社会への移行を意味するものである。

しかし、日本の新石器時代である縄文時代は、ユーラシア大陸中心部で展開した新石器社会とはことなる性格のものであった。土器と磨製石器の製作という、世界の新石器時代社会に共通する技術はもちながらも、本格的な農耕はおこなわず、食用、乳用家畜の飼育もせず、狩猟と採集に食料を依存する比重のたかい新石器文化なのである。

縄文時代の日本は農業社会ではなかったが、栽培作物をまったく欠如していたわけではない。穀類では、ソバ、オオムギ、アワ、ほかに豆の一種であるリョクトウ、種子や葉が食用になるエゴマ、容器として利用され果実を食用にすることもできるヒョウタンが、縄文時代中期までの遺跡から発見されている。

縄文時代の遺跡から発見された作物のいくつかは、朝鮮半島からシベリアの沿岸部にかけた地帯から伝えられた可能性がたかく、のちの時代になると、焼畑耕作の作物として本格的に栽培されることになる。

これらの栽培作物が発見されていることから、縄文時代には焼畑耕作が存在したという説を提出している研究者もある。しかし、作物の発見される量や、発見地の数はいちじるしくすくなく、縄文社会が本格的な穀物生産の経済的基盤のうえに成立していたとは考えづらい。

きわめて粗放な農業技術による食用植物の栽培は縄文時代にもおこなわれていたが、野生植物資源の採集にくらべると微々たるものであり、その栽培地も限定されていたと考えざるをえない。現在までに一〇〇〇カ所以上の縄文時代の遺跡が調査されているが、その研究結果を総合して、巨視的にみた場合、縄文時代の日本は狩猟採集社会であったというのが妥当であろう。

縄文時代における唯一の家畜は「イヌ」である。縄文文化は、そのはじまりのときから、弓矢の使用とイヌ飼養をともなっていた。縄文時代の遺跡から七〇種の哺乳類の骨が発見されているが、主要な大形の狩猟動物はシカ、イノシシである。おおくの遺跡で発見される獣骨の九〇%以上が、この二種類の動物で占められている。シカ、イノシシを猟犬によって追い出して狩猟をすることは、一万年以上前から現在にいたるまでうけつがれてきたのである。狩人の伴侶であったイヌはたいせつにあつかわれ、埋葬された事例もおおく発見されている。ただし、本格的に農業を開始した弥生時代になると、切断されたイヌの骨が遺跡からよく発見され、イヌを食用に供するようになったことがわかる。

食用海産資源　欧米人に食用にする魚の名前をたずねると、即座に一〇種類以上をあげられる人はすくないが、日本人は二〇種類以上の魚種をあげるという。食用海産資源の一人あたりの消費量の国際比較では、インド洋のちいさな島国であるモルディブ、北極圏にちかい島国のアイスランドについで、現在、日本は世界第三位に位置する。

のちに述べるように、日本では哺乳類の肉食が禁じられた時期があったので、動物性食料資源の大部分を魚がになうことになり、魚好きの国民になったという事情も考慮にいれなくてはならない。しかし、日本人が魚をよく食べることは縄文時代からはじまっている。

複雑な地形をした島々から構成される日本列島の海岸線はきわめてながい。現在の日本国の海岸線の長さは世界第六位で、アメリカ合衆国や中国よりもながい海岸線をもつ国家である。

紀元前五〇〇〇〜前四〇〇〇年紀には、海水面が現在より高かったので、現在の平野部のおおくは海面下にあり、現在の台地の下まで海がいりこんだ複雑な海岸地形であり、漁労活動には最適の場所であった。しかも、南方からの暖流である黒潮と、北から流れてくる寒流の親潮が日本沿岸で交わり、世界でも有数の魚介類のおおい海域である。

世界の狩猟採集文化のなかでも、縄文文化は、海での漁労活動に食料を依存する比重がおおきい。縄文時代早期の貝塚からもマグロやカツオなどの外洋魚の骨が発見され、船で外洋にも進出していたことがわかる。骨製の釣り針、シカの角や骨でつくった銛《もり》、漁網の錘《おもり》などの漁具が貝塚から発見されるし、植物性の原料で製作されたため遺物としては発見されないが、漁網やヤナ(梁)などのさまざまな漁具もあったに相違ない。

縄文時代の貝塚からは七一種類の魚骨が発見されている。東北地方では丸木船で沖合にのりだして、マグロやカツオを銛で突いたり、大型の釣り針を使用して釣りあげる外洋漁業がなされていたことがわかっている。おおくの民族で、船を使用して漁労活動をおこなうのは男性の仕事とされるが、岸辺での貝や海藻の採集は女性の仕事とされている。縄文時代の日本でもおなじであったであろう。

関東地方には貝塚がおおく、全国の貝塚の六〇%が集中している。縄文時代の関東地方は、非常に多数の入江をもつ地形で、遠浅の海にかこまれた地域であった。この遠浅の入江は干満の差がおおきく、潮のひいたときには、貝類の採集が容易であった。三五四種類の貝類が貝塚から発見されているが、二枚貝の占める比率がたかい。

貝塚における二枚貝の堆積状態を検討すると、一度に大量の貝を採集し、ゆでたあとで、貝殻だけを捨てた例がいくつも発見されている。ゆでて、貝の身だけをとりだし、それを乾燥させて保存食品化したのであろう。そのような貝塚から、何百㎞も離れた山地に産する黒曜石で製作した石器が発見されるので、干し貝が交易物資として内陸の山岳地帯に運ばれたものと推定される。

縄文社会　一般に狩猟や漁業に依存する食生活をおくる民族には虫歯が少ないことが知られている。縄文時代の遺跡から発見される人骨を検査すると、虫歯をもつ人がおおかったことが判明した。そのことは、縄文時代の人びとが炭水化物食品を大量に摂取していたことをしめしている。その炭水化物の主な食料は、さきにも述べたように、ドングリなどの堅果類であったと考えられる。

ドングリを主要な食物として、豊かで安定した社会をつくりあげていた民族例としてカリフォルニアの先住民があげられる。彼らはトウモロコシを栽培する周辺の農業地帯と交渉があり、農業をうけいれる条件がととのっていたにもかかわらず、ドングリに恵まれていたために狩猟採集の生活様式を捨て去らなかったのである。彼らは部族社会をつくりあげ、部族によっては貴族階級が出現するほどの成熟をとげていた。

縄文時代の初期は、旧石器時代とおなじく、数家族があつまって生活をともにする、文化人類学でいう「バンド」という集団をつくり、食料資源の季節的変動に応じて一定のテリトリーのなかを移動する非定住的生活様式であったであろう。

ドングリ類の採集に食料資源の主要部分を依存する生活になると、定着的集落が形成される。縄文時代中期の関東地方では、一平方㎞あたり三人という、狩猟採集社会としては例外的に人口密度のたかい社会をつくりあげ、人口三〇人から一〇〇人くらいの集落が点在した。

おなじ型式の縄文土器が、広い地域の遺跡から発見される。世界の他の民族の例とおなじく、縄文時代の土器づくりは女性の仕事であったと考えられる。おなじ型式の土器が分布する地域は、それが一つの文化領域を形成していたことをしめす。そこは、結婚関係が成立し得る人びとの居住域をしめすものであろう。そこで、この文化領域においてはおなじ方言が話され、おなじような宗教儀礼がおこなわれたものと考えられる。

このような多数の集落を連合した広域な社会単位が縄文時代に成立していたが、考古学的資料のしめすかぎり、社会階層の分化は認められず、すべての人びとが平等な社会であったと考えられる。それは「部族社会」の段階であったといってよいであろう。縄文時代の日本列島をたくさんの部族が占拠していたのである。

二　稲作社会の成立

1　神聖視される作物

社会経済の中心となる作物　水田稲作が導入されることによって、日本は本格的な農業社会になった。それは、日本人の食の歴史における、最大の出来事であった。

以後、日本人が食物についていだく価値観の中心に、米が位置するようになる。米は、他にくらべて、ずっと重要な意義をもつ特別な食物とみなされるようになったのである。日本の伝統的な社会経済の中心課題は、常に米の生産と流通をめぐる事柄であった。この米にたいする特別な価値観は、以下の例にみるように、いまでもつづいている。

現在、日本の主要な農産物の自給率はいちじるしく低下している。二〇一〇年の統計によれば、日本人が食物から摂取するエネルギーの大半が輸入食料に依存しており、自国で生産される食料から得られるエネルギーは三九％にすぎない。このような事情のなかで、米の自給率は九五％にのぼり、加工食品に輸入米を使用することがあるのをのぞくと、主食用には国産米が供される。ちなみに、他の主食食品に使用される穀類の自給率をあげると、食パン一％、中華麺三％、うどん六二％、そば二一％である。

二〇世紀後半から二〇世紀末までの時期における米の生産は政府の管理下にあった。政府が国内の生産者から高額で米を買上げ、買上げ価格よりも安い値段で消費者に売ることがおこなわれていたのである。このような経済的には不合理な稲作農家を保護する政策がおこなわれていた背景には、米がすべての食料のなかで一番重要なものであり、米の自給を確保することが、食料政策の基本であるという伝統的価値観がひそんでいる。そこで、米価は「物価の王さま」とされ、米価を安定させることが経済政策の基本とされてきた。

この米を特別視する政策は、いまにはじまったことではない。日本に国家が成立して以来、為政者の農業政策は、米の収穫量をいかにたかめるかという一点だけに集中してきた。また、一九世紀後半に近代的国家体制に変身するまでは、日本では農民にたいする税は貨幣ではなく、米の現物で徴収してきたのである。国家経済の根本を米に依存してきたことの後遺症が、現在にまでひきつがれ、米は特別な食料とみなされているのである。

かつては封建領主の過酷な税のとりたてにより、生産した米のおおくをもっていかれ、毎日じゅうぶんな米を食べることができない農民がいたことも事実である。しかし、のちに述べるように、もっとも貧しい人びとでも、祭のときは米の飯を食べ、米でつくった餅を食べ、米でつくった酒を飲むのがならわしであった。正月その他の年中行事や祭のおおくは、稲作の農耕儀礼に起源するものである。

霊力を宿す作物　古代における天皇は、神聖王としての性格をもち、神道の最高の司祭としての役割をになっていた。天皇が交代したさい、あたらしく即位した天皇が最初に挙行する宮廷儀礼としてのイネの収穫祭は「大嘗祭(だいじょうさい、おおにえのまつり)」とよばれる。それは、天皇に神聖な力を付加する不滅の霊力を、あたらしい天皇に移し替える儀礼である。死亡や老齢のために交代せざるをえなかった前代の天皇のもとで、霊力は衰弱している。そこで、最初の収穫祭のとき、あたらしい天皇は、その年あたらしく収穫された米を食べ、あたらしい米でつくった酒を飲む。そのことによって、稲霊《いなだま》という米の穀霊《こくれい》のもつ力が天皇に宿り、神聖王としての霊力が強化されるとしたのであろう。この行事は、古代から現代にまで継承されている。

日本にかぎらず、東南アジアの水田農耕地帯には、イネは精霊の宿る作物であるとみなす信仰が分布している。日本の「新嘗祭(しんじょうさい、にいなめさい)」とおなじく、その年最初に収穫した稲穂にたいして供物を捧げたりして、イネの精霊を祭ることがおこなわれるのである。

この稲粒に宿ると信じられるイネの精霊に不敬な行為をすると、その米を食べても栄養にならず人はやせ衰え、種子として蒔《ま》いても不毛になるという信仰が、東南アジアと日本に共通する。それは古代の稲作とともに各地にひろまった観念であるが、中国ではその後、他の宗教観念が浸透したため、東南アジアと日本だけに残ったのであろう。しかし現在の日本では、年寄りの世代に米を粗末にあつかうと悪いことが起こるという伝承がかろうじて残っているくらいで、イネの穀霊の観念は忘れ去られている。

すぐれた主食作物　アジアの国々で米が食物として特別視される背景には、他の作物にくらべて、米が主食としてすぐれているということを無視するわけにはいかない。農学的にも、栄養学的にも、米はモンスーン・アジアに適した食物なのである。

この地域で栽培される穀物のなかで、単位面積あたりの収量が最大なのがイネである。高温で雨量のおおいモンスーン地帯における水田でのイネの栽培は、合理的な農業システムである。

イネの成育期間の水田の土壌は水におおわれているので、土壌の物質の分解がゆるやかで地力の損耗がすくないし、灌漑の水を通じて栄養分の供給がおこなわれるので、肥料を補給する必要はない。また、灌漑をともなわない畑での農業で問題となる土壌侵食からまぬがれるし、おおくの畑作物にみられる連作障害がないので、おなじ水田を毎年使用することが可能である。

栄養学的にみた場合は、米はカロリー源としてばかりではなく、蛋白質の補給源としてもすぐれた作物である。米とコムギの植物性蛋白質の総量を比較すると、コムギのほうがすこしおおい。しかしながら、蛋白質を構成する各種の必須アミノ酸バランス、すなわち蛋白価で比較したさいには、米のほうがコムギよりもすぐれた食品である。必須アミノ酸とは、体内では人体維持に必要な量を合成できず、食物から摂取しなければならないアミノ酸類のことである。

そこで副食物なしで、人体を維持するための蛋白質を米からだけで摂取するとしたならば、体重七〇kgの人は調理しない状態での米を一日約〇・八kg食べなくてはならない。これだけの重量の米を食べるとなると胃袋に負担がかかり、胃拡張になるかもしれないが、胃袋に納めることは可能である。かつて日本の農民は、肉体労働のはげしい農繁期には一日に一・五kgの米を食べることもめずらしくなかった。

それにたいして、他の食物から蛋白質を補給せず、コムギでつくったパンだけを食べると仮定した場合は、約三kg摂取しなくてはならない。それだけの重量のパンはかさがおおきく、胃袋の容積を超えている。したがって、パン食の場合は、コムギの蛋白質に不足するリジンやトリプトファンなどの必須アミノ酸を大量にふくむ食品である肉やミルク、乳製品をあわせて食べなくてはならない。動物性蛋白質のゆたかな肉や乳製品とあわせて食べる場合には、パンはカロリー源として必要なだけ食べればよく、しかも肉、乳製品には高カロリーの脂肪がともなうので、大量に食べる必要はない。

湿潤なモンスーン・アジアでは、ウシやヒツジなどの草食性の牧畜獣を飼育するには不利な気候条件にあり、多数の家畜を群れとして管理する「牧畜」という生活様式は採用されなかった。したがって、家畜の乳を搾って食用とする習慣もなかった。

モンスーン・アジアでの主要な食用家畜、家禽はブタとニワトリ、アヒルで、いずれも群れとして飼養することは困難である。そこで、肉や乳から動物性の蛋白質を摂取するのではなく、主食の米から摂取する傾向がいちじるしい。米を大量に食べて、その炭水化物を主要なカロリー源とするのみならず、蛋白質の大部分も米から摂取するのである。ビタミンやミネラルなどの微量栄養素をべつとすると、米だけ食べていても、人体を維持するのに必要なカロリーと蛋白質が得られる。そこで、じゅうぶんな量の米さえ確保できれば、食料問題の大半が解決できる。米が特別な食べものとみなされたゆえんである。

日本人の食事パターンが、欧米の影響をほとんどうけていない明治一〇(一八七七)年における全国統計から計算した結果によると、当時の日本人は米から一日一人あたり一〇五四キロカロリーの熱量を得ており、それは穀類や芋類をふくめた主食作物から得たカロリーの約六〇%にのぼる。また、米から二一・二gの蛋白質を摂取しており、ついでダイズの七・〇gであり、米はすべての食料から摂取する蛋白質の五〇%を占めていた(1)。

このように、米に全面的に依存する食生活は、稲作の導入期にはじまり、その傾向は肉や乳製品、油脂をおおく摂取するようになり、蛋白質を飯以外の副食物でみたすようになり、米の消費量が減少するようになった一九六〇年代――それは日本人の食事パターンがおおきな変化をしはじめた時期である――までつづいてきた。

(1) 小山修三・五島淑子「日本人の主食の歴史」石毛直道(編)『論集 東アジアの食事文化』平凡社、一九八五年

2 稲作の伝播と国家の成立

稲作の起源地と栽培種のイネを大別すると、アフリカのニジェール川周辺に起源して、現在でもこの地域の地方的作物として耕作されているアフリカ・イネ(オリザ・グラベリマ種)と、アジアに起源して世界各地に伝播したアジア・イネ(オリザ・サティバ種)の二種類がある。

かつてはアジア・イネの起源地はインド亜大陸であると考えられていた。だが日本の農学者たちは、アッサム、インドシナ半島北部から中国の雲南省にいたる地帯を起源地として考え、今ではそれが有力な学説となっている。中国の杭州湾南岸の河姆渡《かぼと》遺跡から紀元前五〇〇〇年前後の古い稲作の痕跡が発見されたことなどを根拠として、中国の学者はイネの中国起源説を主張している。

日本、朝鮮半島ではイネの野生種が発見されないし、稲作農業の開始時期もおそい。そこで、イネの栽培の起源地はどこであれ、これらの地域には中国大陸を経由して稲作が伝播したはずである。

中国では、紀元前三〇〇〇年頃になると、長江(揚子江)の中流、下流域に水田稲作の農業基盤のうえに展開する新石器時代の遺跡が発見されるようになる。それらの遺跡からは、イネのほかに、ブタ、

ウシ、スイギュウなどの家畜の骨が発見される。ウシ、スイギュウは水田耕作の役畜として使用されたものであろう。

紀元前一〇〇〇年紀の前半になると、長江下流デルタ地域では、石器と青銅器を併用するようになり、水田でイネを栽培する技術の基本が完成されていたと考えられる。この頃の長江下流地域は、漢族ではなく、東南アジア系の民族の居住地であった。

近代になって、寒冷な気候のもとでも成育するイネの品種が開発され、現在では中国北部にも稲作地帯が拡大している。だが、歴史的には中国の稲作は淮河《わいが》流域以南であり、古代における中国北部の主食作物はアワとキビであった。

日本への伝播　この紀元前一〇〇〇年紀の前半の長江下流デルタ地域で発見されるものとおなじ型式の石器が、朝鮮半島南部の紀元前八〜前七世紀から紀元前後までの時代の遺跡からみつかり、また、日本の初期稲作遺跡から発見される、磨製石斧のいくつかの型式がおなじであるばかりではなく、石包丁というイネの穂摘具が、長江下流デルタ地域と朝鮮半島南部と日本の初期稲作遺跡に共通する型式のものである(1)。

したがって、朝鮮半島南部と日本の稲作は、長江下流デルタ地域に起源すると考えられる。その主要な伝播ルートには二つの可能性がある。

長江下流デルタ地域から対馬海流にのって航海した移民が、朝鮮半島南部と北九州のそれぞれにたどり着いて、稲作を開始したという仮説がひとつである。

もうひとつは、長江下流デルタ地域か、もうすこし北方に位置する淮河下流域から、中国北部と朝鮮半島北部を経由して、陸路で朝鮮半島南部へ稲作が伝えられ、そこで定着したのち、朝鮮民族が対馬海峡を渡って、北九州に稲作を伝えたという仮説である。

ただし、中国北部の旧満州や朝鮮半島北部での稲作は、旧植民地時代に日本の農事試験場が寒冷地でも栽培可能なイネの品種を開発してから、普及したことを考慮にいれる必要がある。朝鮮半島経由で日本に稲作が伝わったとしても陸路ではなく、中国から海路で、まず朝鮮半島南部へ稲作が伝播したと考えるべきであろう。

弥生時代といわれる日本の初期稲作文化の、主要な生産用具は石器であったが、紀元前後の弥生時代中期になると、銅剣、銅矛《どうほこ》、銅戈《どうか》などの青銅製の武器や、儀式用の楽器である銅鐸《どうたく》が製作され、工作具には鉄器も使用されるようになった。

これらの金属器の文化は、中国北部に起源するものであることが実証されており、中国北部から南下した金属器文化と、中国の中南部海岸から北上した稲作文化が朝鮮半島南部で融合し、日本に伝えられたというのが、日本の稲作の朝鮮半島起源説である。

いっぽう、日本における弥生時代の初期稲作遺跡から発見されるイネの貯蔵庫は、高い柱のうえに建てられた「高倉《たかくら》」といわれる建築様式である。高倉型式の穀倉は、現在でも九州南部の島々や、沖縄に残存している。高倉の建築は、古代の長江下流デルタ地域にもあり、現在でも東南アジア各地に分布するが、朝鮮半島にはみられない。このことは、長江下流デルタ地域から直接稲作が日本に伝えられた可能性を物語る。

民俗学者の柳田国男は、琉球の島づたいに稲作が北上したという説を提唱したが、現在の知見では、南島の水田稲作は南九州から南下したものと考えるべきであろう。

日本への稲作の伝来は、ただ一回の出来事ではなく、イネをたずさえて日本にやってきた移民が何波もあったはずである。朝鮮半島南部からの移民も、長江下流デルタ地域から直接やってきた移民もあり、日本の初期稲作文化は、これらの文化の波が重複し、融合して成立したと解釈するのが妥当であろう。

日本の初期農業は、イネだけを耕作したのではない。穀物としては、アワ、キビ、オオムギ、コムギ、ヒエ、ソバ、豆類ではダイズ、アズキ、果物としても野菜としても食用にされたウリ類、果樹ではモモなどが遺跡から発見された。このなかにはウリやモモのように中国の長江方面から伝来したと考えられる作物と、ある種のオオムギ・アズキのように朝鮮半島を経由して導入されたと思われる作物の両方がある。すなわち、稲作の伝来を考えるさいに問題となる二つのルートから伝わった作物が日本で複合し、ひとつの農耕文化複合をつくりあげたのである。

稲作圏の拡大　日本における初期農業の時代を、考古学者は、特徴的な土器の型式から弥生時代と名づけている。最近の学説では、紀元前九〇〇年頃に弥生文化がはじまり、紀元後四〇〇年頃までつづいたとされる。最初の弥生時代遺跡は北九州に集中して発見されるが、これらの遺跡は集落のすぐそばに水田をともなっている。

水田稲作栽培の技術は、ついで近畿地方まで伝播するが、その後しばらく弥生文化の地域的拡大が進まない時期があった。西日本では弥生文化が定着したのに、東日本は縄文文化のまま停滞していたのである。気候の寒冷な東日本に適応したイネの品種が開発されて、ようやく東日本に稲作を経済的基盤とした弥生文化がひろがったのであろう。

縄文時代の人口のおおくは、ドングリなどの堅果類の樹木のおおい植生である中部山岳地帯と東日本に集中していた。西日本は人口のきわめてすくない、縄文文化の辺境地帯であった。そこで、稲作に適した温暖な気候の西日本には、稲作文化が伝播しやすかったのであろう。しかし、ドングリを主とする安定した狩猟採集文化を営んでいた東日本では、未知の生活様式である農業に切りかえる冒険を試みる必然性が希薄であった。そのため弥生文化の伝播が東日本ではおそかったとも考えられる。

弥生文化がはじまったからといって、野生植物を食料資源として利用しなくなったわけではない。弥生時代の遺跡でも、ドングリが出土する。凶作にそなえて、また米の生産の不足分をおぎなうために、縄文時代からのドングリ採集が弥生時代にもつづいていたのである。

紀元前後の時代になると、稲作圏は拡大し、本州の最北端にある青森でも稲作がなされるようになる。しかし、北海道と九州の南に位置する南西諸島では稲作は浸透せず、縄文時代以来の狩猟採集経済がのちの時代までつづく。弥生時代に、列島の中心部である本州、四国、九州が稲作を基盤とする農業社会に編成されたが、アイヌの人びとの住む北海道と、沖縄を中心とする南の島々は稲作に依存しない生活様式の場所として、日本の中心地帯とはことなる独特な文化の地域としての歴史をたどることになる。

初期の稲作に使用された農具は木製の鍬《くわ》やシャベルであった。これらの農具は石器によって加工されたものである。収穫には石包丁でイネの穂先を刈りとったのである。初期の水田は自然の湿地にもうけられたが、自然地形を利用した農業では、水田として利用可能な面積は限定されるし、干ばつや洪水の被害をこうむることもおおかったであろう。

このような不安定な農業段階からぬけだし、農業の生産性が飛躍的にたかまったのは、紀元前後の時代に鉄製の農工具が普及しはじめたことによると推定される。鉄器の使用によって、貯水池や水路などの人工的灌漑施設をつくることが可能となり、低湿地以外の地形の場所にも水田の開発が進行した。灌漑水路をもうけて降水量の変動にそれほど影響をうけずに、安定した米の生産をおこなうことができるようになったのである。

人口増加と国家の成立　農業の発展は人口に反映される。紀元前後の時代の日本の総人口は約六〇万人と推定され、それは縄文時代における最大人口の約二倍である。紀元前二世紀頃から紀元元年頃までの二〇〇年で、人口は三倍に増加したという。日本の歴史のなかで、二〇〇年間に人口が三倍以上になったのは、ほかには、一九世紀から現代までに人口が約五倍近くに増加したこと以外に例がない。

世界的にみて、人口が急増する時期は、農業の開始期と産業革命の時期であることが知られている。日本の場合も例外ではなく、農業革命の時代であった弥生時代と、産業革命の時代に人口増加がおこったのである。

とくに、弥生時代における西日本の人口増加はいちじるしく、縄文時代の二〇倍に達する。稲作と金属器の文化をいちはやくとりいれ、中国と朝鮮半島からの文明を輸入するための地理的条件が有利な西日本は、東日本にくらべて先進地域としての優位性を獲得したのである。

農業生産の余剰に経済的基盤をおきながら、石器や金属器の製造に従事する専業の工人の集団が出現するなど、西日本でまず社会的分業が成立し、社会の階層化が進行する。小さな集落の集合体であった部族社会が、よりおおきな政治的、宗教的単位に統合され、西日本にいくつもの首長国が成立するようになる。

中国文献における、日本についての具体的記述の初出は『漢書《かんじょ》』地理志であり、それには紀元前後の日本には一〇〇あまりの小国が分立していたと記されている。

『魏志《ぎし》』倭人《わじん》伝によると、紀元後二三九年に、当時の日本にいくつもあった首長国のなかで、いちばん勢力をもっていた女王国の使節が魏王朝の皇帝に朝貢をし、また魏の使節が日本を訪れたことが記されている。この女王卑弥呼《ひみこ》の統治した「邪馬台国《やまたい》」の所在地については、北九州だったのか、のちに統一国家の首都となる奈良の周辺地域なのか、一世紀以上も論争がつづいているが、いまだにその決着がつかない。

日本人の食について記した最初の記録は、『魏志』倭人伝にみられる。「水に潜って魚や貝をとる」、「イネやアワを栽培する」、「気候が温暖で、夏も冬も生野菜を食べる」、「ショウガ、柑橘《かんきつ》類、サンショウ、ミョウガがあるが、それを料理に利用することを知らない」、「食事のさいには竹や木でつくった食器を使用し、手づかみで食べる」、「飲酒をこのむ」と記されている。

女王卑弥呼が死んだとき、巨大な墓が建造されたと記載されている。三世紀中頃になると、巨大な墳墓がつくられはじめ、そこには王や首長が武器や装身具などと一緒に埋葬された。このような古代の墳墓を古墳とよぶことから、日本史の時代区分では、三世紀中頃から六世紀末頃までを古墳時代という。

古墳時代は国家統一の時期であった。現在の奈良県にあたる大和に成立した政権が、地方の小国家を武力や平和的交渉によって支配下におき、勢力を拡張し、北海道と沖縄をのぞく日本全国を統一するプロセスがこの時代に進行したのである。現在の天皇家は、この大和政権の王の子孫と信じられている。

五世紀後半には大和政権は朝鮮半島に軍事介入をおこない、半島南部に任那《みまな》日本府という拠点をきずき、五世紀の天皇たちは中国の王朝にたびたび使節をおくっている。いっぽう、この頃の中国は政治的に不安定な時代であり、朝鮮半島では三国時代で高句麗《こうくり》、百済《くだら》、新羅《しらぎ》の三国家が鼎立して相争い、そこに日本が軍事的、政治的介入をおこなった。そのため、中国南部と朝鮮半島南部から、戦乱を避けた集団が日本につぎつぎとやってきた。これらの移民たちが、漢字をもちいた読み書きや、さまざまな先進技術をもたらし、東アジアに共通する文明を日本が受容するようになったのである。

(1) 石毛直道「日本稲作の系譜」『史林』第五一巻五・六号、一九六八年(再録『石毛直道自選著作集』第一〇巻、ドメス出版、二〇一二年)

3 米の料理法

ジャポニカ種とインディカ種　アジア原産のイネは、日本型(ジャポニカ種)とインド型(インディカ種)に二大別される。日本型のイネは比較的短い草丈で、低温の気候でもよく成育する。稲粒は短く、まるみをおびており、調理をしたときには粘り気のつよい食感である。それにたいして、インド型のイネは草丈がながく、熱帯の気候には適応しているが、低温の気候にはよわい。稲粒は細長く、調理をしたとき粘り気がすくなく、ぱさぱさした食感である。

伝統的に日本型のイネが栽培されてきたのは、日本、朝鮮半島、中国の中部である。インド型の分布は中国南部、インド、東南アジアである。インドネシアでは日本型とインド型の中間の性質をもつイネがおおく栽培される。

長江流域では、新石器時代に日本型のイネが栽培されていたことがわかっている。この地域の日本型のイネが、古代日本に伝えられたのである。日本の古代において、インド型のイネが栽培されていたことをしめす証拠はない。一一世紀以降になって、インド型のイネが何度か日本に導入されたが、大規模に栽培されなかった。絶滅した品種をふくめると、日本では約二〇〇〇品種のイネがつくられたが、そのほとんどは日本型である。

栽培地の環境や栽培技術に適応するように、作物の品種の分化がすすんだと説明されるが、味覚や食感もまた重要な要件である。日本人にとって、インド型の米は「ポロポロした歯触りで、うま味にとぼしく、不快な匂いのする米」とされ、日本型の米にくらべて下等米と評価されてきた。一九世紀後半から人口が急増し、国産の米の生産量では追いつかず、中国や東南アジアからインド型の米を輸入したが、このような「外米」は〝貧乏人の食べる米〟とされた。

しかし、インド型の米が優勢な地域では、日本型の米が下等米とされた。東南アジアに在住する日本のビジネスマンがメイドに日本型の米を市場に買いにやらせると、「あなたは金持ちなのに、どうしてまずい米を食べるのか？」といわれるそうだ。

味つけの有無　インド型、日本型の別なく、東アジアと東南アジアでは、日常の主食である米飯は、味つけをせず、水だけで料理したプレーン・ライスである。

インドから西側のインド型のイネを栽培する地帯でも、プレーン・ライスがないわけではないが、油脂をつかった料理法が主流である。洗米を油脂で炒め、塩や香辛料で味つけをし、しばしば野菜を加えて炊き、ピラフやパエリアとして食べるのである。このような米料理がおこなわれる地域は、乳製品を利用する地域と一致する。牧畜をおこなう地域では乳製品であるバターやバターオイル、地中海圏ではオリーブ油を料理に利用することがおおく、そのような料理体系が米の料理にも結合しているのである。

プレーン・ライス地帯である東アジアと東南アジアは非牧畜圏である。米を文字通りの主食として、エネルギーのみならず、主要な蛋白質源ともする食事パターンをもつ地域では、食事のたびに大量の米を胃袋におくりこむ。そのためには味がついていない米飯のほうが、おおく食べることができる。おなじコムギ粉を主原料としても、あまり味つけをしないパンのほうが、ケーキよりもたくさん食べられるのとおなじことである。

プレーン・ライスのつくりかたには、大別して三通りの方法がある。

湯取り法　第一の方法は、大量の水で煮る方法である。洗った米を大量の水で煮て、米の澱粉をアルファー化させる。そのままにしておくと水分のおおい粥になってしまうので、あまった湯を捨てて、弱火にかけて余分な水分の一部は米に吸収させ、一部は蒸発させて、炊きあげるのである。この料理法だと、米の成分が溶けだした粘り気のある湯を捨ててしまうので、ある程度栄養分が損失するが、サラサラとした粘り気のない食感の米飯ができる。

「湯取り法」の炊飯は、東南アジアのおおくの地方と中国北部と南部など（中国北部は伝統的稲作地帯ではなかったが、古くから大運河を通じて長江方面から大量の米が輸送され、米もよく食べられていた）、インド型の米を主食にする地域に顕著である。もともと粘り気のすくないインド型の米を、さらに粘り気をすくなくして炊く方法である。

粥と炊き干し法　第二の方法は、第一の方法のように途中で湯を捨てることなく、米を炊きあげる、「炊き干し法」である。

このとき最初にいれる水の量をおおくすると、固形食ではなく、流動食である「粥」になる。粥は水分がおおいので、量の割には栄養分の含有量がすくないが、嚙まずともすすりこむことができるため、病人食や食欲のでない朝飯に好まれる主食である。中国の稲作地帯の都市民と朝鮮半島の上流階級においては、朝に粥を食べる習慣があった。ただし、中国でも肉体労働にしたがう農民たちは、粥ではじゅうぶんなエネルギーを得ることができないので、朝から固形の飯を食べるのが普通である。

最近まで、西日本の各地に朝飯として、安物の煎茶や、番茶をいれて粥を炊く風習があった。有名な大和の「茶粥」は、番茶を茶袋《ちゃぶくろ》にいれ、大量の水で炊きこんでつくるが、ソラマメなどの増量材をいれることもよくおこなわれた。農民たちも茶粥を食べたが、それは米を節約するために、水増しをして満腹感を得るための方法であった。

消化によい粥は、病人食であるとされていたので、朝粥地帯のほかでは、粥を常食とすることはなく、米以外の雑穀や野菜の増量材をいれて、炊き干し法でつくった混ぜ飯を炊いた。

米にたいする水の量が適当に調節された場合、炊きあがった米がすべての水分を吸収して、固形の飯ができる。これが日本で一般的な飯炊きの方法であり、炊き干し法という。

このさい、米と水の量の比率を厳密に定めておき、火加減を調節して煮なければならない。日本型の米の場合、標準は米の容量の一・二から一・三倍の水加減であるが、新米の場合は水の量をもっとすくなくするなど、米の乾燥状態や、米の品種に応じて微妙に水加減を調節しなければならない。

「はじめチョロチョロ、なかパッパ、赤児泣いても蓋とるな」ということわざがあるように、まず弱火で熱し、釜のなかで米粒が対流して澱粉をアルファー化する段階では火熱をあげて煮て、水分のおおくが米に吸収された段階では焦げつきを防ぐために、弱火にしなくてはならない。このように複雑な技術の炊飯法が、日本では米をいちばんうまく食べる方法であるとされていた。しかし、薪で飯炊きをしていた頃は、火加減を微妙に調節するために、主婦はカマド（竈）のまえから離れることができなかった。

この炊き干し法の炊飯は、日本のほかに、フィリピン、中国の長江流域などでおこなわれる。朝鮮半島では、伝統的に湯取り法の炊飯であったが、現在では炊き干し法も普及している。

日本で発明された自動炊飯器が普及するにつれ、東アジア、東南アジア諸国の家庭でも、現在では炊き干し法の米飯に親しむようになった。

蒸し飯と粽　第三の方法は、米を蒸して食べることであり、主としてモチ種の米の料理法とされてきた。

インド型、日本型ともにモチ種の品種がある。モチ米とウルチ米は澱粉の性質がことなっている。吸水したモチ米が熱をうけると、急速に澱粉が糊化《こか》してしまう。鍋や釜で煮ようとした場合、最初に熱をうけた鍋底や釜底の部分の米粒が糊状になって、おたがいにくっついてしまう。すると、対流がさまたげられて、釜のなかの米粒が湯とともに運動することができなくなるために、釜底には焦げ飯の層ができ、釜の上部の米粒は熱が伝わらないので生煮えになってしまう。

そこで、モチ米を料理するときには、まず米を水に漬けて、じゅうぶん吸水させてから、蒸し器にいれて蒸して、「オコワ（強飯《こわめし》）」にする方法が各地でおこなわれる。

ただし、モチ米を日常的に食べる地域は限定されており、現在のミャンマーの東北部とシャン州、タイの北部と東北部、ラオス、中国の雲南省の少数民族などが、蒸し器でつくったモチ米の飯を毎日の食事としている。

アジアの他の地方では、モチ米を蒸した強飯や、小さな包みにして煮た「粽《ちまき》」をつくり、行事食として食べるにとどまっている。粽は、植物の葉などで、吸水させたモチ米を小包にして煮るので、対流をさまたげずに加熱することができる。

飯炊き法の変遷の謎　考古学者たちは、弥生時代には炊き干し法で米を煮て食べていたと考えている。この時代の素焼きの土器で、外側に煤《すす》がついており、内側には米粒がこびりついているものがいくつも発見されている。これによって、米を煮ることに使用した土器であり、現在とおなじ炊き干し法で飯炊きをしたと推定される(1)。

ところが、古墳時代である五世紀以後、硬質の土器である須恵器《すえき》でつくられた蒸し器の「甑《こしき》」が住居跡から多数発見されるようになる。

八世紀前半に活躍した山上憶良《やまのうえのおくら》は、『万葉集』に収録された「貧窮問答歌《ひんきゅうもんどうか》」のなかで、民衆の貧しい生活を「かまどには　火気《ほけ》吹き立てず　甑には　蜘蛛《くも》の巣かきて　飯炊《いひかし》く　ことも忘れて」と表現している。「かまどには火の気もなく、蒸し器にはクモの巣がはり、米を料理することも忘れてしまった」という意味である。

他の文献記録からも、一二世紀頃までは、ウルチ米を蒸して食べることがおおかったとわかる。

そして、一三世紀以降、現在まで、日本人の日常的な飯炊きは、炊き干し法でなされている。これをどう解釈するべきか？　五世紀頃にモチ米が導入され、これを主食とすることが主流となったので、蒸し器をもちいる米の料理法が一般化し、一三世紀頃からはふたたびウルチ米が主要な品種に置き換わったため、炊き干し法にもどったという解釈があるが、これを立証することは困難であろう。遺跡から発見される古代米は、炭化した状態で発見されるので、それがモチ種かどうかを、科学的に分析し、澱粉の種類を判別することは困難である。

あるいは、硬質の土器の製造技術が朝鮮半島から伝えられる以前は、現在のインドシナ半島で使用されているような木製の蒸し器を、水をいれた深鍋形の弥生土器のうえにとりつけてウルチ米の強飯をつくる方法があり、炊き干し法と蒸し飯が並立していたのだが、木製品は腐ってしまい、考古学的遺物としては発見されない、という説明もできよう。

なぜ、古墳時代から平安時代まで、強飯が好まれたのか？　その解答は、いまのところ提出されていない。

玄米食　現在、日本のみならず欧米でも、自然食運動を支持する人びとのあいだで、玄米食がさかんになっている。「玄米」とは、黒い米という意味であり、精白されていない米のことである。

米を精白すると、ビタミンB１をおおくふくむ外側の部分が糠《ぬか》となって除去され、白米になる。他の副食物からビタミンＢ１を摂取することがすくなかった過去の食生活では、日本人はビタミンＢ１の欠乏による脚気《かっけ》にかかることがおおく、脚気は日本の国民病であるとされた。

都市に住む社会階層のたかい豊かな人びとと農村をくらべたら、都市民の食生活のほうが、精白された米をより多く食べていた。精白度がたかい白米のほうが、おいしいとされたのである。大都市に人口が集中した一七世紀後半から、脚気の記録がおおくなる。たとえば脚気は「江戸わずらい」といわれ、江戸を離れて田舎に転居したらなおるといわれた。江戸時代の文書記録によると、それ以前の民衆は玄米を常食にしていたが、一七世紀後半頃から白米を食べることが一般化したと記述する資料がいくつかある。

玄米食主義者たちは、これをよりどころとして、古代、中世の日本人は玄米を常食にしていたので、脚気にかからなかったというし、食物史の研究家でもそれを信じる者がおおい。しかし、本当の玄米を伝統的に常食する民族は、現在のアジアに存在しないのである。健康食品店で売っている、籾殻をはずしただけで、果皮におおわれている本当の玄米は、炊くまえに二〇時間くらい吸水させ、長時間加熱しなくてはならず、燃料費がかさむ。圧力釜のない時代には、経済的効率の点からいっても玄米を毎日食べることはなかったはずである。そのうえに、人体実験の結果では、玄米の消化吸収率はいちじるしくわるいとされる。

一七世紀後半に、「籾《もみ》すり臼《うす》（唐臼《とううす》、土摺臼《どずるす》ともいう）」という回転式の籾すり専用の道具が普及した。これによって、籾殻だけを除去し、米糠の部分は残す、現在でいう玄米ができることになる。これを米搗《こめつ》き臼で精白して、白米をつくる。

それ以前は、籾殻を稲粒からおとすためには、木製の臼に稲粒をいれ、長い棒状の竪杵《たてきね》で搗いていた。これは、現在も東南アジアの田舎でおこなわれている。この方法では、籾殻だけではなく、米糠の部分もある程度はげ落ちてしまい、本当の玄米ではなくなってしまう。すなわち、籾おとしの作業と精白の作業をかねているのである。糠を完全におとした白米は、もとの稲粒の九〇%程度の歩留まりであるが、棒状の竪杵で籾殻をとる作業をおこなうと歩留まりが九五%程度になる。これが一七世紀後半以前の玄米といわれるものの実態である。

白米にくらべると、暗色をしており、味は少々わるいが、まだビタミンB1は完全に失われていないので、脚気になることはないし、吸水率もわるくはなく、短時間で煮て食べることができるのである。むかしの日本人は、現在の健康食品店で売っているような玄米を食べていたわけではない。

(1) 佐原真『食の考古学』八二〜一〇三頁、東京大学出版会、一九九六年

4 米の酒

縄文時代の酒 アルコールは、酵母《こうぼ》が糖類に作用して発酵することによってできる。酵母は自然界にいくらでも存在するので、原始的な酒造においては糖分のたかい液体を用意して、発酵に適した環境をととのえれば酒をつくることが可能である。

もっとも簡単な酒造法は、糖分濃度のたかい液体を原料とする。蜂蜜を水で薄めた液体を原料とする「蜂蜜酒」、「ヤシ酒」のように樹液を原料とする酒、ブドウなどの甘い汁気の多い果実をつぶした

原料からつくる「果実酒」、乳のなかの乳糖を利用した「乳酒」がある。

関東、東北地方の縄文時代後期の遺跡からは、複雑な装飾をほどこした土瓶《どびん》のような形の「注口土器《ちゅうこうどき》」が発見される。おおくの考古学者は、これは果実酒の容器と考えている。

しかし、縄文時代にアルコール飲料があったかどうかは、実証することが困難である。縄文時代の遺跡から発見された当時の野生植物のうち、果実酒の原料となりうるものには、ヤマブドウ、カジノキ、ガマズミ、エゾニワトコ、サルナシ、キイチゴがある。しかし、これらの果実が酒に加工されたかどうかは、あきらかでない。青森県の三内丸山《さんないまるやま》遺跡からは、エゾニワトコ、サルナシ、キイチゴの種子がかたまって発見されるので、これらの実の汁をしぼって、果実酒づくりをしたのではないかといわれる。

秋になると急速に気温の低下するヨーロッパの気候では、夏に果実に蓄えられた糖分が収穫期になってもあまり低下しない。だが、秋になっても気温の低下がゆっくりと進行する日本の気候のもとでは、糖分がさまざまな種類の酸に変化してゆき、果実酒の製造にはむかないものになってしまう。日本の環境は、果実酒づくりには不利な条件なのである。

歴史時代になってからの文献資料で探索したかぎりでは、一九世紀後半にワインづくりの技術がヨーロッパから伝えられるまでは、日本には果実を発酵させてつくる酒造の伝統はなかったといってよい。「桑酒」、「柿酒」、「楊梅《やまもも》酒」、「梅酒」などの名称が文献にあらわれるが、それらは果実をアルコール原料として発酵させたものではなく、米でつくった酒や焼酎に果実を漬けてつくった混成酒のことである。

日本だけではなく、中国、朝鮮半島でも、歴史的文献からすると、果実酒、蜂蜜酒、樹液の酒が本格的につくられることはなかった。としてみると、縄文時代にはアルコール飲料は存在しなかった可能性がたかい。

果実酒づくりは、果樹の栽培化がはじまり、果実が大量に収穫されるようになって、普及したと考えられる。世界的に、酒造は農業社会において発達するものであり、狩猟採集社会では酒造技術を欠如するのが普通であることも、縄文時代における酒の存在を疑わせるものである。

農業社会になると、澱粉質のおおい作物が主食作物として選択され、それが酒造原料ともされるようになった。穀物や芋類の澱粉を原料として酒をつくるためには、酵素の作用を利用して、澱粉を糖分にかえる操作が必要である。筆者は、澱粉を糖化する方法のちがいにより、世界の澱粉を主原料とする酒を、「口嚙み酒」、「モヤシ酒」、「カビ酒」の三種類に大別している。(1)

口嚙み酒　穀類や芋類など澱粉のおおい作物を生のまま、あるいは加熱したあと、口で嚙むと、唾液の中の糖化酵素により澱粉が分解して糖分が生成される。そこで、材料を嚙んでから、唾といっしょに吐いて容器にいれておくと、野生酵母の働きでアルコール発酵がおこり、やがて酒になる。この方法が澱粉を利用した酒づくりのいちばん原始的なものである。

口嚙み酒は、中南米と東アジア、東南アジアに存在した。中南米ではトウモロコシやマニオク(キャッサバ)から、チチャという酒がつくられた。中国の歴史的文献では、北方民族の女真《じょしん》、韃靼《だったん》、中国南部の少数民族と明代のカンボジアで、米を原料とする口嚙み酒がつくられたことがわかる。(2) 二〇世紀初頭の福建省の一部と対岸の台湾でも米の口嚙み酒が残っていたが、台湾の先住民は米のほかに彼らにとっての主作物であるアワからも口嚙み酒を製造した。

八世紀のはじめに編纂された『大隅国風土記』逸文には、現在の鹿児島県南部にあたる地方では、「村のなかの一軒に水と米を用意して、村中に知らせると、男女がそこに集まり、米を噛んで、酒づくり用の容器に吐きいれて帰る。酒の香りがするようになると、ふたたび集まって、これを飲む」という意味の文章が記されている。台湾の例では、原料の米あるいはモチアワを生のまま噛んでから、容器に集めて、水を加えて発酵させる。大隅国の記録にも水が記されているので、台湾の民俗例とおなじ方法であろう。

口噛み酒をつくる風習は、沖縄をふくむ南西諸島でおこなわれていた。また、北海道のアイヌの人びとが米を噛んで酒をつくる習俗が報告されている。南の島々でも、アイヌの場合も、口噛み酒は特定の祭の儀礼にそなえてつくるものであり、このさい、米を噛むのは女性に限られていた。

アジアにおける口噛み酒の記録がのこされた地方は、中国文明の辺境地帯である。そのことは、中国文明で発達したコウジ(麴・糀)を利用する酒造法が普及する以前の技術が、辺境地帯に残存したものと考えてよいであろう。

モヤシ酒　ユーラシア大陸の西側の地帯とアフリカでは、穀物に吸水させて発芽させたもの、すなわちモヤシの糖化酵素を利用した酒づくりが発達した。「麦芽(モルト)」でつくるビールがその代表である。この酒造法は、ユーラシア大陸の東側の地域には普及せず、近代になってビール製造技術として採用された。ただし、東アジアにも、米やコムギを発芽させて飴《あめ》をつくる伝統はあった。

カビ酒　東南アジアと東アジアではカビ、すなわちコウジを使用して酒をつくる。コウジとは澱粉質の原料のうえに、コウジカビなど澱粉を糖化させる働きをもつカビを繁殖させた、発酵スターターである。糖化させたい原料にコウジを加えて、カビが繁殖しやすい温度、湿度をたもつと、原料全体にカビが生えて、澱粉を分解し、発酵作用がおこるのである。

コウジを発酵に利用する方法は、湿潤でカビの繁殖しやすいモンスーン・アジアに適した技術であり、アッサムから東側の地帯にコウジによる発酵技術が普及している。とくに中国、朝鮮半島、日本ではこの技術が発達し、酒造ばかりではなく、ダイズや穀物を発酵させてつくる重要な調味料である醤油や味噌などの製造に、コウジを利用した発酵が適用されている。

五世紀に朝鮮半島南部から移民してきた須須許里《すすこり》という人物が、先進酒造技術を有していて、彼が醸造した酒を当時の天皇に献上した、という記録が残されている。それまでの日本には口噛み酒づくりの技術しかなかったが、須須許里がコウジによる酒造法を伝えた、という説があるが、それはあやまりであろう。

稲作が日本に伝わった頃、中国ではすでにコウジを利用した酒造をおこなっていた。主食としての飯炊きとならんで、重要な米の加工法である酒造の技術は、稲作とともに日本に伝えられたのであろう。弥生時代から口噛み酒だけではなく、コウジを使用して酒をつくる技術もあったと考えたほうが自然である。

コウジによる酒づくりにもさまざまな方法があり、一〇世紀の日本の宮廷においては、一五種類の酒がつくられていたことが知られている。須須許里はコウジを使用した酒造法のうち、一つの技術を朝鮮半島から伝えたのであろう。

餅麴と撒麴　コウジを澱粉質の原料のうえに培養するさい、素地となる原料の種類、形状、加熱の有無、培養する環境の状態によって、生じるカビの種類は変わってくる。

中国、朝鮮半島で通常使用するコウジは、生のコムギを粗挽きにしたものに水を加えて練り固め、ブロック状に成形して、その表面にカビを増殖させた「餅麹《もちこうじ》」である。そこに繁殖する主なカビの種類はクモノスカビやケカビである。それにたいして日本で利用されるのはニホンコウジカビであり、ブロック状ではなく、米を蒸して、米粒の一粒ずつの表面にカビを培養した「撒麹《ばらこうじ》」である。

コムギを原料としてコウジをつくる技術は、古代の東アジア文明の中心地であった中国北部でコムギの栽培がさかんになり、それを粉にして食べる習慣がひろまった紀元前二世紀以後のことであろう。華北で成立した餅麹づくりの技術が、陸続きの朝鮮半島にまでひろまったものと考えられる。中国の南部や朝鮮半島には米のコウジもないわけではないが、米の粉を固めたもののうえに培養しており、粉食の影響がおよんでいる。

しかし、のちに述べるように、穀物を粉にして食べる方法が普及しなかった日本では、米の粒にコウジを培養する撒麹づくりが現在までつづいている。おそらく、コムギの餅麹が華北から伝わる以前の中国の稲作地帯では、日本と同様の撒麹が使用されており、その古いコウジづくり技術が、日本に水田稲作とともに伝播したと考えると合理的ではあるが、そのことを証拠だてる資料は得られない。

酒の原料として、中国や東南アジアではモチ米を使用することがおおいが、日本酒はウルチ米でつくられる。

コムギの導入以前の古代の中国北部では、酒造原料に当時の主作物であったアワ、キビ、モロコシをもちいた。のちにモロコシの一種であるコウリャン（高粱）の栽培が普及すると、中国各地で蒸留酒の酒造原料作物として採用された。また、単一の穀物ではなく、二種類以上を配合してつくる酒もおおい。朝鮮半島では米を主材料とする酒が主流であるが、使用するコウジはコムギでつくったものである。

東南アジアの水田稲作地帯でも、米を原料とするカビ酒がつくられるが、米の粉にさまざまな植物体を混ぜてカビを生やした「草麹《くさこうじ》」を発酵スターターとして利用することがおおい。また、水を加えずに固体発酵をおこない、飲むときに水を加える。

こうしてみると、モンスーン・アジアで発達した米を原料とするカビ酒づくりのなかで、日本酒は独自の酒造法を発達させたものといえよう。

一七世紀以降、サツマイモの栽培がさかんになった地方では、それを原料とする蒸留酒である芋焼酎の製造がおこなわれるようになるが、それまでは、日本のアルコール飲料は、まれに粟酒《あわざけ》が飲まれたことを例外として、ほとんどがウルチ米を原料としていたのである。

（1）石毛直道「酒造と飲酒の文化」石毛直道（編）『論集 酒と飲酒の文化』平凡社、一九九八年（再録『石毛直道自選著作集』第四巻、ドメス出版、二〇一二年）

（2）山崎百治『東亜醱酵化學論攷』二八八〜二八九頁、第一出版、一九四五年

5 塩辛、調味料とナレズシ

塩辛 「塩辛」とは、魚、甲殻類、イカ、貝類、ときとしては鳥獣の肉に三〇％前後の塩を加えて、液体のもれない容器に長期間おいてつくった保存食品である。[1] 塩の作用によって腐敗を防止しながら、主として原料の肉や内臓にふくまれている蛋白質分解酵素の作用で、蛋白質の一部が分解してアミノ

酸が生成されることによって、独特のうま味と塩味が生まれる。ぬるぬるして、臭気のする食品のため、食べなれない者にとっては抵抗感がつよく、現在では塩辛を敬遠する日本人もいる。

発酵とは、微生物や酵素の作用で有機物が分解され、あたらしい物質が生成されることをいう。科学的には、発酵と腐敗はおなじ現象である。それが人間にとって有用な場合を発酵とよび、有害な場合を腐敗として区別する。つまり、発酵と腐敗は科学的に区別されるのではなく、人間の側の価値観によってきまる。

したがって、発酵と腐敗のカテゴリー分類は、それぞれの文化によってことなっている。魚介類の発酵食品になじみのない文化圏で育った者にとっては、塩辛は「魚のくさったもの」として、食用にたえない腐敗物のカテゴリーに分類されることがおおい。

一六世紀後半に来日したイエズス会の宣教師であるルイス・フロイスは、日本とポルトガルの習俗を比較した本のなかで、「われわれにおいては、魚の腐敗した臓物は嫌悪すべきものとされる。日本人はそれを肴《さかな》として用い、非常に喜ぶ」、と内臓の塩辛について記している。(2)

現在では、塩辛は酒のつまみとして嗜好食品化している。しかし、半世紀前までは、調理の手間のいらない保存食品である塩辛は、飯のおかずとしても食べられていた。塩分がおおいので、ほんの少量の塩辛で、大量の飯を胃袋におくりこんだのである。

のちに述べるように、塩辛類は塩分とグルタミン酸のうま味をもつ食品である。かつては塩辛は煮物や汁、和《あ》え物の味つけに利用され、塩辛を漬けた容器から液体部分をすくって、醬油のように使用した。このように、塩辛は調味料でもあった。

中国では古代から明代までは、「魚醬《ぎょしょう》」、「肉醬《にくしょう》」というコウジを加えてつくった塩辛が食べられた。

だが、中国人が加熱しない食品を食べなくなるとともに消滅し、現在では沿岸部の一部のみで製造される地方的な食品となった。

朝鮮半島では、現在でも塩辛はよく食べられるし、キムチをつくるさいの調味料としても利用される(図1)。インドシナ半島では、淡水魚でつくる塩辛が農民のもっとも基本的な保存食として食べられている。

蝦醤＝小エビ塩辛ペースト　中国の渤海《ぼっかい》湾と華南の沿岸部では、日本のアミのようなプランクトン性の小エビに塩を加え発酵させた「蝦醤(シャージャン)」がつくられる。アミの塩辛とことなる点は、小エビの姿がくずれるまで発酵、熟成させたゆるいペースト状の食品で、小エビの香りと濃厚な風味

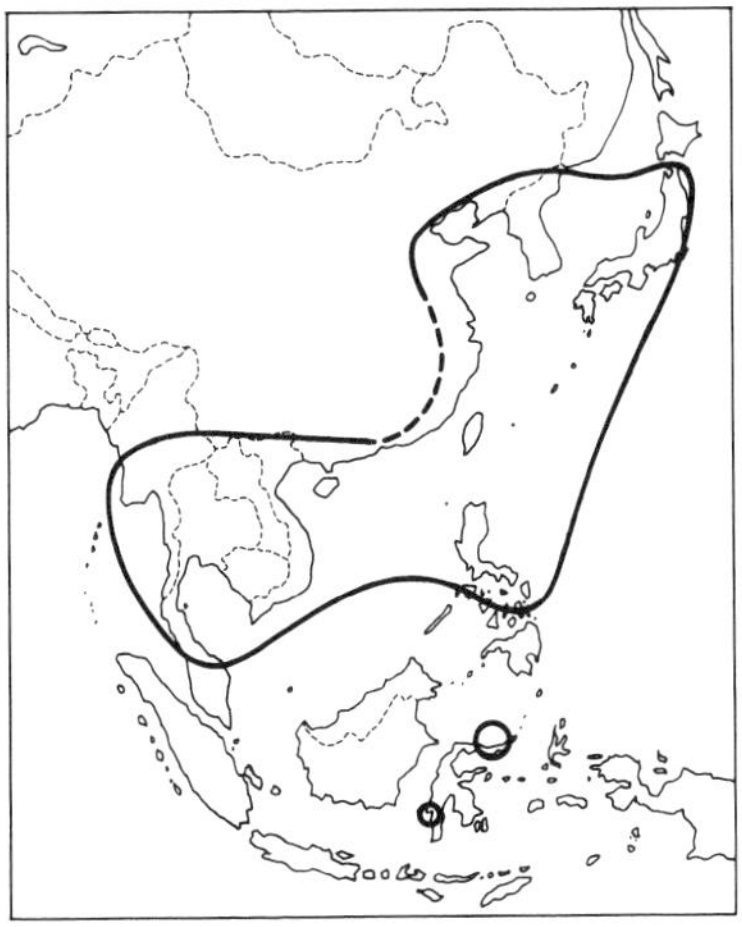

図1　塩辛の伝統的分布圏(『魚醤とナレズシの研究』p. 323より)

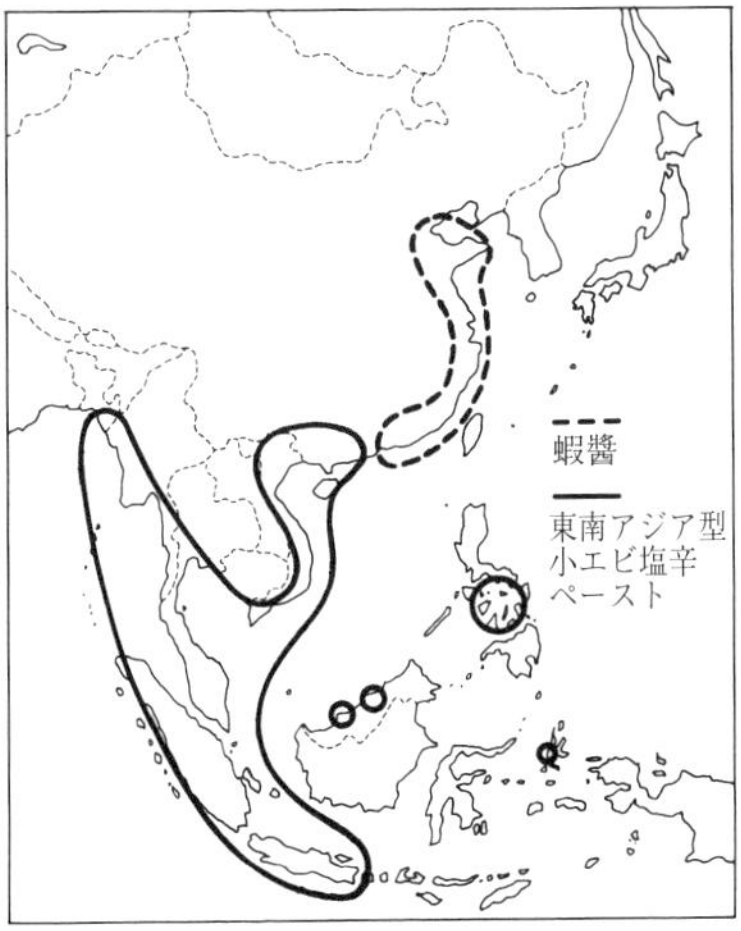

図2　小エビ塩辛ペーストの伝統的分布圏(『魚醤とナレズシの研究』p. 325より)

があるので、調味料として使用される。

マレー半島の「ブラチャン」、インドネシアの「トラシ」は、プランクトン性の小エビに塩を加えて、搗きくずしてペースト状にし、発酵させたものである。つぶしてあるので水に溶けやすく、調味料として利用されている（図2）。

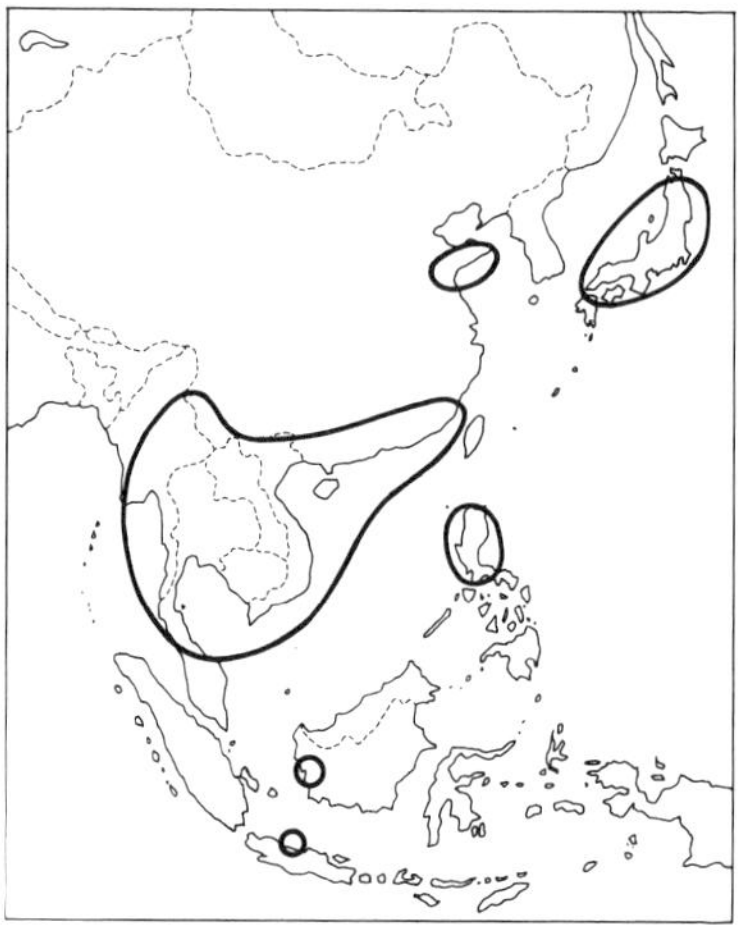

図3　魚醤油の分布圏（『魚醤とナレズシの研究』p. 327より）

魚醤油　塩辛を長期間保存しておくと、魚肉や内臓がすべて分解してしまい、液体状になる。この液体を採取したものが「魚醤油」である。東南アジアでは、ベトナムの「ニョク・マム」が有名であるが、カンボジア、タイ、ラオス、ミャンマー、マレー半島、ルソン島でも魚醤油が使用される。この魚醤油は、中国では広東省、福建省、山東省の沿岸部、朝鮮半島では西南海岸で利用される。

日本でも、かつては、おおくの地方で魚醤油が製造されていたが、近代になって醤油が普及すると姿を消した。現在では、秋田県の「ショッツル」と石川県の「イシリ」が、郷土料理の調味料として利用される（図3）。

ヨーロッパでは帝政ローマにおいて、「ガルム」あるいは「リクアメン」とよばれる、魚を原料とする液体調味料が存在し、その製造原理はアジアの魚醤油とおなじである。だが、アジアとヨーロッパの魚醤油はおたがいに関係をもつことなく、相互に独立して発生したものであると考えられる。

水田漁業　筆者らはアジアの一三カ国における塩辛、魚醬油などの魚介類発酵食品の現地調査をおこなった。その結果、塩辛類、ナレズシと水田稲作の相関がつよいことが判明した。

すなわち、塩辛類やナレズシを伝統的につくってきた地域は、伝統的に水田稲作をおこなっていた地域と、その分布圏が一致するのである。図1〜3の広義の塩辛の分布圏と、図6(五三頁)にあげたナレズシの分布圏は、伝統的水田稲作圏でもある。東南アジアにおいては、一五世紀以前から水田稲作がおこなわれていた地域には塩辛類、ナレズシが存在するが、焼畑耕作地帯や狩猟採集社会の地域にはそれらが欠如しているのが普通である。

日本でも水田稲作をおこなわなかった北海道のアイヌの人びとは、塩辛をつくらなかった。朝鮮半島の北部、東部の畑作地帯で現在も塩辛があることと、おなじく畑作地帯である中国北部に塩辛がかつて存在したことは例外であるが、この二つの地域は、歴史的には統一王朝のもとで、水田稲作と畑作の二つの類型の食生活が混交していた場所であることを考慮にいれる必要がある。

水田は稲作の場であると同時に淡水魚の棲息地でもある。人びとは稲作に従事するとともに、水田そのものや、灌漑水路での小規模の漁業にしたがい、稲作と淡水漁業がセットとなった生産様式が展開されたのである。これを筆者は「水田漁業」と命名している。

水田漁業は専業化した漁民を必要とせず、農民が稲作の片手間に、水田や灌漑水路から淡水産の魚介類を採取する。農薬の普及以前の水田は、養魚池のようなものであった。イネの切り株は、魚の産卵場所であり、孵化《ふか》した稚魚を肉食性の魚からまもる隠れ家となる。水田は主食の米だけではなく、おかずの魚介類の生産の場でもあった。

漁民による商業的な漁業とちがって、水田漁業は農民によってなされる、自給自足的な、きわめて小規模の漁業である。市場経済とは無関係な活動であるために、水田漁業は文献資料にはほとんど記録されない。日本でも歴史時代における漁業活動の記録は、商業的漁業である海での魚とりがほとんどである。しかし、かつての農民の食生活を考えるにあたっては、水田漁業に注目する必要があろう。

現在の日本の河川には堤防が築かれているが、東南アジアでは堤防のない川が一般的である。モンスーン地帯の雨季には河川が氾濫して、水田と河川が一続きとなり、河川の回遊魚が水田のなかにはいりこんで産卵する。雨季がおわり、水田を満水にしていた水が河川の主流にむかって引いていくときに、漁具をしかけると、短期間に大量の魚がとれ、水田漁業における最大の漁獲期となる。ただし、この時期にとれる魚は孵化後まもない稚魚がおおい。魚体が小さく、肉の割合にたいして骨がおおく、ふつうの料理の材料には適さない。このような魚に最適な加工方法は塩辛にすることである。漁獲量がおおいので、このときに塩辛にしておけば、保存食として一年中食用にすることができる。

現在の日本、朝鮮半島、フィリピンの塩辛は、海産の魚を原料とするのが普通となっている。これは、水田の淡水魚の加工としてはじまった塩辛づくりが、長い海岸線にかこまれて海産魚の漁獲のおおいこの地域の環境のもとでは、海産魚を原料とするものに変化したのであろう。

淡水魚の塩辛を常食とする伝統があるインドシナ半島や中国でも、魚醤油は海産魚を原料とすることがおおい。これは魚醤油の製造が商業化したことにより、大量の原料を得ることができる商業的な海の漁業に依存するようになったからである。

塩辛の歴史　六九四〜七一〇年のあいだ宮廷があった奈良県の藤原京跡から、地方より税としておくられた品物につけた木製の荷札である、多数の木簡《もっかん》が発掘されている。その一つにフナの塩辛を意味する「鮒醢《ふなのひしお》」と書かれたものがあり、これが日本における塩辛の文献的初出である。塩辛は塩と魚と容器さえあれば簡単につくれる食品のため、文字記録にあらわれる以前から日本で食べられていたにちがいない。水田漁業とのつよい関連性から推測すると、すでに弥生時代にはあった可能性もある。

中国では発酵性の調味料を「醬」と総称する。周王朝（紀元前一〇五〇？〜前二五六年）の宮廷では、料理の種類に応じてさまざまな種類の醬が調味料として使用され、醬をつくる専門の役人がいたことが記録から判明している。周代の醬は、肉や魚を原料とした塩辛である「魚醬」、「肉醬」であったが、その製造工程にコウジや酒を一緒に混ぜることが、中国独自の方法である。コウジから糖分が生成され、酒を加えているので、糖分の発酵によるアルコールと加えた酒のアルコールから生成された酸によって、単純な塩辛よりも風味がよくなる。

漢代以後になると、肉、魚のかわりに、加熱した穀物や豆類、とくにダイズを使用する醬がつくられるようになる。コウジを加える塩辛づくりの方法は、植物性の原料に適用しても発酵可能である。穀類や豆類は原料の長期保存や、運搬も容易である。そこで、中国では塩辛から「穀醬《こくしょう》＝豆醬《とうしょう》」への変化が起こったのである。

うま味と塩分の補給源　穀類や豆類など植物性の原料も、コウジの作用で分解してアミノ酸が生成される。塩味と、アミノ酸のうま味をもつことにおいては、塩辛と植物性の原料をもちいた醬は共通する。

この植物性の原料に塩とコウジを混ぜて発酵させた醬が、その後、朝鮮、日本においても調味料としてもちいられるようになるが、その代表である味噌や醤油を分析するとアミノ酸の一種であるグルタミン酸の含有量がたかいことが知られている。グルタミン酸のうま味を工業製品としてつくりだしたのが「味の素」であることからわかるように、グルタミン酸は食物にうま味を付加する物質である。

筆者らがアジア各地で収集した塩辛、魚醤油のアミノ酸の分析を、味の素中央研究所に依頼したことがある。その結果、生産地、原料の魚種、製造方法がことなるにもかかわらず、すべての塩辛系食品は共通して、味噌、醤油におとらぬ大量のグルタミン酸を含有していることが判明した(3)。

中国では、漢代以後も五世紀頃まで、動物性の醤である塩辛と植物性の醤の双方が共存しており、その後になって植物性の醤が調味料の主流になった。

植物性の醤の主要な原料であるダイズが、弥生時代の遺跡から発見される例が比較的すくないことを考慮すると、植物性の醤は古墳時代以降に日本に導入されたものであろう。その後、ダイズや穀類に塩を加え発酵させた「醤《ひしお》」、味噌、醤油の調味料は、日本人の日常生活に欠かせないものになる。

現代の日本と英国の国民一人一日あたりの塩分摂取源をしめすグラフをながめてみよう(図4)。イギリスでは畜肉製品、乳製品が塩分補給源となっているのにたいして、肉の加工製品や乳製品を食べる習慣がなかった日本では、漬物と水産加工食品から塩分をとっていることが目立つ。最大のちがいは、英国では調理のさいや食卓で塩を単体として使用するのが三二%に達しているのに、日本では一三%にすぎず、四五%の塩を調味料から摂取し、そのうち味噌、醤油のダイズと穀物を主原料とする製品が四三%を占めていることである。この傾向は中国、朝鮮半島でもおなじである。

ヨーロッパの調理法のように、それぞれの料理に応じて、塩味を加えたソースをつくるのではなく、

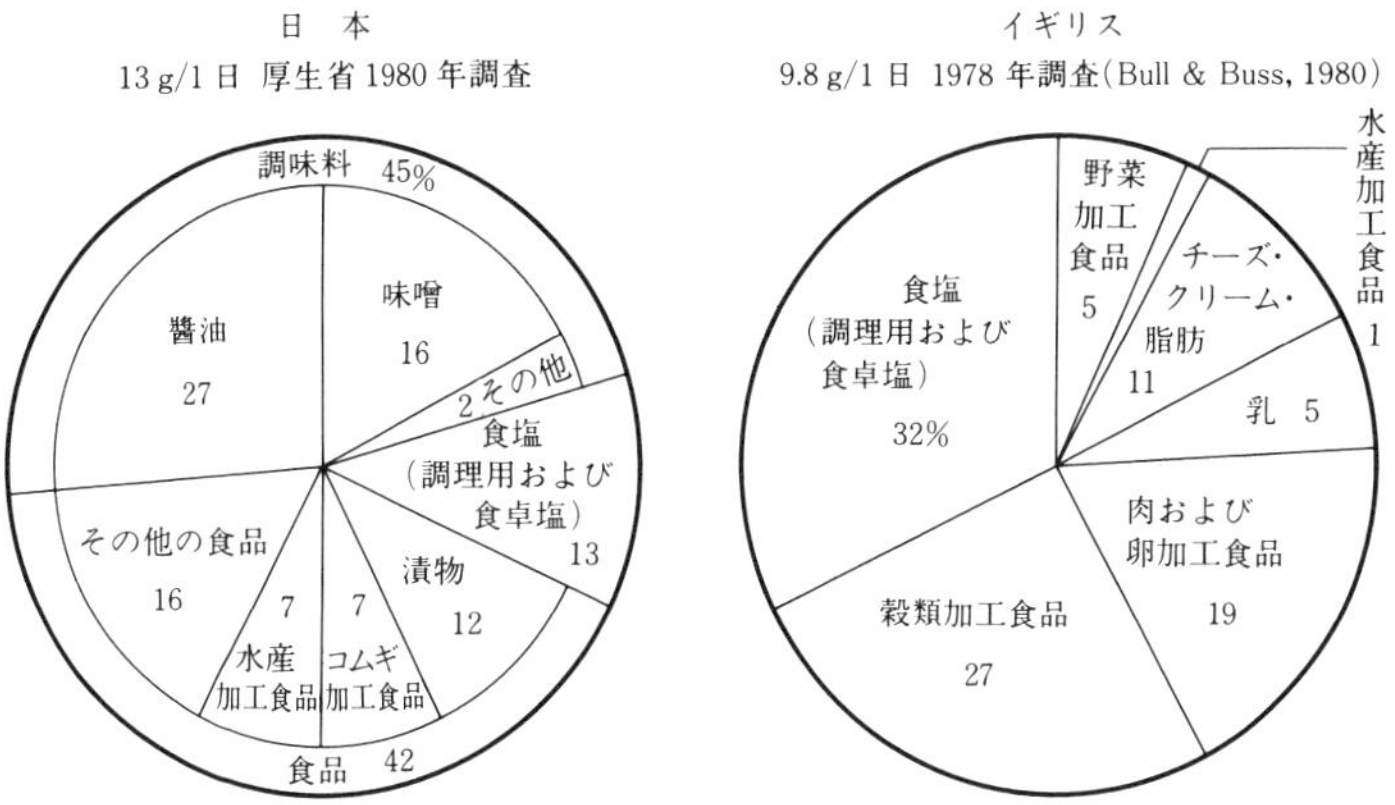

図 4　食塩の摂取量：日本とイギリス（『魚醬とナレズシの研究』 p. 349 より）

東アジアでは醬油、味噌のような既製品の調味料（穀醬＝豆醬）を常に台所に用意しておき、ほとんどすべての料理の味つけにもちいる、いわば万能調味料として使用するので、このような発酵調味料が塩分摂取源として最大となる。

東南アジアのなかで、塩辛をよく利用する地帯では、東アジアにおける穀醬＝豆醬とおなじように、塩辛類が主要な塩分摂取源となっているはずである。この地方について の信頼できる統計資料がないので、筆者が計算したミャンマーのヤンゴン（ラングーン）郊外のあるビルマ人農家の例をあげると、一日一人あたり六・三gの塩分を塩辛から摂取している。ちなみに現在の日本人が味噌、醬油から摂取する塩分は一日一人あたり五・六gである。

植物性原料と動物性原料の違いはあれ、塩味とうま味をもつ発酵食品を、万能調味料として料理の味つけに利用することが、東南アジアと東アジアは共通しているのである（図5）。

ナレズシ　塩辛に似た食品に「ナレズシ」がある。これは、塩をした魚に米飯を加えて、カメ（甕）にいれて長期間

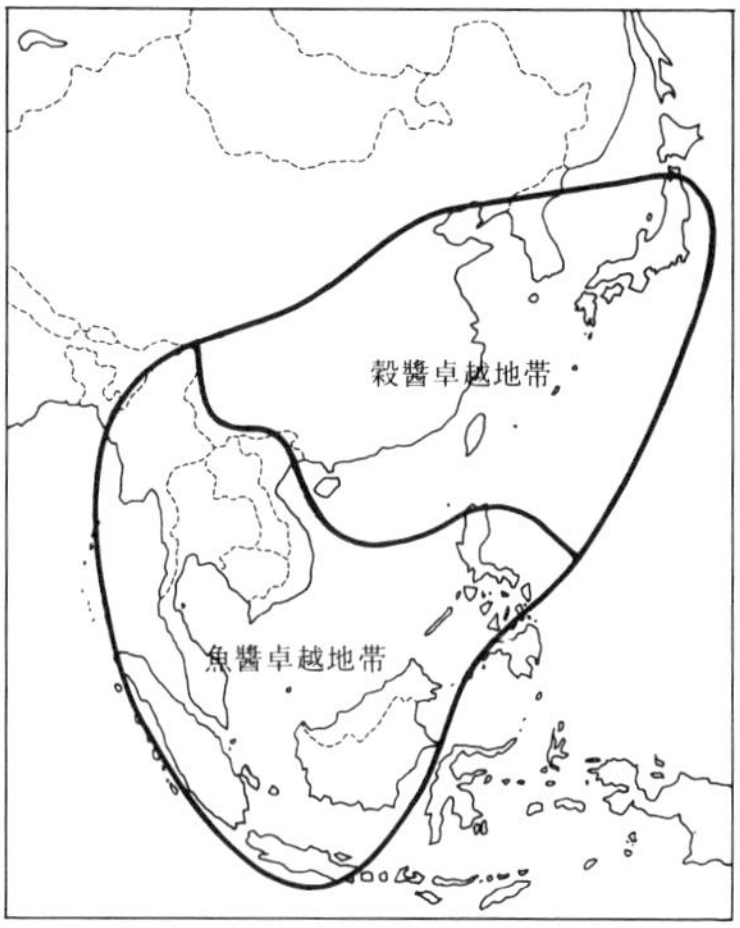

図5　うま味の文化圏（『魚醬とナレズシの研究』p. 355より）

保存したものである。米飯が発酵し乳酸が生成されるために、酸っぱい味になるが、塩辛のように魚肉が分解することなく、魚体を保ったまま一年以上保存できる。

ペースト状にくずれた米飯をとりのぞき、魚を薄切りにして、生のまま食べるが、くせのつよいチーズのような匂いがする。かつては北海道と九州の南の島々をのぞく日本全土にナレズシがあったと推定されるが、現在では琵琶湖周辺の名物であるフナズシなど、限られた地域で郷土食としてつくられるにすぎない。

中世までは、スシといったらナレズシのことであったが、本書二六五〜二六八頁でくわしく述べるように、一五世紀以後に短期間でつくるスシが出現し、それがスシの主流となった。そこで区別するために、古代からつくられてきた保存食品のスシを、「熟成したスシ」という意味のナレズシ（馴鮓、馴鮨、熟鮓、熟鮨）とよぶようになった。

現在の握りズシは、酢で味つけをした飯に生魚の薄切りをのせたものであり、保存食品どころか、材料さえ用意してあれば即座につくれるインスタント料理である。それでも、スシにする飯はかならず酢を加えて酸味にしておかねばならないことに、乳酸と酢酸の酸味のちがいはあるが、昔の名残をとどめている。スシの語源は「酸し」、すなわち酸っぱいということばであるという。

ナレズシは古代のインドシナ半島のメコン川流域に起源し、それが中国に伝えられ、水田稲作農業とともに、日本に伝来したものであると考える。(4) すなわち、ナレズシも塩辛とおなじく、水田漁業と関係のある魚の保存法である。東南アジアのナレズシの分布圏は伝統的水田耕作地帯とほぼ一致する(図6)。中国においても明代まではナレズシが食べられたが、生魚を食べることを中国人がやめたことにともない、塩辛類とおなじく、漢族のあいだでは忘れられた食品になり、西南中国の少数民族のあいだにだけ残っている。

日本では、八世紀初頭以降ナレズシのさまざまな記録がある。一〇世紀頃までのナレズシの原料には、海産魚もあるが、淡水魚でつくったものがおおい。水田漁業の伝統をつよく残す食品といえよう。

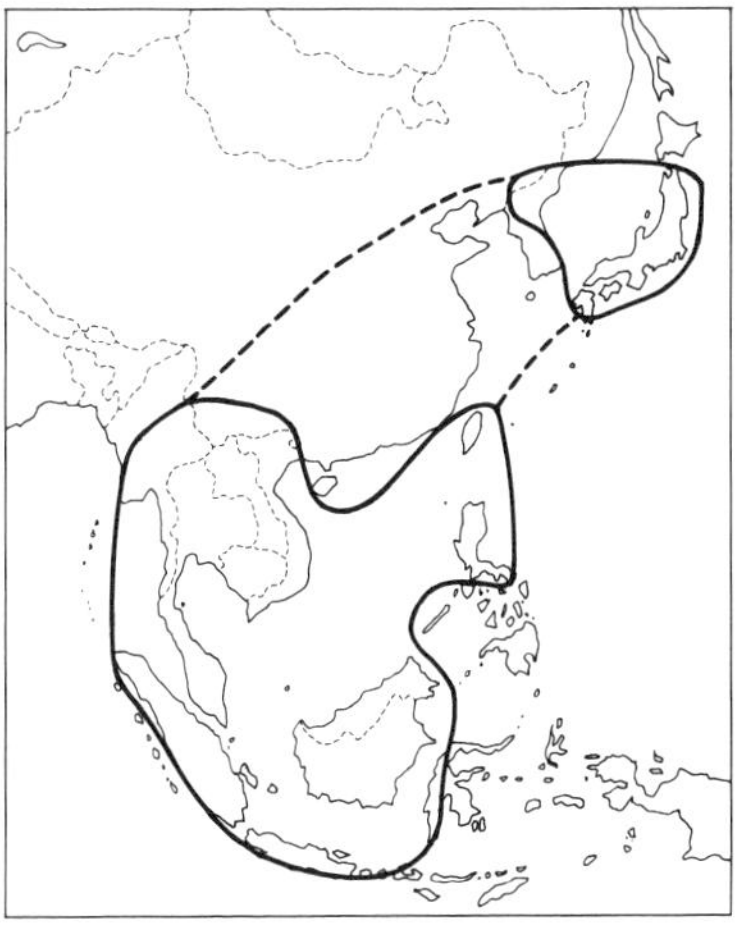

図6　ナレズシの伝統的分布圏．点線はかつては存在していた地域をしめす(『魚醤とナレズシの研究』p. 91より)

(1)　塩辛、ナレズシなどの魚の発酵食品について、くわしくは石毛直道、ケネス・ラドル『魚醤とナレズシの研究――モンスーン・アジアの食事文化』(岩波書店、一九九〇年。再録『石毛直道自選著作集』第四巻、ドメス出版、二〇一二年)を参照されたい。

(2)　松田毅一、E・ヨリッセン『フロイスの日本覚書――日本とヨーロッパの風習の違い』一〇二頁、中公新書、一九八三年

(3)　くわしくは、文献(1)の第四部「魚醤の

食品科学的考察」を参照されたい。
（4） くわしくは、文献（1）の第一部「ナレズシ」を参照されたい。

三　日本的食文化の形成期

1　時代の背景

時代区分　古墳時代までの日本の歴史は、主として考古学的資料によって研究される先史時代にあたるが、古墳時代の後期にあたる六世紀後半以降の歴史については、国内で記された文献資料によって知ることが可能な歴史時代になる。日本の歴史学者は、古代、中世、近世、近代の四つに時代区分するのが普通である。

古代は、飛鳥時代(五九二〜七一〇年)、奈良時代(七一〇〜七九四年)、平安時代(七九四〜一一八五年)から構成される。この時代は、天皇を頂点とする貴族階級から構成される宮廷が、中国の制度を参考にした律令という法体系を基本として、中央集権的に支配する国家体制であった。飛鳥・白鳳時代の宮廷の所在地は、天皇が即位するごとに移動した。奈良時代になると現在の奈良市、平安時代には現在の京都市が首都と定められた。

中世は鎌倉時代(一一八五〜一三三六年)と、南北朝時代(一三三六〜一三九二年)、室町時代(一三九二〜一五六八年)に区分される。貴族にかわって新興の武士階級が実力をにぎった時代で、地方の武士のリーダーたちは、封建領主に成長してゆく。地方分権的な武士階級の統治の頂点にたったのが将軍で、その政府である幕府が封建領主を統率することによって、実質的な全国統治をおこなった。

中世において、天皇は名目的な日本の統治者にすぎず、実権は全国の武士階級の最高の地位にたつ将軍がにぎっていた。京都に天皇の宮廷は存続したが、官職を任命する儀式をとりおこなう機能しかもたなくなっていた。

本書では、政治史を中心にきめられたこのような一般的な歴史学の時代区分をはなれて、食文化史の観点から、古代から中世の終わりにちかい一五世紀末頃までを、「日本的食文化の形成期」として、ひとまとまりにあつかうこととする。

中国文明の受容　「日本的食文化の形成期」は、中国文明において形成された食に関する文化を吸収して日本的に変化させ、独自の食の文化の基本を築いた時期である。大胆に区分するならば、一〇世紀のはじめを境界線とする前後二つの時期に区別することができる。

すなわち、一〇世紀になるまでは、中国や朝鮮半島の食べものや食事の慣習を輸入し、模倣することにつとめた時期であり、それ以降は海外からの影響を消化して、日本人の嗜好や習慣にあうものに再編成し、現代まで継承される日本的な食生活が確立された時期である。

一六世紀に西欧の文明と接触するまで、日本にとって規範とすべきは、中国文明であった。そのことは、ベトナム、朝鮮半島などの中国の周辺の諸民族でもおなじであった。これら中国と陸続きの国々は、文明の中心地との直接的な交渉も容易であるし、歴史的には中国の直接的な支配も経験している。

それにたいして、海で隔絶された地理的条件にある日本は、中華帝国の支配下に編成されることとなく常に独立をたもってきたため、中国文明の受容の過程が、陸続きの国々とは歴史的にことなる。すなわち、中国の直接統治下には置かれず、その文明を強制されることがなかったため、中国文明を一つの体系としてまるごと受容するのではなく、文明を構成する要素に分解して、そのなかから自分たちの好む要素だけを選択的にとりいれることが可能であった。

したがって、中国文明の文脈のなかから、単語だけを選択して、日本の文脈のなかに位置づけることが容易であった。すなわち、中国文明から多大な影響をうけながらも、中国文明の脱コンテクスト化によって、「日本らしさ」が形成されたのである。

巨視的にみれば、古墳時代から七世紀後半までは、朝鮮半島を仲介して中国文明が日本に伝えられた時期である。この頃の朝鮮半島には、百済《くだら》、新羅《しらぎ》、高句麗《こうくり》の三国が並立していたが、日本の天皇の政権は、五世紀になると百済と連合関係を結んで、軍事的に朝鮮半島に介入するようになった。七世紀中頃、中国の唐王朝と連合関係をもった新羅が、高句麗、百済を滅亡させ、朝鮮半島を統一する国家となった。このさい、百済に多数の援軍をおくった日本は、六六三年に新羅と唐の連合軍に大敗し、以後朝鮮半島から撤退する。

このような情勢のもとで、当時の日本にとって先進技術をもつ朝鮮半島からの移民がさかんにおこなわれ、百済、高句麗の滅亡にさいし日本にやってきた多数の難民が、大陸の文明をもたらした。たとえば、のちに述べる肉食のタブーとの関係をもつ仏教も、中国から、朝鮮半島を経由して日本に伝えられたものである。

須恵器《すえき》とよばれる、高温で焼成《しょうせい》され硬質で灰色をした土器が、五世紀中頃から、日本で炊事用具や食器に使用されるようになり、中世においてもその技術をひきつぐ土器がさかんに利用された。この土器づくりの技術は、中国に起源をもち、朝鮮半島で独自の発展をとげて日本に伝えられた。

六世紀末になると、日本は朝鮮を経由せず、中国文明を直接受容するよう、政策を転換する。二二〇年に漢王朝が瓦解したのち、ながいあいだ中国はいくつもの国家に分裂していたが、隋王朝(五八一〜六一八年)が統一し、それをひきついだ唐王朝(六一八〜九〇七年)は、それまでの中国歴史のなかで最大の版図をもつ巨大帝国を形成し、当時の世界でもっとも先進的な文明の中心地となった。周辺の諸国家は、唐の制度や文化を自国に移植することによって、「近代化」を懸命に試みた。

日本も例外ではなく、六〇〇年に遣隋使を派遣して以来、八三八年に最後の遣唐使が出発するまで、合計一七の日本の公式使節団が中華帝国の首都を訪れた。これらの使節団の目的は、政治的には中国との外交関係を良好にたもつことにあったが、それは中国文明を学ぶ機会でもあり、文化使節としての意味をもっていた。一回の使節団は、大使以下二五〇〜五〇〇人で構成され、そのなかには中国に長期間滞在する留学生や留学僧たちがふくまれていた。政治や行政の制度、法律、学術、文学、医学・薬学、美術、仏教、技術などを修得し、それらに関する文献を収集して日本にもちかえること、すなわち文明の学習が、使節団のはたすべき役割でもあったのである。

宮廷と僧院　国家による文明の輸入事業の成果が、最初にうけいれられたのは、宮廷と僧院であった。宮廷貴族たちの宴会では、中国からつくりかたを習った唐菓子や、乳製品である「蘇《そ》」などの食べものが供され、輸入品や、製作技法が伝わって国産が可能になった食器がならび、箸《はし》と匙《さじ》をもちいて食事をした。

奈良時代には仏教が国家の宗教とされ、その教義を学びに、僧侶たちが国費で留学した。そのため、僧院では、中国の食の文化がいちはやくとりいれられた。たとえば日本で最初の「飲茶」に関する記録は、八一五年に嵯峨天皇が琵琶湖のほとりにある崇福寺を訪問したとき、大僧都である永忠が天皇に茶を飲ませたとある。彼は留学僧として中国に三〇年間滞在した人物で、当時の中国は、茶を飲むことがあたらしいファッションとして、一般化しはじめた時期にあたる。

独自性の創造　八九四年に菅原道真の提案で遣唐使派遣が廃止になったのちは、中国に公式の使節団がおくられることはなかった。唐王朝が衰退し、内乱があいつぐ情勢にあったこと、中国への航海が危険をともなうことが、遣唐使廃止の理由であった。事実当時の航海術ではリスクがおおきく、使節団の船が台風にあって難破した例もおおかった。いっぽう、中国の商人が日本へやってくるようになり、巨大な国資を投じて、中国との文化接触をたもつ必要がなくなったためでもあった。

それは日本文化が、中国の模倣から脱し、独自性を発揮しはじめた時期にもあたる。その例として、文字や文学について簡単に紹介してみよう。

西欧世界で、ながいあいだラテン語が公式の記録にもちいられたように、中国文明の衛星国家では、文明の文字である漢字をもちいて、古典中国語の文章である漢文で記録を残すのが原則であった。

朝鮮半島において自国語を表記する独自の文字体系であるハングルが公布されるのは一四四六年のことであるが、それはながいあいだ、無学な民衆の文字と軽蔑されて、公文書は漢文で記された。ハングルが普及するのは、二〇世紀になってからのことである。

そこで、伝統的な朝鮮文学は、古典中国語による詩や文章で書かれ、必然的に文字の背後にある中国的観念を投影する傾向がつよく、言語系統のことなる自民族の文化をこまやかに描写するには不利であったし、読者は漢字を読むことができる知識人に限定されていた。

ベトナム語を表記する文字体系であるチュノムは一四世紀はじめにできたが、二〇世紀初頭までは漢字が公式の文字であり、古典中国語が公式の文章であった。チュノムは民衆の文字までには発展せず、一般のベトナム人が自国語の文章を読み書きできるようになったのは、西欧の宣教師がつくったラテン文字をもとにした現在の文字体系が普及してからのことである。

日本の場合、漢文で記録を残すいっぽう、自民族の言語を表記するための試みがはやくからなされた。漢字は、それぞれの文字が固有の発音をしめすだけでなく、文字のひとつひとつが固有の意味をもつ表意文字である。

八世紀につくられた日本最初の詩集『万葉集』には、貴族から農民までの幅広い作者による約四五〇〇首が収録されている。作品は、漢字を音標文字として利用する「万葉仮名」によって記録されている。漢字をもちいて日本語の発音を表記し、漢字のもつ意味は無視されている。

その後、漢字を変形して日本のアルファベットにあたる「カタカナ」と「ひらがな」がつくられ、それによって、自民族の文化を文章で自由に表現できることになった。公文書などでは漢字だけで表記することが後になされるが、かな文字に漢字を混ぜて表記することが一般的になり、現在の日本語の文章もそのような表記法である。

音標文字であるかな文字の文章のなかにちりばめられる漢字は、中国起源の事物や、抽象的概念であることがおおい。しかし、それらの漢字の読みは、中国での発音とはことなり、日本語の音韻構造にあうように変形したものであるし、しばしば、中国での発音をまったく無視して、表意文字である漢字のしめす概念に相当する日本語の単語としての読みかたをする。すなわち、かな文字でしめされる日本語のコンテクストのなかに、中国語のなかから日本人によって選択された漢字だけが、日本的に変形されて存在しているのである。

かな文字が普及すると、詩の分野では、古典中国語の教養をもつ知識人がつくる漢詩にたいして、民衆も参加できる自国語の詩である和歌というジャンルが成立し、やがて宮廷貴族のあいだでも、漢詩よりも和歌をつくることが主流となる。散文の分野では、九世紀後半から、かな文字の物語があらわれはじめ、一〇世紀になるとさまざまな作品が続出し、一一世紀はじめには世界最初の長編小説である『源氏物語』が著される。

この頃から、文学の分野に象徴されるように、日本文化全般においても、中国の模倣から脱して、日本独自の伝統が形成されるようになる。一〇世紀以後も、中国や朝鮮半島との交易関係はつづくが、もはや外部の文明をモデルとするようなことはなかった。一九世紀になって、西欧文明をモデルとして日本を再編成し、近代化を進める運動が出現するまでは、日本は国内における歴史の展開によって自然発生的に形成されたシステムにもとづいて運営されることになったのである。

武士の文化　一〇世紀後半から一一世紀前半は、京都の宮廷を中心とする貴族文化がもっとも繁栄した時期ではあるが、いっぽう地方では、すでに中世への胎動がはじまっていた。政治的関心よりも、宮廷文化への参与に熱心で、地方の統治能力を欠くようになった貴族にかわり、地方の武士たちが権力をもつようになった。貴族の荘園の警護役であった武士たちが連合をくみ、おおきな軍事集団に発展し、宮廷に政治的干渉をおこなうようになり、ついに一一八五年、武士の政府を鎌倉に設立する。ここで、中国文明をモデルとしてつくられた、宮廷貴族たちが中央集権的に統治する制度がおわりを告げる。

近代以前においては、おおくの国で、洗練された料理技術や食事作法を発達させたのは、宮廷であり、日本の古代においても例外ではなかった。宮廷には税として徴収された全国の産物があつまり、それを調理する専門の料理人集団があり、さまざまな種類の酒をつくる役所もあった。身分的には官僚でもある貴族をあつめておこなわれる宴会が、身分の上下などの秩序を確認する儀礼的な行事としての性格をもち、宮廷での飲食そのものが政治でもあったのである。

しかし、武士が政権をになうようになって以降、宮廷は経済的にも衰退し、食文化の中心地としての機能をうしなった。その後の宮廷の食事は、儀式的、形式的な側面を強調するばかりで、実質的な栄養や、おいしさとは無関係なものとなった。中世以来、近代にいたるまで、日本の宮廷は、民衆の食事に影響をあたえることはほとんどなくなった。

あたらしく政権をとった武士のおおくは農民出身で、みずからも領地を経営し、農業生産にも参与していた。そこで、自給自足的な経済をおもんじ、簡素で実質的な食事をよしとし、食事における洗練、形式化、ぜいたくとは無縁であることをほこりとする倫理規範をもっていた。この性格は江戸時代にまでひきつがれたが、武士は日本における禁欲主義のにない手であった。

古代、中世においては貴族の、その後の時代においては富裕な商人たちの享楽主義に対立する存在が、武士の禁欲主義であった。そして、一九世紀中頃までつづく武士の統治下で、禁欲主義にもとづく生活が道徳的であるという倫理が強調されつづけることになった。

古代のおわり頃から顕著になり、中世に進行した日本文化の動向のひとつは、かつて上流階級にとりいれられた中国文明と、民衆の伝統的な民俗文化の融合過程とみることもできる。古代の宮廷がとりいれた文明のファッションも、そのままではなく、日本的に変形させたり、民衆の生活になじまない要素を切り捨てたりしたものが、現在にまでつづく伝統として生きのびているのである。

衣服に例をとれば、宮廷では、直訳すれば「中国の衣服」という意味の唐衣《からころも》とよばれる装飾的な衣服がもちいられたが、一般の民衆の衣服はもっと粗末だが、機能的で労働に適したデザインのものであった。この二つのことなる系統の衣服が、ながい時間をかけて、おたがいに影響しあいながら変形して、中世のおわりになると、現在の和服の原型ができあがったのである。おなじようなことが、食をめぐっても起こったのだが、それについては以下に具体的に述べることにしよう。

2　肉食のタブー

仏教による禁止〜中国・朝鮮半島

釈迦《しゃか》が、仏教徒がまもるべき戒律の第一のものとしてあげたのは、生物を殺さないという殺生戒であった。したがって、本来、仏教徒は完全な菜食主義者であるべきで、肉も魚も食べてはならないはずである。

しかし、現実には、いっさいの動物性蛋白質を食用にしないのは、ごく一部の仏教徒にかぎられる。東南アジアの上座部仏教では、民衆は魚も肉も食べるし、僧侶や尼など聖職者も「自分が殺すところを見ていない肉、自分のために殺したとは聞いていない肉、自分のために殺したものではないことがあきらかな肉」、この三種類の肉は食用にしてもかまわないことになっている。中国、朝鮮半島、日本に伝わった大乗仏教は、もっときびしく、原理的には魚や肉を食べることを禁じていたが、それをまもったのは聖職者たちだけである。

　中国では六世紀はじめに、熱心な仏教徒であった梁の武帝が、僧侶が肉食をしたら処罰するよう命じたが、これは肉を食べる僧侶がいたことを意味する。その後、僧侶は肉や魚を食べない決まりになったが、民衆は、日常でも肉をご馳走として食べつづけている。現在の中国の熱心な仏教信者のなかには、毎月一日・一五日、近親者の命日など、特定の日だけ菜食をまもる人びともいる。

　朝鮮半島では六世紀に、新羅と百済の王が仏教思想にもとづき、動物を殺すことを禁じる命令をだしたと記録されているが、肉食が厳禁されたわけではない。新羅では、春から夏にかけての動物の繁殖期に殺すことが禁じられ、さらに一カ月のうち六日間は動物を殺して食べることが禁止された。新羅のあとに朝鮮半島を統一した高麗王朝(九一八～一三九二年)のもとで、仏教は隆盛をきわめ、一般の民衆も動物の肉を食べなくなり、屠畜もおこなわれなくなった。

　一一二三年、高麗にやってきた中国からの使節の随員による見聞記『高麗図経』のなかで、朝鮮半島の人びとがヒツジやブタを屠畜するときには、「四つ足をしばって、火のうえに投げ出し、息を吹きかえすものがあれば角棒でめった打ちにして殺すのであるが、胃袋やはらわたが破れて汚物が流れ出し、それで料理した肉は臭くてとても食べられたものではない」と記述されている。

　一三世紀になると朝鮮半島に元朝が侵入し、高麗はその属国となった。朝鮮半島に駐在したモンゴル人たちが、牧場を開発し、牛馬を大量に飼育しはじめた。モンゴル人からハンマーをもちいてウシを屠畜する方法を習い、これを職業とする人びとが出現したが、この集団はのちに、いわばカーストとして差別されるようになる。

　一時忘れ去られていた肉料理も、元の支配下で復活したが、そのさい、モンゴルや、モンゴル人の支配下にあった中国の肉の料理法が導入された。[1] 牛肉を材料とする「プルコギ（焼き肉）」も、そのような外来の料理法に起源をもつと考えられる。

最初の肉食禁止令　日本においては、天武四（六七五）年、天武天皇が最初の肉食禁止令を制定した。動物や魚を乱獲するおそれがあるとして、ワナ（罠）をもちいた狩猟と漁労を全面的に禁止した。四月一日から九月三〇日の間は、ウシ、ウマ、イヌ、サル、ニワトリを食べることを禁止するとともに、オリ（檻）やシシアナ（檻穽）、機械仕掛けのヤリ（機槍）および漁労用のヤナの使用を禁じ、これらの禁止事項を破る者は処罰するというのが、その法令の趣旨である。

従来は、この法令は、殺生を禁じる仏教思想にもとづいて発布されたと解釈されてきた。しかし、当時の日本人にとって、もっとも重要な食肉資源であったシカとイノシシの食用を禁じていないし、五種類の動物にかぎって、特定の期間だけ食用を禁じている。これらに着目すると、この法令には仏教以外の要素がつよく反映されているとの指摘がある。[2]

イヌを食用にする習慣は、かつては東南アジア、オセアニア、中国、朝鮮半島に広く分布していた。これらの地域では、牧畜や狩猟が発達しなかったため、西欧のように牧羊犬や猟犬として人間の伴侶とされ、他の文化からみれば、ほとんどフェティシズムの一種とさえ思えるほどの特殊な関係を、人間とイヌが結ぶことはなかったのである。天武天皇の肉食禁止令からわかるように、日本でもイヌは食用家畜として利用されたのである。しかし、イヌの主な用途は狩猟と番犬であり、食用を目的として飼育されてはいなかった。

サルは縄文時代から食用にされていたが、狩猟対象として重要なものではなかった。人間に似ていることから、サルは日本の民俗慣行のなかで特殊な位置を占める動物である。神の使者とみなす地方もあり、後世の猟師たちはサルを殺すことをきらった。その肉を食べるときも、たんなる食料としてではなく、病気をなおすと信じ、薬用の効果を期待して食べた。これらを考慮にいれると、天武天皇の肉食禁止令が発布されたころ、サルが一般的な食肉獣であったとは考えづらい。

ニワトリは弥生時代に日本に導入されたが、神話では神の使者として重要な位置を占め、一般には食用をタブーとすることがおおい家禽と推定される。その後も日本人は、食用のためではなく、ペット的性格をそなえた聖なる鳥、また、目覚まし時計、闘鶏用として、ながいあいだニワトリを飼いつづけたのである。鶏肉だけではなく、江戸時代以前は鶏卵を食べることも避けられたようである。

ウシとウマは弥生時代に日本に導入されたが、七世紀になっても頭数はすくなく、貴重な役畜であった。古代の戦闘のさい、ウマに乗るのは指揮官クラスだけであり、騎兵隊というものはなく、歩兵戦であった。また、ウシを保有せず、ウシにスキ(犂)をひかせることなく、すべて人力で農耕をおこなっていた農民もおおかったのである。

いっぽう、古代には、その年の水田耕作の最初の日にウシやウマを犠牲にして、その肉を食べる農耕儀礼があった。これは、中国あるいは朝鮮半島からの渡来人たちによっておこなわれたようである。このような牛馬の食肉をともなう農耕儀礼をおこなったら、かえって、干ばつ、イナゴによる虫害が起きて、稲作に失敗したという伝承も記録されている。

古代における動物を犠牲とする儀礼の記録はたいへんすくない。これらは日本にやってきた中国、朝鮮の移民集団が伝えたものであり、古代の一時期おこなわれただけで、その後の神道の儀礼には動物犠牲の記録はない。

稲作の開始にあたり、牛馬を犠牲にしたらタタリがあったという伝承があるが、これは外国から伝わった農耕儀礼と、動物供儀をおこなわない日本の風習との葛藤をしめすものであろう。六四二年には雨ごいの祭にウシ、ウマを犠牲にすることを禁じる法令がだされている。七〇二年の飢饉のさいは、ウシを犠牲にするかわりに、土でつくったウシをもちいて、豊作を祈願する儀礼をおこなったとの記録がある。

このようなことを考慮にいれると、六七五年の禁令は、かつてはウシやウマを犠牲にして、その肉を食べることが農民たちのひそかな楽しみになっていたが、食肉がウシ、ウマの減少につながることをおそれた政府が、農耕儀礼との関連においてこれを禁止したと考えることができる。

さきに述べたように、食用禁止の対象になっているイヌ、サル、ニワトリは日本人にとって特別な関係をもつ生き物であり、わざわざ禁止しなくとも、あまり殺すことはなかったはずである。ウシ、ウマを食用にすることを禁じ、役畜動物の減少を防止し、また、干ばつ、イナゴの虫害、飢饉をふせぐのが禁令の主眼であり、それも水田農耕の期間にあたる旧暦の四月から九月のあいだにかぎっての禁止であった。それにくわえて、ワナやヤナで動物や魚を乱獲することを禁じて、無益の殺傷をしないという仏教的イデオロギーが背景にあると解釈できる。

仏教の普及　奈良時代になると、仏教の理念にもとづく国家の統治体制が確立し、日本各地に官営の寺院である国分寺が建設されるようになる。このような情勢のなかで、仏教の慈悲の精神を普及すれば天皇の仁徳を国中に広めることにつながるという、王権と宗教が合体した政治思想が形成された。この時代の天皇たちは、しばしば、いっさいの動物を殺すことを禁じる法令をだしている。天平勝宝四（七五二）年は、総国分寺である東大寺の大仏の完成にさいして国家的行事である大仏開眼会《だいぶつかいげんえ》がおこなわれた年である。それを記念したと思われる孝謙天皇の詔勅では、この一年間、日本国中ですべての生き物を殺すことを禁じ、そのために生計をうしなう漁民にたいしては、生活に困らない量の米を支給すると約束している。

その後、一二世紀にいたるまでの間、何回も動物を殺すことを禁じる勅令がだされる。このことは、人びとに肉の味を忘れさせることが困難であったことを物語るものである。天長一〇（八三三）年に完成した法令の注釈書『令義解《りょうのぎげ》』には、僧侶や尼が、肉を食べ、仏教の戒律で禁じられている飲酒をしたり、淫欲・憤怒をひきおこすので、聖職者には食用を禁じられている五辛《ごしん》（五葷《ごくん》）という臭いのつよい野菜（ニンニク、ニラ、ネギ、ラッキョウ、ヒル）を食べた者には、罰として三〇日間の重労働（苦役）を科すると記されている。しかし、病気を治療する目的で僧、尼が肉食をするさいには、日限を定めて、食べることを許すと述べられている。したがって、九世紀前半の段階では、僧院のなかでもひそかに肉食がなされていたようである。

一〇世紀になると、僧侶と貴族、都市民の間では獣肉食を罪悪視する風習が成立していた。その後、仏教が田舎の民衆にまで浸透すると、仏教の輪廻《りんね》の観念と哺乳類の肉食をタブー視することとが結合して、四足獣の肉を食べた者は、死後に四足獣に生まれ変わるという考えかたが普及した。

神道のケガレとの結合　九二七年にできた法令集である『延喜式《えんぎしき》』によると、動物の肉を食べた貴族や政府高官は、その後の三日間は不浄となり、宮廷でおこなわれる神道の行事に参加する資格を失うとされている。そのことは、まだ上流階級でも肉食をする者がいたことを証明すると同時に、神道でも肉食がタブー視されるようになっていたことをしめしている。

のちの時代になると、神道において肉食の禁止が強化される。文保二（一三一八）年に制定された皇室の守護神を祭る伊勢神宮の参拝者のための規定の注釈書である『文保記』では、イノシシとシカを食べた者は、神宮への参拝が一〇〇日間禁じられると記されている。

神道では、不浄の状態を「ケガレ（穢れ）」という。ケガレの最たるものは、死および出血に関する事柄である。近親者が死亡した場合、死のケガレである「黒不浄」とみなされ、他人に感染させないよう、一定期間社会生活から隔離されねばならない。出産、月経は出血をともなうケガレである「赤不浄」とされ、その状態にある女性は隔離される。いくつかの地方では、二〇世紀になるまで、出産や月経のさいには、家族の住む建物とは別のところで寝起きし、食事も家族とは別の火で料理された食べものをとる風習があった。血のケガレが、家族の料理をつくる火の神聖さを汚すことを避けたのである。出血をケガレとする民俗のうえに構築された宗教である神道には、動物犠牲をともなう儀礼はない。必然的に出血をともなう肉食は、神道でもケガレとみなされるようになったのである。

いっさいの生き物を殺すことを禁じる仏教では、厳密にいえば、魚食も禁じるべきであるが、神道では魚の血液について言及することはなく、魚、貝は神にささげる上等の供物の地位を占めている。

仏教ばかりでなく、伝統的宗教である神道でも肉食をケガレとみなすようになったこともあり、おおくの日本人が肉食を忌避するようになった。しかし、いっさいの生き物を食用にすることを禁じられたのは、仏教聖職者だけであり、いっぽうで一三世紀に成立した浄土真宗の教団においては、僧侶の肉食・妻帯が許されるようになった。

魚食がご馳走　古代末から中世にかけて、職業的猟師などを除外すると、一般的に民衆は哺乳類の肉を食べなくなったが、ニワトリをのぞく野生の鳥類と魚介類は、仏教行事の期間や近親者の命日をのぞいては食用にしてさしつかえなかった。しかし、民衆にとって、狩りの獲物の鳥類を食べる機会はまれであったし、のちに述べるように乳製品を日常の食物とする風習も欠如していたので、動物性蛋白質の摂取源は、主として魚に限られることになった。そのため、日本人にとってのご馳走は魚となり、魚料理が日本料理の王座を占めるようになったのである。

哺乳類のなかでもクジラは魚であると信じられ、食用にされてきた。東日本を中心に勃興した武士たちは軍事教練をかねて、しばしば巻狩りをおこない、シカやイノシシを捕獲して食べ、病弱者が体力をつけるために「薬食い」と称して、哺乳類の肉を食べることもあった。病気治療のためにやむを得ず肉食をするという口実を免罪符として、健康な者が哺乳類の肉を食べることも、ときどきなされたのである。とはいえ、一般の民衆が野獣や野鳥の肉を食べる機会はきわめてすくなく、日本人全体としては肉なしの食生活が普通となった。

哺乳類を食用にすることがなくなると、動物の屠畜、皮はぎ、皮革製品の生産に従事する人びとへの社会的差別が生じるようになる。このような職業に従事し、ウシ、ウマ、シカなどを解体する人びとは、それらの肉を食べていたが、殺生を禁じる仏教理念からは好ましくない仕事とされ、神道でいえば「ケガレた存在」とみなされた。哺乳類の肉食を禁止することが民衆の間に普及した鎌倉時代には、これらの人びとを被差別集団として社会的に隔離することが成立し、その後もカースト としての差別が強化され、現在にまでつづく社会問題となった。

（1）李盛雨「韓国の食べ物社会史（完）」『アジア公論』一九七九年一一月号

（2）原田信男「日本中世における肉食について——米社会との関連から」石毛直道（編）『論集 東アジアの食事文化』平凡社、一九八五年、原田信男『歴史のなかの米と肉——食物と天皇・差別』平凡社選書、一九九三年

3 乳利用の欠如

牧畜とは 民衆の食卓から肉の姿を消しさることが可能になったことについて、仏教や神道のイデオロギーの浸透だけで説明するのでは不十分である。その背景として、伝統的な日本の農業は食肉用、乳用家畜を生産する体制を欠如していることを指摘する必要がある。

「牧畜」とは、有蹄《ゆうてい》類の草食性の家畜を群れとして管理し、その家畜群からの生産物に大幅に依存する生活様式のことである。家畜の肉や乳が牧畜民の主要な食料源となるだけでなく、家畜の毛から衣服やテントを製作し、中央アジアでは家畜の糞を乾燥させて燃料とする。雑食性で群れをつくらない家畜であるブタを飼養しても牧畜とはいわないし、役畜としてウシやウマを二、三頭飼育しても「群れとして管理」をしないので、牧畜とはいわない。

牧畜民の主要な食料は、肉ではなく、乳である。肉食のために屠畜をつづけていたら、畜群が消滅してしまう。屠畜の対象を去勢オスと乳をださなくなったメスに限定し、なるべく家畜を殺さずに繁殖させ、畜群をおおきくすることによって、人間が利用できる乳の量を増大させるのである。牧畜民

は、一家族で数十頭以上の家畜群を管理するのが普通である。

乳は栄養面において理想的な食品であるが、生乳はすぐ変質してしまう。そこで、さまざまな乳製品に加工し、保存食品化することによって、搾乳の困難な季節の食料にする。牧畜民は乳を飲むというよりは、「乳を食べる」人びとである。

現在の世界においては、乳の生産量のおおい、ウシ、スイギュウが主要な搾乳の対象とされるが、それぞれの地域における家畜群の構成におうじて、ヒツジ、ヤギ、ウマ、ヤク、ラクダ、トナカイの乳しぼりもおこなわれる。これらの家畜は、いずれも草食性の有蹄類で、群居性をもつ。

モンゴルから中央アジア、西アジアを経由して北アフリカにつながる旧世界の乾燥地帯が、牧畜という生活様式の中心であり、そこには農業をおこなわず、牧畜に生活を依存する遊牧民が分布する。一方、ヨーロッパ、インドでは、牧畜と農業が有機的に結合した生活様式が伝統的なものとして展開した。中国の中心部、朝鮮半島、東南アジアでは、ウシ、ウマは役畜として飼養され、農家一世帯が一頭から数頭保有するだけの非牧畜地域であった。

牧畜文化の指標となるのが、家畜の搾乳である。一五世紀の世界において、家畜の乳しぼりを日常的な慣行としておこなっていた地域を図示したのが図7である。(1) これによると、バングラデシュとミャンマーの境界をなすアラカン山脈の南東に位置する東南アジアは、乳しぼり慣行を欠如した地域である。中国においては、おおまかにいえば、万里の長城を境界として、その北方が乳しぼり圏で、南方は乳しぼりが一般的な慣行ではない地域である。もともと、万里の長城そのものが、北方の遊牧民が南の漢族の農耕地帯に侵略することを阻止するためにつくられたのである。ただし、長城以南でも、西南中国のチベット系の民族など、漢族以外の少数民族のあいだでは、乳の利用がおこなわれる場合

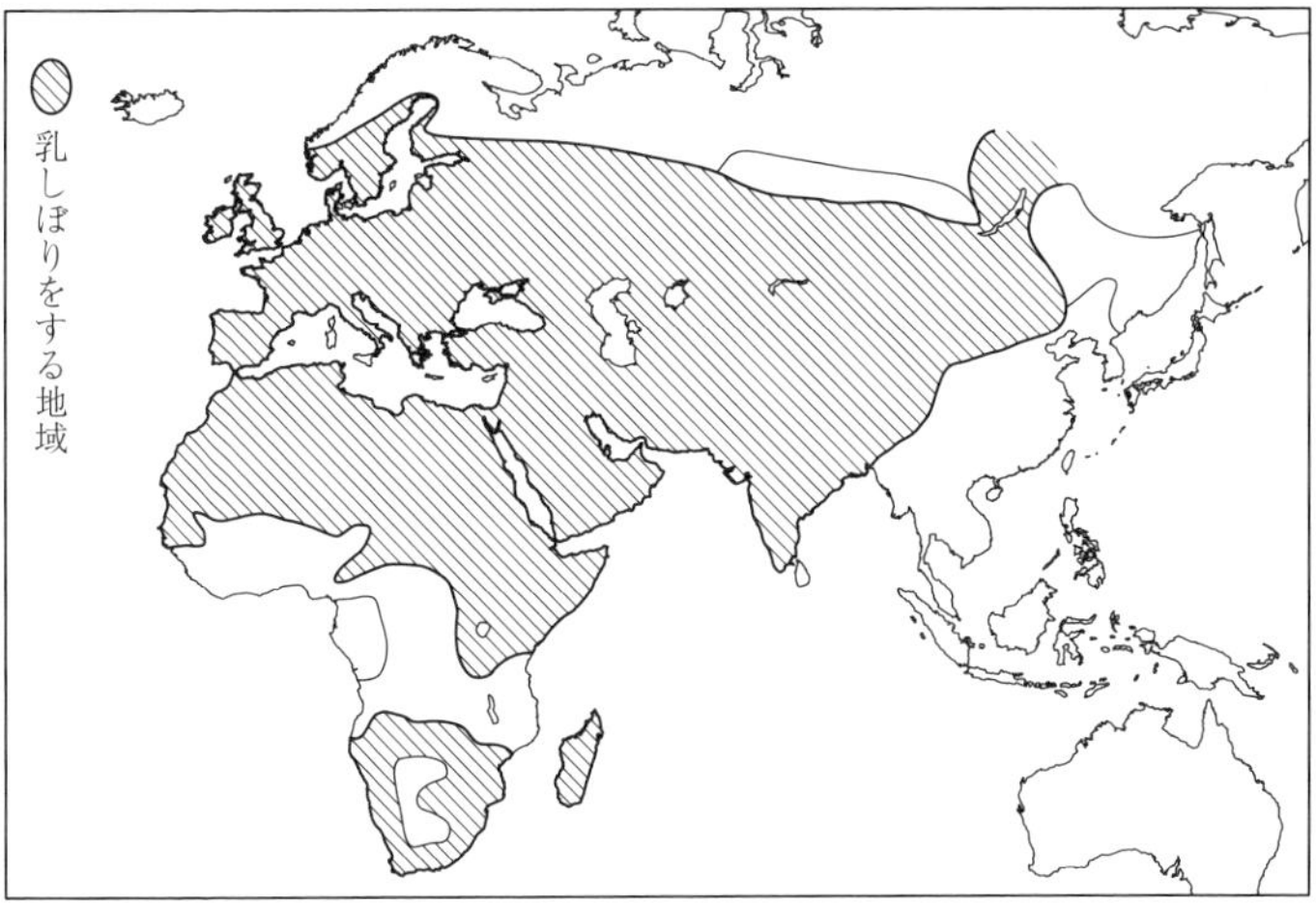

図7　乳しぼりの分布．本図は15世紀における世界での分布をしめすものである(『世界の食事文化』巻末分布図より)

があった。

東アジアの乳食　古代の中国では、食用専用の家畜・家禽として、ブタ、ニワトリを飼っていた。北部中国では、ヒツジを乳用ではなく食肉のために群れで飼育し、南部中国では、アヒルの飼育がおこなわれた。これらの家畜、家禽の飼養は、農家によってなされてきた。伝統的な中国の食文化で、豚肉と鶏肉の占める位置はおおきく、肉食が再開されてからの朝鮮半島でも、食肉を目的とする家畜・家禽の飼養がおこなわれた。

弥生時代に日本に導入されたイネを主作物とする農耕文化複合は、ブタとニワトリの飼養はともなっていたが、アヒルとヒツジを欠如したものであった。また、さきに述べたようにニワトリの食用はさかんではなかったし、考古学的遺跡から発見される飼育種のブタはすくなく、野生のイノシシの発見例のほうがはるかにおおい。八世紀に編纂された『日本書紀』によれば、宮廷に直属してブタを飼育する専門集団である「猪飼部《いかいべ》」があったことがわかる。しかし、ブタを飼う農民の数はすくなかったものと考えられる。

高密度の人口をもつ農業社会において、民衆の日常の食卓に肉を供給するためには、家畜・家禽を生産するための社会的体制が整備されていることが必要である。そのようなシステムが確立していない古代日本の農業社会においては、食肉の供給は、もっぱら狩猟の獲物にたよっていた。

その間、日本の人口は膨張しつづけ、それにともなう耕地面積の拡大によって、農耕適地である平野部から野生動物は姿を消し、その生息地が山間部の森林に限定されるようになった。こうして、人びとは肉を日常的には食べられない生活に慣れるようになったのである。このような状況のため、肉食を禁じる宗教的イデオロギーを浸透させることが可能になったと考えられる。

東アジアでは乳しぼりの慣行が一般的ではなく、日常の食生活に乳製品のはたす役割がきわめてちいさかった。そうかといって、乳利用が完全に欠如していたわけではなく、薬用などに、まれに乳食がなされることがあった。六世紀中頃の山東省で記された、漢族のための農業技術と食品加工技術に関する書物である『斉民要術《せいみんようじゅつ》』には、五種類の乳製品の製造法が記載されている。漢族の上流階級においては、ぜいたく品あるいは薬品として乳製品をごくたまに食べることは、明代(一三六八~一六四四年)までおこなわれた。

朝鮮半島での乳利用は主として、牛乳を弱火で煮て「蘇《そ》」に加工することと、牛乳で米を煮て粥にすることであり、両方とも薬用であり、日常の食品ではなかった。

七世紀中頃、朝鮮半島経由で日本にやってきた中国人の子孫である善那《ぜんな》が、天皇に牛乳を献じ、和薬使主《やまとのくすしのおみ》という称号をさずけられたのが、日本での乳の利用に関する最初の記録である。文武四(七〇〇)年には、宮廷が命令して「蘇」をつくらせたとあり、これが乳製品の最初の記録である。八世紀には、政府の典薬寮《てんやくりょう》のなかに、乳を生産するためのウシを飼育する農家を所属させ、牛乳や蘇を宮廷に納入させた。しかしながら、乳しぼりを目的として飼育されたウシの頭数はすくなく、『延喜式』の記録にもとづき計算した結果では、一〇世紀初頭に蘇を生産する用途のために日本全国で飼育されていたウシの頭数は一五〇〇頭であり、人口四〇〇〇〇人にたいして、乳製品加工用の乳をしぼるウシが一頭いたにすぎない。

一九七五年の統計によれば、国民五〇人あたり一頭の乳牛がおり、そのほかに相当量の乳製品を国外から輸入している。このことからも、当時の民衆の食生活にとって、乳や乳製品は縁のない食品であったことが理解できよう(2)。

古代日本の乳製品は、蘇だけであった。『延喜式』には「乳を一〇分の一に煮つめると蘇ができる」と記録されている。また、蘇を籠にいれて輸送していることから、固形状であったことがわかる。牛乳の無水固形成分は一二%以上なので、ただ煮て水分を蒸発させたのでは、最終製品は原料乳の一〇分の一以上になってしまう。蘇がどのような乳製品であったかについては、さまざまな議論があるが、和仁皓明の説がもっとも妥当である。それによれば、牛乳を静かに加熱し、表面にうかぶ膜状のものをくりかえしすくいだす、こうして得られた乳皮が蘇であるという。これは、現在モンゴルでウルムとよばれる乳製品とおなじである。『斉民要術』には、乳皮に熱湯を加えて攪拌《かくはん》して得られたバター状の食品を蘇とする記述があるが、日本の蘇は攪拌工程を経ていない食品と考えられる(3)。

牛乳を飲んだり、蘇を食べたりしたのは、宮廷貴族など、ごくかぎられた人びとであった。一二世紀以降、貴族社会の没落とともに、それらは忘れられた食品となった。数百年後の江戸時代になって、西欧の科学や医学をオランダ語文献で研究した学者たちが、牛乳や乳製品の栄養的価値がたかいことを再認識するようになった。享保一二(一七二七)年、将軍吉宗はオランダ人との通商により、乳牛を三頭輸入して、それらのウシを直轄牧場で増殖させた。将軍の牧場で得られた乳に砂糖を加え、かき混ぜながら弱火で煮つめて、固形状にした乳製品を「白牛酪《はくぎゅうらく》」という。その生産量はごくわずかで、将軍や重臣たちが滋養強壮の薬効を期待して食べた。

一般の日本人が乳や乳製品を日常の食物とみなすようになるのは、二〇世紀になってからである。

(1) 石毛直道・吉田集而・赤坂賢・佐々木高明「伝統的食事文化の世界的分布」石毛直道(編)『世界の食事文化』ドメス出版、一九七三年

(2) 足立達『牛乳——生乳から乳製品まで』二〇二~二〇五頁、柴田書店、一九八〇年

(3) 和仁皓明「酥酪考」『飲食史林』第七号、一九八七年

4 年中行事と通過儀礼

ハレとケ 日本民俗学では、日本人の生活の時間を「ハレ(晴)」と「ケ(褻)」のふたつに区分する。ケとは、労働に従事する普通の日々のことである。ハレとは、年中行事や通過儀礼などがおこなわれる、地域社会や個人にとって特別な意味をもつ日である。ハレの日には労働をせず、儀礼に参加し、労働着とはことなる「晴れ着」を着用し、ご馳走を食べる。ハレの日の食事には、つくるのに手間が

かかるので日常の食事には供されない食べものや、高価で普段は食べられない飲食物がならぶ。餅は、ハレの日の代表的な食べものである。のちに述べるように神聖な食べものという性格をもっており、つくるのに時間と重労働をともなうので、ハレの日にだけにつくったのである。

かつては、麺類、豆腐をハレの日の食品とする農村もおおかった。水車製粉や畜力製粉が発達しなかった日本では、一般の農家では手回しの石臼《いしうす》で製粉をおこなった。麺類をつくるためには石臼でコムギやソバを粉にし、豆腐をつくるためには吸水させたダイズをすりつぶすことからはじめなくてはならない。そこで、自給自足経済にあった農民たちは、麺類や豆腐を製造販売する専門店から買って食用とする都市の民衆とはちがって、これらをハレの食品としたのである。

毎日、オオムギやアワなどの増量材を混ぜて炊いた飯を食べる貧しい農民でも、ハレの日には混じりものなしの白米の飯を食べた。普段は野菜だけのおかずか、せいぜい干物の魚を食べている人びとにとって、ハレの日は鮮魚を食べるときでもあった。

ハレの食事は、食べきれないほどの量が供されていなくてはならないし、おおくの場合、酒がつきものであった。自家醸造においては、酒は祭の日にそなえて用意するものであった。ハレの日は酩酊するまで飲み、酔っぱらって我をわすれ、非日常的な心理状態になることが奨励された。酔っていなくとも、酔っぱらったふりをするのが、祭の日の会飲の作法であった。

階層、職業、地域の差はあるが、伝統的な日本人の生活のなかで、このようなハレの日が一年に二〇～三〇日はさだめられ、単調なケの日々に変化をつけていたのである。

東アジア文明のカレンダー　文明のひろがりを、おなじカレンダーを共有する地域としてとらえることも可能である。たとえば、キリスト教徒たちのつくったヨーロッパ文明ではグレゴリオ暦が、イスラーム文明においてはイスラーム暦がもちいられ、おなじ暦法を共有することによって、おなじ文明圏では、おなじ日におなじ宗教行事をおこなってきたのである。

同様に、東アジアの日本、中国、朝鮮半島、北ベトナムは、ながいあいだ、基本的には同一原理から構成された暦を使用する、ひとつの文明圏であった。

欽明一四（五五三）年、宮廷は百済にたいして、暦法学者を日本に派遣することを要請した。翌年来日した学者が伝えたのは、中国で制定された暦法であった。一七世紀後半に、徳川将軍の政府が天文学者に従来よりも精密な暦を作成させて公布するまでは、日本では、中国でつくられた太陰太陽暦が使用されてきた。

中国の暦法を採用することは、中国起源の年中行事および、それらの行事に慣例の儀礼食の伝播をも意味する。そのため、朝鮮半島と日本の特定の行事において「食べるべき」とされる食べものには、中国の風習に起源するものがおおい(1)。このような中国起源の行事に関する食習慣のおおくは、中国との交流がさかんであった一〇世紀初頭までに日本の宮廷に採用され、民間にひろまったと考えられる。仏教に関する民間の行事も、最初は宮廷や貴族、寺院でおこなわれたものが、仏教が民衆に浸透するにつれて普及したものである。

いっぽう、それ以前からあった季節的行事のうち、現在まで伝わるものは、農耕儀礼に関する祭がおおく、神道の神社が関与することが普通である。それらの行事に関わる、田植え、収穫などの農業における重要な出来事の時期が、地方によってすこしずつちがうため、全国でおなじ日におこなわれることはなく、行事にともなう食べものの種類も地域差がおおきい。

数おおい年中行事のなかから主要なものをいくつか選び、その行事に関係する飲食物を簡単に紹介しておこう。ここでは、明治五(一八七二)年に政府が採用した太陽暦での月日で記述してあるため、伝統的な暦とは行事のおこなわれる季節にズレが生じていることに留意されたい。

一月一日　最大の祝日であり、カレンダーの最初の日であるため、一年の幸福を祈るとともに、その年のイネの豊作を願う予祝《よしゅく》儀礼のときである。歳神《としがみ》が家々を訪ねるが、民俗学的には、歳神はイネの穀霊でもあるとされる。正月に飾る習慣がある「鏡餅」は、歳神の象徴である。

一月七日までは新年の行事がつづく。新年は餅を食べるときでもあり、「雑煮」は、元旦から三日までの朝の主食である。元旦にこれに似た料理を食べる習慣は、中国南部、朝鮮半島にもある。元旦の雑煮を食べるまえに「屠蘇《とそ》」を飲む。これも中国から伝わった習慣であるが、現在の中国では消滅してしまった。

一月七日　この日の朝、「七草粥」を食べる。これは七種類の野菜をいれたスープを食べる中国の習慣に起源する。

三月三日　雛祭《ひなまつり》の日である。三番目の月の三日目にあたり、七月七日、九月九日とならんで、一桁の奇数の数字が重なる日は、中国のカレンダーでは季節の変わり目をしめす節句とされ、なんらかの行事がおこなわれる。

日本の古代においては、この日に人形で身体をなで、河に流した。身体に宿った邪霊を人形に移して、その人形を捨てることによって浄化されるとしたのである。この日に「ヨモギ餅=草餅」を食べることは九世紀頃からはじまり、のちにはひし形の「菱餅《ひしもち》」を食べるのが慣習となった。

江戸時代になると、行事の性格が変化し、人形を捨てるのではなく、美しい人形をいくつも飾って楽しむ日となった。それは家庭における女の子の祭となり、少女たちが主役となって、菱餅のほかにご馳走を食べた。女性も公然と飲酒することが許され、白酒《しろざけ》という甘い酒を飲むときでもあった。

春分　春分を中心とする前後七日間が春の彼岸であり、秋の彼岸である秋分の前後七日間とならんで、祖先の墓参りをする仏教の年中行事のときである。

地方によって、食べものの種類はことなるが、現在、全国でよく食べられるものに、「牡丹餅《ぼたもち》＝おはぎ」がある。一般に仏教の行事には魚や酒をともなわないのが原則なので、かつては精進《しょうじん》の食事のほかに、甘い菓子類と、飲みものとしては茶が占める比重がおおきかった。

五月五日　雛祭の主役が女の子であるのにたいして、端午《たんご》の節句は、男の子中心の日である。鯉のぼりを揚げ、家のなかには甲冑などの武具を飾る。「粽《ちまき》」、あるいは「柏餅《かしわもち》」を食べるときである。カシワの木がすくない西日本では、柏餅にサンキライの葉がもちいられた。粽をこの日に食べるのは、古代に中国の習慣が伝わったためである。

七月七日　七夕《たなばた》のときであり、盆の行事の一環でもある。祖先を祭る精霊棚《しょうりょうだな》をつくり、願いごとを書いた短冊《たんざく》を笹竹に結びつける。笹竹は、盆に家を訪れる祖先の霊の寄代《よりしろ》でもある。この日には、ウリなどの果物とソウメン（素麺・索麵）を食べる。ソウメンを食べるのは、中国の習慣にもとづくもので、いっぽう、もともとこの季節におこなわれていたコムギの収穫祭と結合したものと考えられる。

七月一五日　この日をはさむ数日は、盆であり、正月のつぎに重要な祝日である。伝統的な祖先崇拝と外来の仏教行事が結合して成立した行事である。盆には、死んだ祖先の魂が家にもどってくると信じられている。各家庭で祖先を祭る精霊棚に野菜、果物、ソウメン、餅、団子などを供物としてささげる。この期間は精進料理を食べるのが原則であり、漁民も魚を殺すことを禁じられ、漁労活動をおこなわない。

九月、一〇月の満月の日　月見のときである。九月の満月にはサトイモを供え、一〇月の満月には枝豆を供える。それぞれ、サトイモ、ダイズの収穫祭が、中国に起源する満月を祝う行事と結合したものである。

その他の行事　右記は家庭でおこなわれる年中行事の代表的な例であるが、このほかに地域社会全体でおこなう主要な年中行事として、春、夏、秋の神社の祭がある。それは、春の田植えに関する祭、夏の虫害と台風を予防する祭、秋の収穫祭といった具合に稲作に関する祭であり、それぞれの地方によって特色ある食べものや料理をともなう。

個人の一生にかかわりをもつハレの日である、主要な通過儀礼には、誕生、成人式、結婚、六〇歳の還暦の祝い、葬式がある。十干十二支《じっかんじゅうにし》をもちいる東アジアの伝統的暦法は六〇年で一サイクルなので、六〇歳を還暦とし、あたらしい人生のサイクルになったことを祝う。葬式は仏教儀礼としての性格をもつため、精進料理を供すのが原則である。

ほかの祝いごととしての通過儀礼や、コミュニティの祭の食物は地方差がいちじるしいが、全国に共通する、祝いごとにともなう食品や料理がいくつかある。餅とならんで、「赤飯」は祝祭の日の主食である。煮たアズキとその煮汁をモチ米に混ぜて蒸した飯であり、赤色をしている。日本人のカラー・シンボリズムからすると、赤い色は邪霊を追いはらい、生命力を増強する効果をもつとされる。タイやイセエビが祝いごとに欠かせない理由のひとつは、料理をすると赤色になることが喜ばれたからである。

祝祭の日の食事には、普段は食べない上等の料理が選択されるので、仏事以外の行事のときには、日本人にとってはご馳走のトップランクとみなされてきた刺身が供されることもおおい。

（1）　田中静一・大田泰弘「食に関する年中行事」石毛直道（編）『東アジアの食の文化』平凡社、一九八一年

5　個人別配膳法

箸　「箸」は古代の中国に起源し、紀元前五世紀頃より、当時の中国文明の中心地であった華北から、その周辺地域に普及していった。

紀元前一〇八年に漢の武帝が衛氏朝鮮を滅ぼし、朝鮮四郡を設置してから約四〇〇年間、朝鮮半島は中国の支配下にあった。この頃、朝鮮半島の植民地に居住した中国人の墓地から、箸と匙が発見されている。三国時代の五二三年に建造された百済の武寧王墓から箸と匙が発掘されたのが、朝鮮人が箸を使用して食事をしたことをしめす最初の証拠である。

遣隋使を派遣するなど、中国との外交関係があった飛鳥時代の日本の宮廷では、食事のさいに箸を使用していた可能性はあるが、日本で箸の使用の証拠があきらかになるのは、八世紀の奈良時代の首都である平城京跡から多数の箸が発掘されてからである。

平城京の遺跡は、宮殿や政府の役所があった区画と、役人や一般の民衆の住宅があった区画に大別される。箸は宮殿や役所の跡からは発見されるが、住宅区域から発見されることはまれである。宮廷

や役所での宴会、あるいは役人の勤務時間に役所から支給される食事(給食)のさいには箸を使用したが、役人が帰宅して自宅で食事をするさいには手づかみで食べたことが、箸の出土状態に反映されているのであろう。

平城京のつぎに、短期間の首都であった長岡京の発掘では、一般人の住居区画からも箸が発見されるので、この頃には民衆も食事のさいに箸を使用することが普通になっていたことがわかる。(1)『魏志倭人伝』には、三世紀の日本人は「手食す」と記されている。中国人は、箸を使用して食事をするのが文明人のマナーであり、手づかみで食べるのは野蛮人であるという観念をもっていた。その文脈でいえば、日本人は八世紀後半になって、ようやく文明化した食事をするようになったのである。

匙　古代の中国、朝鮮半島では、「箸」と「匙」をもちいて食事をするのが原則であった。一四世紀後半に成立した明王朝の時代から、中国人は箸で米飯を食べるようになり、匙は主としてスープをすくうための専用の食具となったが、その以前は米飯も匙で食べる風習であった。(2)

ながいあいだ文明の中心地であった中国の北部では、コムギが導入されて粉食もなされるようになるまでは、主食はアワ、キビの飯であり、米食をするときも粘り気のないインディカ種の飯を食べたので、匙をもちいたのである。のちに、箸でつまみあげることができる、粘り気のおおいジャポニカ種の米の飯を食べる長江下流域の人びとが明王朝を建国したので、箸をもちいて米飯を食べることが中国全土に普及した。箸の利用が一般的になると、インディカ種の粘り気のない米の飯を食べるときは、茶碗の縁を口につけて、箸で飯を口にかきこむようになった。

現在の中国の民衆の家庭では、炒飯(チャォファン)や汁物を食べるときに磁器の「湯匙(タンチー、ちりれんげ）」をもちいるくらいで、箸だけで食事をすることがおおい。

箸と匙をセットで使用する中国の古い習慣を現在でものこすのが、朝鮮半島である。ここでは、飯とスープ、水キムチのような汁気のおおい漬物を匙で食べ、箸は副食物をつまむためにもちいられる。

朝鮮半島の食事作法では、ヨーロッパとおなじように、すべての食器は膳に置いたまま使用し、食器を手でもちあげずに、匙と箸で食物を口に運ぶ。朝鮮半島の人からみると、飯碗、汁椀を手でもちあげて食べる日本人の食事作法は、「乞食の食べかた」であると評される。乞食は膳をもたず物乞いして歩くので、食器を手にもって食事をせざるを得ないというわけである。いっぽう、日本人は飯碗、汁椀を手にもたずに食べるのを、不作法とみなす。

奈良時代から平安時代、宮廷での公式の宴会のさいには、貴族たちは当時の中国式にならって、箸と柄《え》の長い金属製の匙をもちいて食事をした。しかし、匙をもちいて食事をする風習は、民衆にまでは浸透しなかった。金属の匙は高価であり、口につけても熱くない木製の椀が庶民の食器だったため、匙は必要なく、民衆は箸だけで食べたのである。

一〇世紀に中国との公式の外交関係がなくなると、貴族たちは匙をもちいた食事をしだいにやめるようになり、すべての日本人が箸だけで食べることになった。

東アジアの伝統的な食事法では、食卓で、ナイフを使用して食物を切りわけることはしない。箸と匙、あるいは箸だけを使用して食事をするためには、箸でつまみあげたり、匙にのせることができるよう、小さなサイズに料理されている必要がある。したがって、料理の最初に材料を小さく切り刻むことが、東アジアの料理の特色のひとつとなり、そのための道具として「まな板」が台所の必需品となった。世界には、まな板なしの台所もおおい。鍋の上で材料を切ったり、調理台をまな板がわりに使用するのである。

食器　箸を使用するさいには、食物を皿に盛るよりも、碗型の食器にいれたほうが食べやすい。とくに、飯を食べるには碗が使いやすい。そこで、箸の文化圏では碗形の食器が発達した。

考古学的遺物からみたとき、縄文時代の人びとは、ひとつの共用の食器に盛った食物に手をのばして、手づかみで食べたようである。弥生時代後期にあたる二世紀後半から三世紀になると、住居の跡から、ほぼおなじ大きさで、おなじ形状の素焼きの食器が四〜五個発見されることが知られている。そこで、家族の成員ひとりひとりが、自分用の食器に盛りわけられたものを食べていたことがわかる。

平城京では、役人の勤務時間における食事は役所が支給したが、そのさいに使用したと思われる食器のなかには、使用者の個人名を墨書したものや、他人が使用することを禁じている文句を書いたものがいくつも発見されている。多数のおなじ形をした給食用の食器のなかから、自分の専用の食器をきめ、それが他人によって使用されることを拒否していたのである。(3)

現代の家庭においても、陶磁器製の「飯茶碗」と「湯呑み」、「箸」は使用者がきまっていて、おなじ家族のなかでも、他者専用の食器を使用しないのがルールである。近頃になるまで、大きな共用の皿や鉢に盛った食物をとりわけるさいには、直箸をせずに、とりわけ専用の菜箸を使う習慣が一般的であった。

そのことは、日本人が飲食にさいして、他者の口にふれたものを自分の体内にとりこむことを拒絶する観念をいだいていることを物語る。それは、物理的な清潔に関する衛生観というよりは、さきに述べたケガレの伝染を避ける意味がひそんでいるものと考えられる。食器や箸の共有を通じて、それを使用した者の人格が、つぎに使用する者に感染し、汚染の伝達が起こることを予防するのである。

この説明に矛盾していそうに思えるのが、おなじ器に口をつけあう、儀礼的な酒や抹茶の飲みかたの風習である。伝統的な宴会のさいに、上位の者が使用する酒杯を借りて下位の者が飲み、それに酒を注いで返杯をする風習があるし、茶の湯ではひとつの茶碗からまわし飲みをする。

それは、おなじ器に口をつけあうことで、上位の者のもつ「マナ(超自然的な力)」を伝達し、人格の活性化をはかる効果を期待するものであり、おなじ器で飲んだ者同士のあいだで人格の共用がおこなわれ、それにより、連帯感が生じることを意味する行為として、あえておこなわれるのである。

配膳法　つぎに配膳法について説明する。現在の中国では、欧米とおなじようにイス、テーブル、ベッドで生活する。それ以前は、床が生活平面で、床に敷いたマットのうえに座ったり、そのうえに寝具を置いて寝る生活であった。

イス、テーブルでの食事が普及する以前の中国の食事を、歴史的絵画資料から判断すると、床に敷いた敷物に座った人物の前に、一人前の料理をならべた背のひくい銘々膳《めいめいぜん》を置いたり、二人で共用する細長い脚つき、あるいは脚のない小型のひくい膳がならべられたようである。厨房で膳に食事を盛りつけて、食事の場に運んできて供したのである(4)。

その後、中央アジアを経由して、イス、テーブルを使用する生活様式が導入され、唐代に普及しはじめる。イスに座って複数の人物がひとつのテーブルをかこんで食事をするようになると、すべての食べものを一人前ずつに分配する配膳法から、飯と汁は一人ずつの碗に分配するが、その他の副食物は共用の大皿や大鉢にいれて、各自の箸を直接のばして食べる方法に変化した。

現在でも、民衆のふだんの食事の場合は、食べはじめるまえの食卓にすべての料理をならべるのが普通であるが、召使いがサービスをする上流階級の家庭の食事やレストランの食事のときは、つぎつぎと料理を運ぶコースをもった配膳法がなされ、いつも熱い料理が食べられる。コースをもつ配膳法は、イスで食事をするようになってからのことと考えられる。欧米のコース料理の配膳法とことなるのは、中国ではつぎの料理が出されても、食べおわるまでは、まえの料理を卓上に置いておくことである。

儒教の男女の別をおもんじる中国では、二〇世紀前半までの家庭内の食事は、家族の男のグループの食事が終了したあと、おなじテーブルにふたたび料理をならべて、家族の女性のグループが食事をすることがおおかった。

朝鮮半島での家庭の伝統的な食事作法は、中国以上に儒教のつよい影響をうけて、男性と女性の区別、家族内の世代の区別をおもんじている。上流階級の大家族の家庭では、祖父母、家長、同世代の男性、同世代の女性、嫁が別々に食事をし、それに応じてことなる食卓がもちいられるため事情は複雑である。

基本的には、膳形の食卓であり、銘々膳にあたる「独座床（トクチュアサン）」、二人でさしむかいで使用する「兼床（キョムサン）」、複数の人びとがかこむチャブ台状の「周盤（トゥリバン）」や「交子床（キョジャサン）」があるが、伝統的にはイスを使用せずに、オンドルの床に座って食べる。箸と匙、飯碗と汁碗は個人の専用であるが、複数の人物がとりかこむ食卓においては、副食物は共通の食器にいれて供し、とりわけ専用の箸はなく、各自の箸をのばす。コースをもって配膳することはなく、食事のまえにすべての食べものを食卓にならべる配膳法である。

儒教倫理がうすれ、核家族化した現在の朝鮮半島では、イス、テーブルの食卓を、家族全員がかこんで食事をするようになった(5)。

日本人が食卓を使用しはじめたのは、箸が導入された時期とほぼおなじであると考えられる。下層の人びとは「折敷《おしき》」という脚のつかない長方形の盆を、上流階級の者は膳を使用し、床のうえに座って食べた。一人に一個の膳を供し、そのうえに一人前の食事をすべてならべてしまう、徹底した個人配分の配膳法である。宴会のさいなど、たくさんの品数の食事が供されるときは、一人のまえに、こととなる料理を載せたいくつもの膳をならべる。いくつの膳が供されたかということで、宴会の格式がはかられ、江戸時代には、一人に五個の膳がならべられる宴会が上等とされた。

日本における儒教は知識人のあいだでの教養としての受容にとどまり、中国や朝鮮半島のように、民衆の日常生活の規範として浸透はしなかった。そこで、一般的な家庭においては家族全員がそろって一緒に食事をした。ただし、食事のさいの膳をならべる位置については、いちばん上席に家長が座り、いちばん端に使用人が座り、そのあいだに性別、世代順に家族の者が座るという席順がきまっていた。

(1) 佐原真『食の考古学』一三一〜一四〇頁、東京大学出版会、一九九六年
(2) 青木正児「用匙喫飯考」『青木正児全集』第九巻、春秋社、一九七〇年
(3) 文献(1)一四三〜一五六頁
(4) 田中淡「古代中国画像の割烹と飲食」石毛直道(編)『論集 東アジアの食事文化』平凡社、一九八五年
(5) 東アジアの配膳法とその歴史について、くわしくは次の文献を参照されたい。石毛直道『食卓文明論

――チャブ台はどこへ消えた?』中公叢書、二〇〇五年(再録『石毛直道自選著作集』第五巻、ドメス出版、二〇一二年)

6 料理と宴会の形式

油脂なしの食事 九世紀頃にはすでに、現代に継承される伝統的日本料理の基本的調理法、すなわち、直火焼きの「焼き物」、「煮物」、「蒸し物」、「汁物」、「煮こごり」、刺身の前身である「ナマス(膾)」、「和え物」、「漬物」などが、一般的な料理技術として確立していたことが、文献記録によってわかる。

しかし、油脂を利用する料理法は、ほとんどおこなわれなかった。肉食があまりなされなかったため、動物の脂肪やバターを利用する料理もおこなわれなかったのである。

食用油をしぼることができる作物にはゴマがあったが、ゴマ油はきわめて高価であった。そこで、ゴマは、油にして使用するよりも、薬味料の一種として「煎《い》りゴマ」や「すりゴマ」として使用するのが一般的であった。

ゴマ油を使用した、まれな料理に「唐菓子(とうがし、からくだもの)」がある。これは、コムギ粉、あるいは米粉、ダイズやアズキの粉を主原料として生地をつくり、ゴマ油で揚げ、それにツタの一種であるアマチャヅルの樹液を煮つめたシロップ「アマズラ(甘葛)」で甘味をつけたもので、貴族の宴会に食べられた。ただし、唐菓子には、揚げ菓子のほか、さまざまな種類があり、現在のソウメンにある「索餅《さくべい》」も唐菓子の類とされた。

中国には植物油や脂肪を使用して炒める料理法もあったが、日本の古代にはこの料理法は伝わらなかった。中国で炒め物が発達するのは、宋王朝（九六〇〜一二七九年）の頃からのことである。

伝統的な日本料理の特徴のひとつは、油脂の利用を欠落させた料理法であるといえる。このような料理に慣れると、油脂の味は「しつこくて、下品な味である」という評価が定着する。一九世紀後半に、日本人が西洋料理や中国料理に接したとき、「あぶらっこすぎる」という印象をもらす人もおおかったのである。

のちに述べるように、現在では代表的な日本料理である「テンプラ（天麩羅）」は、ポルトガル人がもたらした料理法である可能性がたかい。一九世紀になるまで、江戸の市街では、串に刺して揚げたテンプラが道ばたの露店で売られ、庶民の食べものとして好まれた。店舗を構えたテンプラ店が出現するのは幕末になってからのことである。

大饗　平安時代の宮廷や貴族の宴会の記録をみると、魚と野鳥の料理がおおく、植物性の食品がすくない。植物性の食品は、魚や鳥にくらべると価値が低い食べものとみなされたからであろう。

「大饗《だいきょう》」という平安時代の貴族の宴会には、「台盤《だいばん》」という食卓がもちいられた。主賓には一メートル四方もある一人用の大きな脚つき膳の食卓で供され、陪席の者は二メートル四方以上の大きな食卓を数人でかこんだ。これらの食卓をまえに、イスやスツールに座って食事をする中国風の宴会である。

数人でひとつの食卓をかこむ場合でも、すべての料理は一人前ずつ器に分配されて、食卓のうえにあらかじめならべられ、箸と匙を使用して食べた。貴族の邸宅で台盤を置き、調理や配膳をする部屋

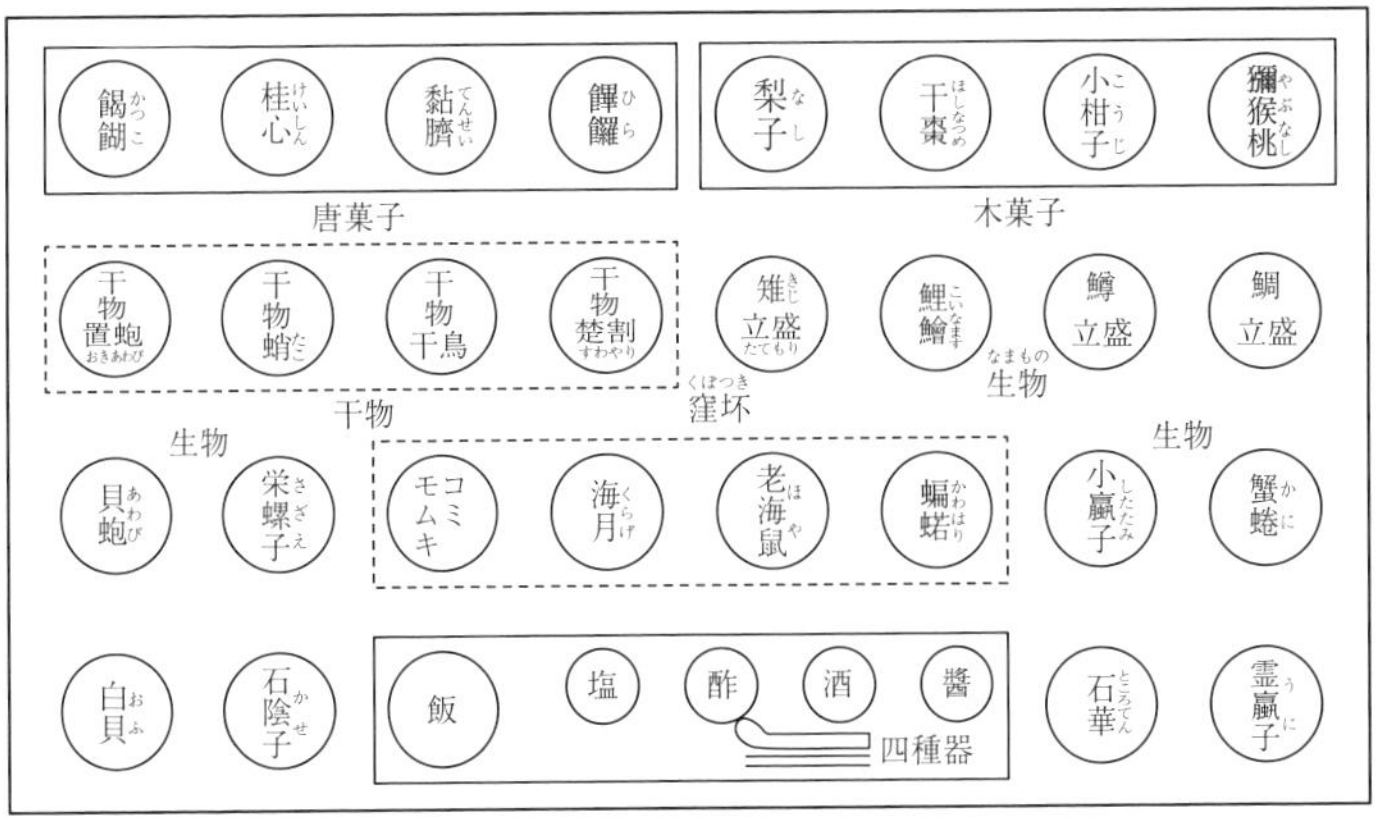

図8 藤原忠通の大饗の食卓(『類聚雑要抄』をもとに作成. 熊倉功夫『日本料理の歴史』p. 14 より)

を台盤所といったのが、「台所」の語源である。

『類聚雑要抄《るいじゅうざつようしょう》』に図解された、永久四(一一一六)年正月二三日に内大臣藤原忠通《ただみち》のおこなった大饗の食卓を、熊倉功夫の考証にもとづいて紹介しよう(1)(図8)。

食卓のいちばん手前には、高盛り飯、箸と匙、塩、酢、酒、醤《ひしお》の四種類の調味料をいれた小皿がならべられた。そのかたわらに置かれた空の皿のなかで、これらの調味料を自分の好みに応じて混合した「たれ」をつくり、料理につけて食べたのである。したがって、味つけをしていない料理、あるいは単純な味つけしかされていない料理がおおかったものと思われる。

料理は、「干物」、「生物《なまもの》」、「窪坏《くぼつき》(窪器)」、「菓子」の四カテゴリーから構成されている。飯のむこうにならべた窪坏という深い食器には、ホヤ、鳥の内臓、クラゲ、魚などに塩を加えて発酵させた塩辛のような食品が盛られた。

台盤の左右には生もので、加熱しないキジの肉や魚介類を盛る。鯉鱠《こいなます》はコイを酢で和えたものと思われるが、他の魚肉やカニ、ウニ、貝類は、四種類の調味料を調合したたれにつけて食べたのだろう。新鮮な海産魚介類を京都で入手するのは困難なので、生ものといっても塩漬だろう。図の左上には干物が置かれている。これらの干物を水でもどして、焼いたり、煮たりした料理であろう。食卓のいちばん奥にならべられる菓子には、果物である木菓子《きがし》と、唐菓子がある。

二八種類の料理がならべられているが、調理法は単純であるし、保存食品の占める比重がたかい。また食事のはじまる前に食卓に配膳しておくので、冷たくなった料理を食べなくてはならない。図示された料理のほかに、「汁」や「羹《あつもの》」といった料理も運ばれたようである。

宴会の最初には、主客が杯をあげて酒を飲み、次客に杯をわたす。こうして、杯が一座を一周することを一献《いっこん》という。のちの時代になると、「式三献《しきさんこん》」といって、宴会のはじめに杯を三回まわす儀礼的な飲酒がしきたりとなる。

以上が宴会の正式の食事であるが、長時間かけての食事がおわると、「穏座《おんのざ》」の宴に移行する。イス、スツールを降りて、円座《えんざ》という敷物に座り、各自のまえに「衝重《ついがさね》」という酒の肴を盛った膳が運ばれる。穏座のはじめの儀礼的な飲酒がおわると、好きなだけ酒を飲み、宮廷での身分秩序にかかわりなく自由にふるまうことができ、このとき管弦の音楽もなされた。

日本の伝統的宴会は、公的秩序をおもんじる飲酒である前半部がおわってから、座をかえて無礼講の二次会となる、二部構成である。その原型が、平安時代にすでに成立していたのである。

質素だった鎌倉武士　平安時代の後期になると、前半の改まった食事の場では、おおきな食卓をもちいずに、小型の膳を使用して配膳し、一人の客のまえに数個の食卓がならぶことになる。それは、のちに述べる「本膳料理」の配膳法の先駆けをなすものであろう。

貴族にかわり政権をとった、鎌倉時代の武士たちの食事は、質素なものであった。最初の将軍である源頼朝は、武士の政権の基礎をかためるために、武士が貴族の華美な風習に染まることをきびしく取り締まり、この方針は後世にひきつがれた。

正月に将軍が有力な武士たちにふるまった宴会の形式は「垸飯《おうばん》」であった。貴族政治の末期に、宮廷の警護役として勤務していた地方の武士たちに、宮廷行事のさいに支給されたランチが垸飯の起源である。鎌倉時代の垸飯とは木椀に盛った飯のことであり、それにアワビを薄く細長く切った「打《うち》鮑《あわび》(熨斗《の》鮑《しあわび》)」、海月《くらげ》、梅干に塩と酢を添えて、盆状の食膳である折敷《おしき》にのせただけの簡単な食事である。それでも、江戸時代の民衆の酒宴を「椀飯振る舞い」とよぶことにひきつがれ、現在では気前よくおごることを「大盤ぶるまい」という。

武士が封建領主としての地位を確立し、経済的基盤が固められるにつれて、その食事もぜいたくなものになってゆくが、それは貴族の食事やテーブルマナーの模倣であった。武士が宴席での食文化に影響力をもつようになるのは、のちの室町時代に本膳料理という宴会形式のにない手となってからのことである。

(1) 熊倉功夫『日本料理の歴史』一〇～一一六頁、吉川弘文館、二〇〇七年

7　僧院の役割

煮物料理　古代の貴族の宴会の正式な食事に冷たい料理がおおかったのにたいして、中世になると温かい料理がふえ、鎌倉時代以後の記録には魚や野菜を味噌などで煮た料理の献立がおおくなる。鉄製の鍋、釜が普及するという台所道具の変化に応じて、煮る料理がおおくなったのである。

いっぽうで、僧院で発達した精進料理が、煮る料理の一般化に影響をあたえたものと思われる。肉や魚は焼いて食べることができるが、植物油や脂肪で揚げたり、炒めたりする料理技術が普及しなかった日本では、野菜や海藻を煮るほかなかったのである。このような食品を味噌で煮る料理法は、おそらく僧院を中心に発達したものと考えられる。

味噌と擂り鉢　ダイズに穀物、塩を加えて発酵させた味噌は、植物性蛋白質が豊富であるし、蛋白質が分解してできた各種のアミノ酸、とくに食物にうま味を添加させるグルタミン酸がおおくふくまれる。それゆえ、味噌煮にすると、野菜に味噌の塩味とうま味が付加されて、おいしく食べることができる。味噌は粒状をした食品であり、そのまま副食物の一種としても食べられた。これを調味料として利用するためには、水に溶けやすいようにペースト状に加工しなくてはならない。そのために使用する「擂《す》り鉢」が、鎌倉時代から普及し、一般に使用されるようになった。そこで味噌煮だけではなく、ゴマやクルミをペースト状にした和え物料理も、擂り鉢とともにひろまった。

おなじくグルタミン酸をおおくふくむ食品にコンブ（昆布）がある。「コンブだし」で野菜を煮る技術は、僧院で発達したものと考えられる。

豆腐・湯葉・麩　中国に起源をもつダイズの加工食品である「豆腐」の日本における最初の記録は、寿永二（一一八三）年の奈良・春日若宮神社の文書に「唐符《とうふ》」と記されていることにもとめられる。「湯葉《ゆば》」は、鎌倉時代に禅僧により中国から製法が伝えられた食品と考えられている。コムギ粉の植物性蛋白質であるグルテンを抽出した「麩《ふ》」も、鎌倉時代に中国から伝えられ、僧院から民衆に普及した。

動物性食品を禁じられていた僧院の生活では、蛋白質の摂取源として豆腐、湯葉、麩が重要な食品であることが体験的に知られたからであろう。これらの食べものの製造法や料理法は、寺院を中心に発達し、ついで寺院の門前町にこれらを製造する専門の加工業者が出現し、民衆の献立に採用されるという経過をたどった。

中世において、中国文明を日本に伝える役割をはたしたのは、鎌倉時代に勃興した禅宗の僧侶である。彼らは中国の禅寺に留学し、帰国時に宗教思想ばかりではなく、中国の文化や芸術、あたらしい知識をもちかえった。食品や料理法にも、禅僧がもたらしたものがおおい。武士に禅宗の信者がおおかったので、禅寺の料理や食事作法が武士階級にとりいれられ、のちに武士の公式の食事に影響をあたえることになる。

点心と茶の子　中世の寺院がひろめた料理に「点心《てんしん》」と「茶の子《ちゃこ》」がある。禅僧の生活では、朝夕二度の食事のほかに、昼に軽食を食べる習慣があり、これを点心とよんだ。麺類や羊羹《ようかん》、餡《あん》をいれた饅頭《まんじゅう》など、中国の寺院から伝えられたさまざまなスナック食品や、昔からある餅などを僧院では点心として僧侶に供した。

禅宗は中国の飲茶の風習を日本に普及させたが、茶を飲むときにつまむ果物や菓子が、茶の子である。この点心と茶の子は、日本の菓子づくり技術や、のちに述べる懐石料理にうけつがれる。

8　麺類の普及

麺の起源　麺類は中国に起源する食品であり、イタリアのスパゲッティのような麺状のパスタも、中国からシルクロードを経由して伝播したものと考えられる(1)。

南西アジア原産の作物であるコムギが、中国の華北平野で栽培されるようになるのは、戦国時代(紀元前四〇三〜前二二一年)のことである。西方では、コムギ粉をパンやナンに加工して、オーブンで焼いて食用にする。中国で成立したコムギ粉食品として、成形したコムギ粉生地を蒸して食べる「饅《マン》頭《トウ》」や「包子《パオズ》」と、紐状に加工した麺類がある。

のちには冷たい麺料理も考案されたが、熱いスープにいれて食べるのが麺食の主流である。麺類は、碗状の食器にいれたスープの具を箸で食べる古代中国の食習慣が生みだした食品である。最初はコムギ粉生地を団子状に成形して汁で煮る「スイトン(水飩、水団)」のような食べかたであったが、紐状にのばして表面積をおおきくし、汁がよく絡むようにしたのが、麺の起源ではないかと想像される。麺類が中国でよく食べられるようになるのは、唐代になってからのことである。

索餅、ソウメン　奈良時代から中世にかけての文書に、中国起源の「索餅《さくべい》」あるいは「麦縄《むぎなわ》」とよばれた食品が記録されている。索餅＝麦縄は麺ではなく、菓子の一種であったとする説もある。わたしは伝承料理研究家の奥村彪生《あやお》氏と、一〇世紀前半に成立した『延喜式』に記載されている索餅の原料と道具をもちいて再現してみた。その結果、索餅は現在の手延《ての》べ索麺《そうめん》の前身にあたる食品であることが実証された(2)。

図9　『日本山海名物図絵』の三輪素麺

一五世紀中頃から、索餅を「ソウメン（索麺、素麺）」とよぶようになるが、これは中国語の「索麺（スゥオミェン）」に由来する名称である。

索餅やソウメンは、麺生地を長い紐状にして、細い二本の竹管のあいだに巻きつけて、のばしてつくる。索餅やソウメンを製造するには、技術に熟練する必要があり、専門の職人か、農閑期の副業として専門的に生産する農家によってつくられた。図9は、宝暦四（一七五四）年に刊行された『日本山海名物図会』に掲載された、「大和三輪素麺」のつくりかたをしめす絵である。貴族や大きな寺社では、所有する地方の荘園でソウメンをつくらせて貢納させた。また、商品としても売られたので、都市民は買って食べることができた。熟達した職人でないと製造がむずかしいので、自給自足経済に依存する一般の農家では、コムギを栽培していてもソウメンを食べることができなかったのである。

ウドン、ソバ　「ウドン」や「ソバ」といった「切り麺」は、麺生地を麺棒で平らにのばし、何重にも折りたたんで、包丁で切ってつくる。切り麺づくりには、たいした熟練を必要としないので、一般の家庭の台所でもつくることが可能である。切り麺の技術は中国では唐代に成立するが、日本の文献にウドンと思われる食品が記載されるのは一四世紀中頃のことであり、それが普及するのは一五世紀になってからである。

切り麺の普及には、木工技術が関係をもつのであろう。麺棒でコムギ粉をのばすための台は、完全な平面でなければならない。日本では、一五世紀になって台鉋《だいがんな》と製材用の縦挽《たてび》きの大鋸《おが》が普及し、おおきな平面の板がたやすく得られるようになったことが、切り麺が普及する背景にある。

ウドンづくりの技術をソバ粉に応用して、一六世紀から「ソバ切り」がつくられるようになった。それまでは、ソバは粒のまま粥やソバ飯に炊くか、ソバ粉で「ソバがき」や「ソバ餅」をつくって食べていた。

切り麺づくりの技術が普及すると、ウドンとソバが、日本の二大麺類となった。畑作地帯が比較的おおい東日本ではソバ切りが好まれるいっぽうで、気候が温暖で、水田でイネを収穫したあとの裏作としてコムギを栽培することが可能である西日本の人びとはウドンを好むようになった。

江戸時代になると、都市のスナック食品としての地位を確立して、麺類店が繁栄するようになるが、それについては後に述べることとする。

（1）　日本および世界の麺類について、くわしくは石毛直道『麵の文化史』（講談社学術文庫、二〇〇六年。再録『石毛直道自選著作集』第三巻、ドメス出版、二〇一二年）を参照されたい。

（2）　文献（1）と、奥村彪生『日本めん食文化の一三〇〇年』（五八〜六一頁、農山漁村文化協会、二〇〇九年）を参照されたい。

四　変動の時代

1　時代の背景

激動の時代　ここであつかう一六世紀から一七世紀の前半にかけての時期は、日本史の時代区分では室町時代の後半から江戸時代の初期にかけてである。それは中世的秩序が崩壊し、内戦の時代を経過して、封建制が再編成されるまでの激動の時代にあたる。

延元元(一三三六)年に成立した武士の政権である室町幕府の将軍たちは、地方統治のために有力な武士を領主として任命した。しかし、これらの領主が領地にたいする支配権をしだいにつよめ、将軍の統制に服さないようになる。このような独立政権化した領主を大名という。

一五世紀中頃になると、室町将軍の統治権は名目的なものになり、応仁元(一四六七)年には有力な大名が二派にわかれ、応仁の乱がおこった。それ以降、内戦の時代になり、日本を統一する政権の樹立をめぐり、大名たちによる軍事的レースがはじまった。

生産と流通の拡大　このような地方の大名たちが実力をつけるにいたった歴史的背景には、この時期における日本の経済的発展と、それをふまえた地方都市の発達がある。

応永二七(一四二〇)年に日本を訪れた朝鮮の使節は、現在の大阪付近の農業についてつぎのように記録している。

「日本の農家は、秋にはオオムギ・コムギをまき、つぎの年の初夏に収穫し、そのあとにイネの苗を植え、初秋に収穫し、またソバをまき、初冬に収穫する。このように一つの耕地で一年に三種類も収穫できるのは、川をせきとめて引水して水田にしたり、水を落として乾田にしているからだ(1)」

一五世紀になると、牛馬にスキをひかせ、草木の灰や家畜あるいは人間の糞を肥料として利用することがさかんになり、作物の品種改良もよくなされて優良品種が普及した。農業技術の発展にくわえて、自分の領地の経済力の強化をはかる大名たちは、開墾を奨励し、灌漑・治水事業を積極的におこなったため、農業生産力が増大したのである。

中世の商人や手工業者たちは、有力な神社や寺院をパトロンとして、独占的な権益を保護してもらうかわりに利益の一部を納入するギルドである「座《ざ》」という組織のもとで活動していた。しかし、動乱の時代になると、社寺の特権が大名によって縮小され、パトロン自体が没落し、大名は排他的な組織である座をきらって、商人や手工業者の自由な営業を歓迎するようになる。大名の本拠地としての城下町に自由市場が開設され、そこに商工業者が集まり、地方経済の中心地としての都市が形成される。

さらにこのような地方都市間を結ぶ流通のネットワークが形成され、全国規模で商品の大量輸送がなされるようになり、その決済には重い金属製の貨幣ではなく、為替がもちいられるようになった。

戦乱の時代ではあるが、おおくの戦争は大名とその部下の兵士による、いわば戦闘のプロフェッショナルの仕事であって、一般の民衆が戦闘にまきこまれて生命をうしなうことは比較的すくなかった。そのため、農業や商業、産業のめざましい進展が可能になったのである。

ヨーロッパ人の渡来　天文一二(一五四三)年、九州の南に位置する小さな島である種子島に、一艘の中国のジャンクが漂着した。この島の領主は、その船に同乗していたポルトガル人から鉄砲を二丁入手した。これが日本への最初のヨーロッパ人の渡来であり、火器伝来のはじまりでもある。

この二丁をモデルとして、鉄砲の国産化に成功した。統一政権の樹立をめざす野心的な大名たちは、鉄砲を競ってもとめるようになり、短期間で普及した。火器によって、従来の騎馬戦から歩兵の集団戦法へと戦術が変わり、城郭のつくりかたも変化した。

火器をとりいれた戦術をもっとも効果的に運用した織田信長は、他の大名たちとの抗争を勝ちぬいたが、日本全ての支配者になる寸前に没し、その後継者であった豊臣秀吉が全国統一をなしとげた。秀吉の死後、同盟する大名であった徳川家康が豊臣政権を倒し、慶長八(一六〇三)年に将軍となり、江戸に幕府を開設した。

火器だけではなく、ヨーロッパ人との接触によって、あたらしい文化が日本に導入されることになる。天文一八(一五四九)年、聖フランシスコ・ザビエルが日本で最初にキリスト教の伝道をはじめてから、イエズス会の宣教師たちが来日して布教活動に従事するようになり、天正一〇(一五八二)年には一五万人の信徒を獲得したと記録されている。西日本の大名のなかにはキリスト教に改宗する者もいたが、純粋な宗教上の動機だけではなく、ヨーロッパ人宣教師と親密になることで、貿易による利益が自分の領土にもたらされるという利点を計算にいれていた。

ポルトガルの船は、当時の東アジアの船よりも大量の輸送力をもっていたので、それまでの室町将軍が公式におこなっていた中国貿易にとってかわるようになった。

ポルトガル船は、鉄砲、火薬、熱帯アジア産の香辛料や薬品、中国からの生糸や絹織物を日本に運び、日本からは鉱山の開発によって大量に産出された銀を中国へと運び、中国では商品を仕入れ、これをインドのゴアに運ぶという中継貿易に従事した。このような活動に刺激され、西日本の大名や裕福な商人は、船をしたてて中国や東南アジアとの交易にのりだし、東南アジア各地に日本人町を建設した。

徳川幕府の鎖国政策が徹底するまでの、一七世紀はじめの三〇年間に出国した日本人の延べ人数は一〇万人以上にのぼるとされている。いっぽう、朝鮮半島にたいしては、秀吉が二度にわたって大軍を派遣し侵略をくわだて、朝鮮王朝と明王朝の連合軍に敗退している。

この頃は、それまでの日本の歴史のなかで、日本人がもっとも海外に進出した時代であった。

外来の食文化　この時代、海外との交流によって、カボチャ、サツマイモ、トウガラシ、タバコなどの新大陸原産の作物が日本に伝来し、栽培されるようになった。

昔から砂糖は中国から輸入されていたが、貴重品であり、調味料としてよりも、薬品としてもちいられていた。東南アジアとの交易がさかんになると、大量に砂糖が輸入され、甘い菓子類がつくられるようになる。これにより日本の伝統的な菓子が形成されたばかりでなく、のちに述べるようにヨーロッパの甘いケーキやキャンディの製法が伝わり、日本風に変形して現在までのこっている。

蒸留技術がタイから沖縄に導入され、蒸留酒の「泡盛」がつくられるようになり、さらに日本本土に伝えられて「焼酎」となる。ヨーロッパ人がもってきたブドウ酒の味も知られるようになった。

キリスト教に改宗した人びとは牛肉を食べたし、ヨーロッパの料理法も伝えられた。しかし、のちにキリスト教が弾圧されると、そのような肉を主材料とする料理はつくられなくなった。肉を豆腐などの材料に置き換えて日本風に大きく改変し、ほんの少数のヨーロッパの料理法が「南蛮《なんばん》料理」として現在にまでのこっている。

秀吉は朝鮮半島への出兵のさいに、同地の手工業の技術者を日本に強制的につれてきた。この人びとが各地に陶業の窯《かま》を築き、先進的な技術による陶磁器の生産に従事するようになる。こうして、現在の日本の陶磁器製の食器生産の基礎がつくられた。

伝統の創造　戦乱がつづいても文化的に不毛というわけではなく、戦国時代は、日本の文化史において重要な位置を占める時期でもあった。それは、ふるい秩序が崩壊し、あたらしい事柄が誕生するダイナミックな創造の時代でもあった。能、狂言、生け花、歌舞伎など、今日に伝わる代表的な日本の芸能が生まれ、絵画史、建築史においても、もっとも創造的な時代といわれる。「侘《わ》び」という日本独自の美意識が形成されたのも、この時期である。

このような文化的創造のなかで、食文化に関してみのがしてならないのは、「茶の湯」が確立したことである。この時期に流行した茶の湯にともなう食事において、献立、サービスの順序、盛りつけや食器の美学、食事作法などの形式ができあがり、現在にまで受けつがれているのである。

近代以前の日本史においてもっとも活力のあったこの時代は、徳川将軍が鎖国を宣言することによっておわりをつげる。江戸の政府は、当初キリスト教を黙認していたが、オランダ、イギリスといったプロテスタントの国々との貿易がはじまると、貿易利益を得るためにキリスト教の布教を容認する必要がなくなった。将軍の絶対的権威を否定しかねないキリスト教は、支配体制の維持にとって好ましいものではなく、キリスト教の布教を尖兵として植民地化される可能性も感じとっていた。

海外渡航や外国船の来航を制限する政令が何度かだされ、九州におけるキリスト教徒の反乱である島原の乱を鎮圧したのち、幕府は寛永一六（一六三九）年にはポルトガル船の来航を禁じた。そして寛永一八（一六四一）年、唯一交易関係をのこしていたオランダの商館を平戸から長崎の出島に移し、海外貿易を政府の管理下におくことによって、鎖国政策が完成する。

鎖国によって海外からの影響が遮断され、他の文化と同様、食べものの文化も変化をとげることがほとんどなくなった。こうして、以後約二〇〇年間つづく、国内における洗練と成熟の追求の時代にはいることになる。

（1）宋希璟（著）・村井章介（校注）『老松堂日本行録』一四四頁、岩波文庫、一九八七年

2　喫茶の普及

古代の喫茶　さきに述べたように、弘仁六（八一五）年に嵯峨天皇が、中国に留学経験をもつ僧侶・永忠の寺院で茶を飲んだのが、日本における最古の喫茶の記録である。永忠は、中国から帰国するさいに茶の種をもちかえって、自分の寺に茶園をつくったと考えられている。嵯峨天皇は宮廷がある京都に近い国々で茶樹を植え、茶を毎年献上することを命令し、さらに京都にも茶園をつくった。

九世紀の貴族や僧侶のサロンでは茶を飲むことがおこなわれた。喫茶は中国文明にあこがれをいだ

いた貴族や僧侶など、かぎられた階級のファッションであったと考えられる。遣唐使の廃止後になると、茶に関する記録がすくなくなる。寺院の特別な儀式のさいに飲んだり、貴族が薬として茶を飲む例が知られる程度で、ふだんの飲料としては使用されなくなる。

当時の茶は発酵をともなう製法がもちいられ、茶葉を煉瓦状に圧縮した「磚茶《たんちゃ》」であり、独特の香りをもっていた。その匂いが日本人の嗜好にあわなかったため、喫茶の風習が定着しなかったという説もある。(1)

抹茶の導入　約三〇〇年の中断ののち、ふたたび茶が登場する。中国に留学した禅僧・栄西(ようさい、えいさい)は、鎌倉に源頼朝の菩提寺である寿福寺を開山した人物である。彼は二度目の中国留学のさい、茶の種あるいは苗木をもちかえり、日本で栽培していた。

建保二(一二一四)年、栄西は将軍実朝の加持祈禱《かじきとう》によばれた。前日の宴会で将軍は飲みすぎて、二日酔いの状態にあった。当時の治療といえば、高僧による加持祈禱が、なによりも効果があると信じられていた。栄西は加持祈禱をするかわりに、茶を良薬として飲ませたところ、カフェインの効果は絶大で、将軍はすぐに快復した。そして栄西は『喫茶養生記』という書物を著して将軍に献上した。

栄西のもたらしたのは、中国の宋代の喫茶法である。茶の芽をつみとったあと、ただちに蒸して、乾燥させた茶の葉を小型の回転式の石臼で粉末にした「抹茶」である。これを大ぶりの茶碗にいれ、湯を注いで攪拌して飲む。現在の茶の湯と同様であり、その香りも日本人の嗜好にあうものであった。

抹茶を飲む習慣は、寺院と上級武士の社会から浸透しはじめ、一三世紀末には民衆のあいだにまでひろがり、薬用効果をもとめるものから、嗜好品としての飲みものに性格を変えていった。

闘茶　一四〜一五世紀には、上流階級に「闘茶《とうちゃ》」というゲームが流行した。何種類もの産地のことなる茶を飲みくらべて産地をあて、得点に応じて懸賞が配られるという、遊戯化した茶会である。

一四世紀末の闘茶の形式について、『喫茶往来』に記録がある。これによれば、まず酒を三献飲み、ソウメンを食べながら茶を一服、山海の珍味で食事をし、菓子を食べてから、庭でしばらく休息をとる。ついで茶を飲むための部屋に席をかえ、茶菓子とともに、産地のことなる四種類の茶を一〇回飲んで、産地をあてる闘茶をおこなう。闘茶がおわったあとは、茶道具をかたづけて、歌や音楽、舞を鑑賞しながら酒を飲む宴会に移行する。

こうしてみると、さきに述べた平安時代の貴族の宴会の形式のなかに、中心的行事として茶を飲むことをつけ加えたのが、闘茶のパーティの形式であるということになる。

新興の大名たちは闘茶を愛好し、その会場には、中国から輸入した豪華な美術品を多数飾りたて、競いあった。まさに美術館のなかで宴会をひらくようなものであった。

侘び茶の世界　一五世紀後半から、絢爛豪華さをほこる闘茶にたいして、より内面的・精神的な美学を喫茶の場にもちこもうとする動きがはじまる。一六世紀になると、当時の貿易港であった堺の裕福な市民の支持を得て、そのような茶の飲みかたが「侘《わ》び茶」と称されることになる。

「侘び」とは、世俗的な世界から隠退し、簡素な生活のなかで味わう、落ちついた心境のことである。華美なもの、騒々しさ、人を驚かすような奇抜な表現を排除し、無駄なものをけずりとったすえにのこる、簡素で洗練された美を追求するのが侘びである。それは禅宗の追求する精神的境地に共通するので、侘び茶をささえるイデオロギーには禅の影響が認められるし、侘び茶の茶室には禅僧の書が好んで飾られた。

侘び茶を完成させ、現在もつづいている茶道の諸流派の創始者となったのが、千利休(一五二二〜九一年)である。

侘び茶の茶室は「市中の山居」であるべきとされた。初期の侘び茶を流行させた堺の商人たちは、豪壮な邸宅に住んでいたが、それとは対照的に、茶室は、一見みすぼらしくみえるが、じつはえりすぐった建築材料をもちいてつくるのである。茶室に付属する庭園は深山の景色を象徴するものであるべきだとされた。すなわち、侘び茶の湯がおこなわれる場所は、日常生活する世俗的空間ではなく、別世界であるべきなのである。

茶室にはいる前に、庭で手をあらい、口をすすぐが、それは神社・寺院に参詣するときにおこなう「清め」の儀式とおなじである。つまり、茶の会は、宗教儀式を模倣した聖なる会であることを象徴しているのだ。そこで、茶室にはいったら、君主と臣下、金持ちと貧乏人といった世俗的な身分の秩序は消滅し、参加者はすべて平等とみなされる。

茶の湯に情熱をかたむける「茶人」とよばれる者は、本名のほかに、茶会で名乗る別の名前をもつ。茶室のなかでは、その別名でよばれ、日常生活の身分や職業をはなれて、いわば別の人格としてふるまうのである。世俗的な政治、宗教、家族のぐちや、金儲けの話などをすることは、茶室ではタブーとなる。この非日常的空間に数時間隠遁して、精神をリフレッシュさせ、人はふたたび世俗的な世界にかえっていくのである(2)。

千利休が完成させた茶の湯の形式をみてみよう。おおまかにいえば、茶会は二部にわかれる。

茶会と懐石料理　茶会の前半は「懐石《かいせき》」の食事が中心となる。修行中の禅僧が、温めた石を布で巻き懐にいれて身体を温めたのが、懐石の語源である。同様に、身体を温める程度の軽い料理という意味で、茶会の食事を懐石という。あとで飲む濃厚な茶の刺激をやわらげるために、あらかじめ食べておく軽い食事である。利休は懐石として豪華な食事を供することをいましめ、当時の宴会にくらべいちじるしく質素な、米飯と汁に、三品の副食物を供する「一汁三菜」の献立がのぞましいとした。

のちに一汁三菜が定型化すると、米飯と汁、白身魚の刺身やナマスなどの和え物の向付《むこうづ》け、野菜と魚あるいは鳥肉を煮た煮物、魚を焼いた焼き物から構成されるようになる。この献立は「懐石膳」とよばれる一人前の盆にならべてサービスをする。これが懐石料理の基本の献立であるが、のちの時代になると、さまざまな料理が追加されて、かならずしも質素な食事とはいえなくなった。

これらの料理は、原則として主人みずからつくるべきで、食事の給仕や、そのあとの茶をたてるのも主人が手ずからおこなうことになっている。食事のさいには酒が供されるが、その飲みかたには定形化した作法がある。しかし中世の宴会の最初になされる儀礼的な飲酒にくらべたら、もっと非公式な性格のつよい飲酒である。

食後に菓子を食べたあと、客は茶室を出て、庭で休息する。そのあいだに主人は食事のあとかたづけをし、茶室の花や掛け軸を変えて、あたらしい舞台設定をしておく。用意がととのうと、客は茶室にもどり、中心行事である茶を飲む。これが後半部である。最初は「濃茶点前《こいちゃたてまえ》」といって、濃厚な茶をたて、おなじ茶碗で順次まわし飲みをする。茶のたてかた、飲みかたには複雑な作法があり、参加者はそれにのっとって優雅にふるまわねばならない。

茶をたてるための道具や茶碗、茶室のインテリアデザインは、すべて侘びの美学で統一されており、それらを鑑賞し、話題にすることも忘れてはならない。最後に、湯に混ぜる抹茶の量をすくなくした「薄茶」を飲んで茶会は終了する。

こうしてみると、闘茶の宴会を簡略化し、最初の儀礼的飲酒と食後の酒宴をはぶいたのが、利休の茶会の形式であった。しかし、のちには茶を飲んだあとに別室に移って、酒宴をともなう茶会もおこなわれるようになった。

茶の湯の影響　利休が代表者となり、つくりあげたあたらしい形式の茶会は、それまでの古典的日本文化を統合し、あらたな展開をもたらす契機となる性質をそなえていた。

茶室の建築は、数寄屋造《すきやづく》りというあたらしい建築様式を生みだした。茶室の庭は、現在の日本庭園の様式におおきな影響をあたえているし、茶室にかかげられる書画は美術の様式に影響をあたえ、そこに飾る花の生けかたは生け花のあらたな様式を生み、茶をたてる道具や茶碗は、金工、漆芸、陶芸の発達を促進した。

おなじように、食事に関する文化にもおおきな影響が認められる。

洗練された日本料理では、季節感を演出することがたいせつであり、それぞれの季節を象徴する料理が食卓の主役になるが、これも茶の湯の影響がおおきい。一月の茶会と二月の茶会では、茶室にこととなるインテリアデザインをし、茶をたてる道具や茶碗、食器もことなる組み合わせであるべきだといったふうに、茶会の美学においては季節の微妙な変化を象徴的に反映することがなされ、茶にともなう料理にもおなじことが要求されるからである。

禅や茶の哲学では、あまりにも人工的なもの、完全なものは否定される。自然には存在しないシンメトリーな構図は採用せず、不完全なもの、アンバランスなものに美を見出そうとするのである。

西欧の絵画のように画面をすべて塗りつくすのではなく、余白の部分をのこしておき、描かれない部分に余白の美をながめるのが、禅の書画である。中世においては、宴席の食事は、食卓一面を食べものがおおい、うずたかく、シンメトリーに盛りつけられていた。しかし、懐石料理では、このようなシンメトリーな盛りつけかたはおこなわず、余白の美を意識したものになる。これが現在の日本料理の盛りつけの美学の基本となった。また、茶会でのふるまいかたも、その後の食事作法におおきな影響をあたえている。

（1） 熊倉功夫『茶の湯の歴史——千利休まで』三〇〜三七頁、朝日新聞社、一九九〇年

（2） 文献（1）一四三〜一四四頁

3　南蛮人の伝えたもの

南蛮人と紅毛人　中国人の伝統的世界観によれば、中国文明圏の南方は「南蛮」とよばれ、文明化されていない民族の世界であるとみなされていた。この観念をひきついだ日本人は、インドや東南アジア、中国南部を経由して日本にやってくるポルトガル人やスペイン人を「南蛮人」とよんだ。彼らのもたらした料理を南蛮料理、ヨーロッパから製法が伝えられた菓子を南蛮菓子と名づけた。

その後、プロテスタントのオランダ人やイギリス人がやってくるようになり、彼らがイベリア半島の人びととことなることを知ると、北西ヨーロッパ人を「紅毛人《こうもうじん》」とよぶようになった。鎖国後になると、オランダとだけ通商関係を保ったので、紅毛人といえばオランダ人をさすことになった。

キリシタンと肉食　聖フランシスコ・ザビエルは、マラッカで日本人の弥次郎をカトリックに改宗させた。この日本最初のキリスト教徒を案内人にして、天文一八(一五四九)年に日本に布教にやってきた。彼は日本人信者から、人びとの感情をそこなわないために、日本では肉を食べないよう忠告され、それにしたがっていたが、肉なしの食事には閉口したらしい。

ザビエルについで来日した宣教師たちの布教が成功すると、キリスト教に改宗した人びとは仏教や神道のタブーから解放され、イエズス会の神父と一緒に肉を食べるようになる。ある神父の書簡によると、弘治三(一五五七)年の復活祭の翌日、現在の大分市で、神父が約四〇〇人のキリスト教信者を食事に招待した。このとき雌ウシ一頭をもとめ、その肉とともに米を炊いてふるまったが、信者たちはおおいに食事に満足した、とある。

南蛮船がおおく入港したのは、九州の長崎と平戸であるが、ここではキリスト教の信者ばかりでなく、一般の人びとも牛肉を食べるようになった。長崎で牛肉の値段が高騰したという記録があるし、これらの地方で食用を目的としてブタを飼育したという記録もある。ただし、この二つの港には、南蛮船のほかに中国船も寄港しているので、ブタを食用として飼うことは、中国人からの影響である可能性も考慮にいれなければならない(1)。

教会でのミサに欠くことができないパンも、長崎と平戸では日本人の職人によってつくられ、この地にやってきたヨーロッパ人に売られるようになった。しかし、日本の食事にパンは普及せず、日本人は食事ではなく果物のようにパンを食べたというヨーロッパ人の報告がある。(2)

鎖国にさきだって、徳川将軍の政府はキリスト教を禁止する政令を慶長一七(一六一二)年に発令した。それとともに、キリスト教徒的な風習を排除する政策もとられ、まず禁止されたのが、牛肉を食べることと、パンを食べることであった。

当時長崎には中国船もおおくやってきて、中国人街も形成された。中国人は日常的に牛肉を食べる風習はなく、ブタ、ニワトリ、アヒルの肉を食べたが、中国人の肉食は禁令の対象外であった。

南蛮料理　鎖国が実施されると、オランダ人以外のヨーロッパ人は国外追放になり、オランダ人も長崎港のなかの出島に隔離されて居住し、一般の日本人との接触が禁止された。したがって、江戸時代において、紅毛人=オランダ人の食べものや食事の習慣が日本人に影響することはあまりなかった。短期間の接触ではあったが、食文化に関しては、南蛮人の影響のほうがおおきく、その料理法のいくつかは日本風に変形され現在まで伝わっている。

『南蛮料理書』という書物には、四〇種類の料理や菓子のつくりかたが記録されている。そのなかには、中国起源と思われる料理法や、日本料理もふくまれているが、大部分はポルトガル起源のものである。現在に伝わる写本は、江戸時代末に書かれたものと推定されるが、原本が成立したのは、鎖国前後のことと考えられている。(3)

『南蛮料理書』にあらわれる料理法のなかには、ポルトガルでは牛乳やクリームを使用すべきものを省略したり、コムギ粉を使用すべきものをモチ米の粉にかえるなど、すでに日本的な変形がなされているものがある。パンの生地をつくるときも、イーストのかわりに甘酒を混ぜて、その酵母菌の発酵作用によって膨らませている。

江戸時代を通じて、長崎の家庭料理には「南蛮料理」がいくつかうけつがれてきたが、現在に伝わるものは、本来の料理を大幅に改変し、料理名以外は、西洋起源とはほとんど思えないものがおおい。獣肉を主材料にするべきものを魚肉にかえたり、乳製品を使用しないよう変更したり、味噌、醬油などの日本の調味料をくわえるなど、日本風の料理に変化させたのである。このように、現在に伝わる「日本化した南蛮料理」をいくつかあげてみよう。

長崎で「ヒカド」というのは、マグロ、ダイコン、ニンジン、サツマイモを、賽《さい》の目状に刻み、醬油を調味料として煮た料理である。ポルトガル語で「ものを小さく切り刻む」という意味のpicadoに語源をもつ料理名である。もともとは、牛肉を油でソテーして煮た料理だったが、牛肉のかわりに、おなじく赤い色をした魚肉であるマグロを使うよう変更し、料理に油脂を使用することがまれな日本の台所でソテーの過程を省略して、煮る料理に変化したものである。

東日本では「ガンモドキ(雁擬き)」、西日本では「ヒリョウズ(飛竜頭)」、あるいは「ヒロウス」という名称で知られる豆腐食品の語源は、パンケーキの一種で、油で揚げ蜂蜜などをつけて食べるポルトガルのfilhses、スペイン語のfillosに由来する。天明四(一七八四)年に発刊された『卓子式《たくししき》』という本には、モチ米の粉に玉子を混ぜてつくった生地を油で揚げて、砂糖の蜜をかけて食べるのが、ヒリョウズであると記されている。これが菓子にかぎらず、油で揚げた料理の一群をさす名称に転じ、ついには豆腐料理の名前になってしまったものと考えられる。

現在は代表的な日本料理のひとつになっている「テンプラ」は、ポルトガル人が伝えた料理法に起源をもつという。ポルトガル語で調理を意味するtemperoに語源を考える説と、temporaという宗教用語に語源を考える説がある。三月、六月、九月、一二月の最初の水曜、金曜、土曜日をtemporaといい、この日には肉を食べずに、魚を食べる習慣がある。この習慣をまもって、宣教師が油で揚げた魚を食べていたので、それをみた日本人が油で揚げた魚料理を、テンプラというようになったというのが宗教用語起源説である。

一七世紀初頭に成立したと思われる、料理のつくりかたを具体的に解説した日本最初の実用書である『料理物語』に、南蛮料理という献立がある。ニワトリをダイコンと一緒に水煮してから、その骨をとりさってスープにもどし、酒と塩、あるいは味噌で調味し、ニンニクやネギ、キノコをいれて食べる、汁気のおおい料理である。この料理が、長崎から福岡に伝わり、さらに変形して現在の福岡の名物料理である「水炊き」になったという。

「アチャラ漬け」は、ダイコン、カブラ、レンコンなどの野菜をこまかく刻み、トウガラシ、酢、砂糖、塩あるいは醬油を混ぜた液体に漬けこむもので、かつては「南蛮漬け」ともよばれた。これは、ペルシャ語のacharが語源で、ポルトガル語にはいり、日本に伝えられたものだとされる。しかし、この種のトウガラシを加えた野菜の甘酢漬けを、マレー半島、インドネシア、フィリピンでもacharというので、かならずしもポルトガル人から伝えられた食べものではなく、当時東南アジアに進出していた日本人が本国にもちかえった可能性もある。

南蛮菓子　肉を材料にしたり、日本人が日常は使用しない油脂やスパイスを使ったりする南蛮料理にくらべると、南蛮菓子は日本人に歓迎され、現在でもよく食べられている。

長崎名物の「カステラ」は、イベリア半島のカスティリャ地方のケーキという意味のポルトガル語であるボロ・デ・カステラ bolo de Castella に由来する。料理にオーブンを使用しない日本では、大きな鉄鍋を炭火のうえに置き、鉄製の蓋のうえにも炭火をのせ、上下から熱して、カステラを焼くように工夫した。

平戸の名物菓子の「カスドス」は、ポルトガル語の castella doce に、愛媛県の「タルト」はポルトガル語の tarta に起源をもつ菓子である。また、ポルトガルの砂糖菓子である confeito、alfeloa、caramelo は、「金平糖《こんぺいとう》」、「有平糖《あるへいとう》」、「カルメラ」という名称で今日にまで伝わっている。

玉子の黄身を主材料にしてつくったケーキで、ポルトガル語で糸状の玉子を意味する fios de ovos は、長崎から福岡に伝わり「卵 素麺《たまごそうめん》」となった。

新大陸原産作物　あたらしい料理や菓子の導入にもまして、食べものをめぐり社会経済史的に重要な影響をおよぼしたのは、新大陸原産の栽培植物が、この時代に日本に伝えられたことである。スペイン人とポルトガル人が、これらの作物をまず東南アジア、中国にもたらした。そこから日本への伝来は、南蛮人ばかりではなく、中国人や、当時東南アジアと中国との中継貿易に従事していた琉球人によってもなされた。

この時期に伝来した作物のなかで、もっとも重要なものが「サツマイモ」である。スペイン人が新大陸からルソン島にもたらしたサツマイモは、一五九三年に中国の福建省に伝えられた。一六〇五年に琉球王朝の使節が福建省を訪れたときに、サツマイモの苗を植木鉢に植えてもちかえり、それが沖縄の各地で栽培されるようになったとされる。いっぽう、平戸にあったイギリスの東インド会社の商館長リチャード・コックスが、沖縄からサツマイモをとりよせて、平戸でサツマイモ畑をつくった。これが、日本内地におけるサツマイモ栽培のはじまりである。

サツマイモは、西日本の海に面した、温暖で乾燥した地方でおおく栽培されるようになった。とくに、水田耕作に適さない地理学的な条件の場所がおおい、沖縄、南九州、豊後水道周辺地帯、対馬、瀬戸内海の島嶼部などでは、きわめて重要な主食用作物となった。これらのなかには、人びとが食物から摂取するエネルギーの六〇%以上がサツマイモで占められる地域もある。(4) これらの米の生産量がすくなく、人口が希薄な地方においては、サツマイモの導入によって人口が増加したのである。

「カボチャ」も新大陸原産の作物で、一六世紀に、ポルトガル人によってもたらされた。明治時代になってアメリカ合衆国からあたらしい品種が導入される以前に、日本で栽培されていたカボチャは、二つのグループにわかれる。ひとつは「ボウブラ」とよばれるもので、ポルトガル語の abobora に語源をもつ系統である。もうひとつの品種群は中国から伝来したので「南京カボチャ」といわれた。

カボチャという名称は、カンボジアから伝来した作物であるという伝承にもとづいている。また、おなじものを中国のナスという意味の「唐茄子《とうなす》」とよぶ地方もある。カボチャの煮つけや味噌汁は、腹を満たすのにもってこいの料理として、夏には農家でたいへんよく食べられ、準主食的な作物であった。

「トウガラシ」は、天文一一(一五四二)年にポルトガル人がもたらしたといわれる。それまでは、辛味をもつ香辛料としては輸入品のコショウがもちいられた。江戸時代前半までは、麺類にはコショウの粉をふりかけて食べていた。トウガラシが導入されると、「唐芥子」という名のほかに、「南蛮」、「南蛮胡椒」、「高麗胡椒《こうらいこしょう》」などともよばれるようになった。「唐」、「高麗」といった地名は、中国や朝鮮半島から伝来したことをしめすわけではなく、「外国伝来の」という意味をあらわし、それが在来の辛味香辛料であるカラシ、コショウに適用されたのである。

江戸時代になると、「七味唐辛子（七色唐辛子）」が考案され、麺類を食べるときの卓上調味料とされるようになる。

肉や油脂を食べない日本人にとって、トウガラシは強烈すぎるスパイスと感じられ、消費量はすくなかった。一九七〇年代になって、肉の消費量が増加することと歩調をあわせて、日本におけるトウガラシの消費量がのびるようになったのである。

日本料理によくもちいられる「インゲンマメ」は、南米原産のものが中国に伝えられ、承応三（一六五四）年に、黄檗宗《おうばくしゅう》の禅を日本に普及するためにやってきた中国僧・隠元《いんげん》がもってきたので、隠元豆とよばれると信じられているが、実際に隠元がもたらしたのは別種の豆であったようである。おなじく南米原産の「ラッカセイ」も、中国を経由して一八世紀のはじめに日本に伝えられたので、「南京豆」ともいう。

（1） 越中哲也『長崎の西洋料理——洋食のあけぼの』一八～二一頁、第一法規出版、一九八二年
（2） 文献（1）二九～三五頁
（3） 岡田章雄「註釈『南蛮料理書』」『飲食史林』第一号、飲食史林刊行会、一九七九年
（4） 小山修三・五島淑子「日本人の主食の歴史」石毛直道（編）『論集 東アジアの食事文化』四九三～四九六頁、平凡社、一九八五年

4　あたらしいスタイルの成立

『病草子』の食事　『病草子《やまいのそうし》』は、さまざまな病気の患者を描いた絵巻で、平安時代末から鎌倉時代初期にあたる、一二世紀末から一三世紀初頭の時期につくられたと推定される。そのなかに、歯槽《しそう》膿漏《のうろう》の男の食事の図がある。この絵から民衆の普段の食事内容を知ることができる(図10)。長方形をした「折敷《おしき》」という木の盆に、一人前の料理がならべられている。食器は、いずれも木製の漆塗りの椀や皿であると推定される。米飯を盛った平椀、汁椀、小さな皿に盛った三種類の副食物が食事の全内容である。副食物のうち、ひとつは小魚の料理である。あとの二つの料理の種類はわからない。たぶん漬物や乾物であろう。副食物の量はわずかなのにたいして、米飯の量はおおく、平椀のうえにうずたかく盛られている。白く塗られているので、精白米を炊いたものであろう。この時代は、一回の食事に食べる米飯をいちどに盛りつける習慣があり、「高盛飯《たかもりめし》」になっている。

図10　『病草子』の歯槽膿漏を病む男
(『日本の絵巻7』p. 93より)

後代になると、現在の飯茶碗と同様の形の食器を使用し、碗が空になると飯をおかわりする配膳方法にかわる。

また、折敷ではなく、脚つきの銘々膳が民衆の食事にも採用されることになる。これらのことをのぞくと、『病草子』の食事風景は、二〇世紀以前の日本における民衆の普段の食事の基本形式をよくあらわしている。

汁と菜　米飯と汁、副食物の三種類のカテゴリーの食品で、日常の食事は構成されている。米飯と、米飯にそえた漬物は、食事に欠かせない、当然存在するものとしてみなされ、それ以外の献立における汁と副食物の数で食事の内容は評価された。『病草子』の絵の献立は一汁三菜であり、のちに千利休の定めた懐石の基本形と、料理の質はともかくとして、おなじ形式である。

一汁三菜あるいは一汁二菜が、民衆の普段の食事であり、もっとも質素な献立が一汁一菜である。上流階級の饗宴のさいの食事となると、二汁七菜の献立といったふうに、汁と副食物の数が増加する。供される料理の数がおおい宴会では、一つの膳ではならべきれないので、一人の客の前に何脚もの膳が置かれる。そこで、二の膳、三の膳のように、膳の数がおおいほど立派な宴会であると評価された。最高の宴会である七の膳の宴会には、八種類の汁と三〇種類以上の副食物が供されることもあった。

本膳料理　このような複数の膳をならべる形式の宴会料理を「本膳料理」という。本膳料理は、室町時代に武士の正式な饗宴の形式として発達した。その後、民衆にも浸透し、二〇世紀の前半までは、本膳料理の系譜をひく会席料理が、あらたまった宴会の料理形式とされた。たとえば、民衆の結婚式にともなう宴会は、会席料理を簡略化した形式でおこなわれたのである。

正式の本膳料理は、儀礼的な飲酒である「式三献」にはじまり、「本膳」、「二の膳」、「三の膳」、

「硯蓋《すずりぶた》」の順で食事を供する。上座から食べものを盛った膳をくばり、最後に主人に配膳する。食事の最後に供される硯蓋は、その名の通り、もともとは硯の蓋に菓子、蒲鉾《かまぼこ》、佃煮《つくだに》風の料理など保存のきく食べものを盛ったもので、客はその場で食べずに持ち帰ることもできた。供される膳の数がおおいほど上等の宴会とされ、七の膳まで供されることもあった。

本膳料理の食器は、漆器をもちいるのが原則である。一人の客につき、複数の漆器の膳と、何種類もの漆塗りの食器を用意しなければならない。そこで都会の富裕な商人の家、田舎の地主の家の倉には、五〇客用、三〇客用などの漆器の膳と食器のセットが保存されていた。自家用ばかりではなく、このような食器をもたない親類が宴会をひらくときに貸し出したのである。

室町時代には料理人の流派が確立し、貴族の料理人は「四条流」、武士のあいだでは「大草流」や「進士《しんじ》流」という職業料理人による流派が主流となった。彼らは自分の権威をまもるために料理や配膳に関する細かいルールをたくさんつくりあげた。魚の切り方、料理の盛りつけ法など、料理人の流派によってことなるきまりがあり、その一部は口伝えの秘伝とされた。また、客の側にも、箸の使い方などに関する作法をまもることが要請された。いっぽう、将軍の館や宮廷においても、さまざまな作法がさだめられ、上流社会の本膳料理の宴会は複雑きわまりない形式になった。

このように形式化の道をたどった本膳料理は、みた目は豪華だったが、本来のおいしさの探求からはかけ離れてしまった。そのような時代的背景のなかで生まれたのが「懐石料理」である。

ロドリーゲスのみた宴席料理　イエズス会の外交を担当する宣教師ジョアン・ロドリーゲスは、天正五～慶長一八(一五七七～一六一三)年、日本に滞在し、豊臣秀吉や徳川家康の知遇を得た。彼は日本語に堪能で、『日本教会史』に安土・桃山時代の宴会について記述している。

それによると、信長、秀吉以前の宴会の形式には、

①各人に三つの食台（三の膳）が供される宴会

②五つの食台（五の膳）の宴会

③高貴な人びとをもてなす、もっとも荘重で、厳粛な七つの食台（七の膳）

④厳粛に茶を飲むことを人にすすめるために、特殊な方法と礼法をもって招待し、きわめて高価な器物を使用して茶室でおこなう会

があったという。いうまでもなく、④は茶の湯の会であり、①〜③は本膳料理の饗宴である。

ロドリーゲスによると、本膳料理の宴会は、

「趣向をこらして調理された料理を客人に食べてもらうためというよりも、客人の身分に対して尊敬と厚意をしめす儀礼として行われていた。そのことからして、これらの宴会には、大きな慰安があり、酒を飲むにあたって多くの礼法があって、飲酒をそそるようないろいろの美味そうな肴 sacanas が出され、その上さらに楽器を使って音楽や演劇を行う娯楽があり、その他にも、そこに織り込まれているもの（余興）もあった。料理は一口分くらいの切片に刻んで食台にのせて出されるので、冷たくてまずく、それらの中では汁 xirus, すなわち汁物《カルド》だけが暖めて出され、人々の好みに投じ得るものであった」[1]

この形骸化した本膳料理にたいして、あたらしい宴席料理の台頭について、ロドリーゲスは、つぎのように述べている。

「信長 Nobunanga や太閤 Taico の時代から行われ始めて、現在王国全土に広まっている当世風の

宴会である。というのは、その時代以降多くのことを改め、余分なもの、煩わしいものを棄て去って、その古い習慣を変えると共に、宴会に関しても、さらに平常の食事に至るまで、大いに改善した。（中略）料理についていえば、ただ装飾用で見るためだけに出されたものと、冷たいものを棄て去って、その代わりに暖かくて十分に調理された料理が適当な時に食台に出され、彼らの茶の湯 chanoyû のように、質の上で内容を持ったものとなった。その点は茶の湯に学ぶ点が多いのである」[2]

茶の湯における食事である懐石料理は、一汁三菜を基本とするが、品数はすくなくても趣向をこらし、実質的なおいしさを追求する。本膳料理を否定することからはじまった懐石料理は、本膳料理の形式にも影響した。正式な饗宴としての本膳料理をより実質的なものにすると同時に、のちには、江戸時代における非公式でくだけた形式の宴会料理である「会席料理」をつくりあげる原動力となった。

食器の変化　懐石料理の成立以来、陶磁器の食器がよく使われるようになった。

中世にもっともよく使用されたのは、木製の食器であった。いちばん粗末なものは漆を塗らない木の椀や皿であるが、民衆がよく使ったのは粗末な漆を塗った木製食器であった。くすんだ赤色あるいは黒色の漆を全面に塗っただけで、絵や模様のデザインはほどこされていない。ほかに、硬く焼きしめ、うわぐすりのほどこされていない素焼きの食器もよく使用された。

高貴な人びとの正式な饗宴のさいは、低温で焼いた軟質で赤褐色の素焼きの土器であるカワラケの酒杯や皿、椀が使用された。粗末で安価であるが、もっとも高貴で、高価につく食器として最高級の宴会で使用された。これらは、宴会に一度だけ使用し、捨ててしまうからである。

それは、神道の祭の儀式にならったのである。神道の儀礼において使用される器物は、祭のたびごとにあたらしくつくって、祭がすむと捨て去ることがおおかった。ケガレを避け、神々には、いつも清浄なものだけを用意する意図をもつ。

鎌倉時代から室町時代にかけては、中国から陶磁器が輸入され、一部の人びとはそれらを食器として使用していた。二度にわたる豊臣秀吉の朝鮮半島侵略のさい、それに参加した大名が、陶磁器づくりの職人を捕虜として日本に連行し、自分の領土に窯を築かせたので、当時の先進的な技術による陶磁器の生産が日本各地で開始されるようになる。

そのような陶磁器を食器としていちはやくとりいれ、また製造される食器の形、デザイン、図柄に注文をつけ製作させたのが、茶の湯にかかわる人びとであった。彼らは、陶磁器製の茶碗をもっとも重要な美術品として重要視しており、鑑識眼がたかかったため、短期間のうちに日本の陶磁器製の食器は高度に発達し、ヨーロッパに輸出されるようになった。

こうして出現した、色あざやかな絵が描かれた食器や、真っ白く光る食器に、いかに美しく食べものを盛りつけるかということに、懐石料理は精力をそそいだのである。

それ以前の食器の主流をなした木器の塗り物は、ロクロで製作するために、椀形か円形の小型の皿に器形がかぎられていたし、その色も単調であった。そのような食器が、料理の盛りつけの美学を限定していた。

近世になり陶芸が発達すると、日本の食器は、世界でいちばん多様な器形と色柄をもつものになった。それを相手として、日本料理は盛りつけに工夫をこらすことになったのである。

(1)　佐野泰彦・浜口乃二雄(訳)・土井忠生(訳・注)・江馬務(注)『ジョアン・ロドリーゲス　日本教会

史』上、五四八～五四九頁、岩波書店、一九六七年
（2）文献(1)五五二～五五三頁

5　食事の回数の変化

清少納言のみた大工の食事　『枕草子』は、一〇世紀末に成立したとされる。そのなかで、清少納言は、宮廷の建物の建築工事にしたがう大工たちの間食を観察して、つぎのように述べている。

「大工たちの食べかたは奇妙である。食べものがすべて出てくるのを待ちかねて、まず供された汁物をみな食べてしまい、つぎに副食物だけを全部食べてしまったので、米飯は食べないのかと思ったところ、やがて飯もすべてなくなってしまった。二～三人いた者がすべてこのような食べかたをしたので、このような食事のしかたが、大工たちの食事の習慣なのだろう」

米飯、汁物、副食物がそろってから食事をはじめ、この三つのカテゴリーの食べものを交互に食べるのが正式の食事作法であり、一種類の食べものを食べつくしてから、つぎの食べものを食べはじめる大工の食事は無作法であると、彼女には思えたのである。それだけではない、この時代の宮廷は一日二食だったが、それとはことなる食事時間に飯を食べる大工が奇妙に映ったという。

中世までは、正式の食事は一日に二度であった。職業や階級によって食事時間はことなるが、肉体労働にしたがう民衆は、日の出のあとに食事をし、日没前に夕食をすませていた。ただし、大工や兵士、農繁期の農民のように重労働にしたがう人びとは、二度の食事のほかに、何度も簡単な食事をと

ったようである。

三食化の進行　承久三(一二二一)年、順徳天皇は、有職故実《ゆうそくこじつ》の解説書である『禁秘抄《きんぴしょう》』を著した。そのなかで、かつての天皇の食事は朝夕二回であったものが、当時は三回に変化していたことを述べており、この頃になると、宮廷や貴族のあいだでは三回の食事をとるようになったようである。

さきに述べたように、禅宗の僧院でおこなわれた、朝夕二度の食事のあいだに点心や茶の子を食べる習慣が、他の宗派にも採用された。一六世紀の寺院では、これが実質的に昼食の位置を占めるようになり、京都の民衆も三食が普通になっていた。いっぽう、一六世紀末から一七世紀はじめ頃でも、地方の武士たちのあいだでは、一日二食であったことをしめす記録が残っている。その後、一七世紀末までに全国がほとんど三食になってしまう。

こうしてみると、本章であつかった時代では、職業差、階級差、地方差をもちながら、一日二食から三食への変化が進行したことがわかる。

この時代は、植物油を使用する灯火が民衆の家屋に普及する時期にあたり、ロウソクの製造がなされるようになった。とくに都市では夜の生活がながくなり、二回の食事では足りずに、三食化したのだと考えられている。

労働強化にともなう三食化?　それだけではなく、この時代に「人びとの労働時間がながくなったため、三度食事をするようになった」という仮説も成立するように思える。

自給自足経済が解体し、貨幣を使用した商品経済が全国に普及しはじめた時代である。商品生産にマニファクチャー制が導入され、商業活動も飛躍的に発展した。農業においてはあらたな農地が開発され、中世にくらべ生産力が増大したのである。

機械による生産がなされる産業革命以前の生産は、人力を基礎としている。したがって、この時代における日本の生産力の増大は、人びとが長時間働くようになった、あるいは働かされるようになったことを意味する。

長時間の労働にともなって、一日の最後の食事の時間がおそくなり、日没後に食事をするのがめずらしくなくなり、正午前後にも食事をするようになり、一日に三度の食事が普通になったのであろう。

五　伝統的な食文化の完成期

1　時代の背景

現在につづく伝統の形成　この章では、寛永一八(一六四一)年に鎖国の体制が完成してから、明治元(一八六八)年に徳川将軍による統治体制が崩壊し、江戸時代がおわりをつげるまでの時代をとりあつかう。

それは、現代につながる伝統的な食文化が完成した時代である。その大部分の期間が鎖国下にあったため、海外から食に関するあたらしい文化要素をとりいれることはすくなく、その前の時代までの文化要素を整理し、体系化したのである。すなわち、現在の日本人が「伝統的」と考える食べものにたいする価値観や料理法、食事方法が完成された時代である。

次の章で述べる明治時代以後は、日本の「近代化」にともなって、あたらしい食べものや料理法の導入に精力がかたむけられた。しかし、明治時代以前からつづく伝統的な食文化を、さらに洗練させ、変化させる努力はあまりなされなかった。また、すでに完成度がたかくなっており、それ以上の変化は困難でもあった。そのため、現在にうけつがれる伝統料理の大半は、二〇〇年以上におよぶ徳川政権下の平和の時代にうみだされたものである。

社会体制　当時の日本社会は、将軍を頂点とする封建体制で運営されていた。江戸を本拠地とした将軍は、直轄領と直属の家臣団をもっていたが、国土のおおくの部分は将軍から任命された二〇〇以上の大名たちの領地として、藩に分割されていた。

大名は、戦争のさいは軍団を提供して将軍の指揮下で戦闘すること、将軍の命令する土木工事などには無償で奉仕すること、江戸に屋敷をもち、人質としての妻子を住まわせ、一年ごとに領地と江戸を交代で住むこと（参勤交代）などの義務をおっていた。大名は領地のなかに城をかまえ、その周辺には城下町という都市がひろがり、そこに家臣団、商人、手工業者が居住した。

豊臣秀吉のおこなった太閤検地以来、田畑の面積と収量を全国的に調査し、大名の領地を米の生産量に換算して、「加賀百万石」といったように、土地評価のシステムである石高《こくだか》制が成立した。大名は、農民から税として米を物納で徴収し、家臣の俸給も米を何石支給する、というふうに、米が支配者側の経済単位となっていた。武士たちは、支給された米を商人に売って、現金を手にしたのである。

米の生産と流通をめぐって形成された国家経済体制のもとで、封建領主たちは大量の米を得るために、灌漑工事や水田の開発に努力したが、いっぽう農民から米を搾取するため、高い税率をかけた。そのため、米を生産する農家が、年貢米を供出すると、自分たちが食べる米が不足して、野菜を混ぜたり、ムギや雑穀を混ぜたカテ飯や、サツマイモを常食としなければならなくなった。こうして、日本史上はじめて、米を十分に食べられない稲作農家が出現した。いっぽう、都市に住み、現金経済に依存して生活する町人たちは、武士の売る米を主食として、貧乏人でも米を常食としていたのである。

江戸時代の主要な社会階級は、士農工商の四つから構成されていた。頂点が武士で、つぎに国民の約九〇%をしめる農民層、その下に職人が位置し、生産に従事しない商人は最下層におかれた。

しかし、平和な時代がつづいて都市が発展し、消費物資の需要が増大すると、商品流通にたずさわる商人たちの経済的実力が、しだいにたかくなった。商人の蓄積した資本が、酒造業などマニファクチャー段階の産業に投資され、それがいっそうの利潤をもたらし、富は商人階層に集中するようになる。一八世紀になると、日本の経済を動かしているのは、武士階級ではなく、貨幣経済を推進した商人たちであることが明白になり、大名たちも領地で生産する米を担保にして、金融業を営む大商人たちから借金をするようになった。

農民の生活水準の向上は、それだけ農民が農作物を現金化し、領主の取り分がすくなくなることを意味する。そこで武士階級は農民をなるべく自給自足経済にとどめておこうと努め、農民のぜいたくを禁じる政策をとった。そして、武士自身も禁欲的なモラルをまもることがもとめられ、ぜいたくな食事を楽しんだり、食べものに関する不平を言ったりすることは「武士らしくない」とする社会的規範がうまれたのである。

商人と職人がきずいた都市的食文化

したがって、この時代の食に関する文化の中核的なにない手は、武士でもなければ、農民でもなく、都市に居住する商人と職人であった。

一八世紀中頃の江戸、京都、大坂の三都には、料理屋や軽食を供する外食店が出現する。上等な料理屋の主な顧客層は裕福な商人たちであり、ソバ屋、ウドン屋のような手軽なスナック店をささえたのは賃金労働者である職人たちであった。

これらの外食施設は急激に増加し、一八世紀末の江戸の街には、おそらく当時の世界でももっとも飲食店の密度がたかかった。膨大な数の外食店の自由競争のなかから、あたらしい料理やサービスが数おおく誕生した。それが、武士や農民の階層にもとりいれられるようになり、地方都市にも影響をあたえていったのである。

世界のおおくの国において、洗練された食事や衣服のファッションは、宮廷や貴族社会にはじまり、しだいに下の階級に浸透するというように、社会階級の上から下へという経路をたどって普及するのが一般的であった。しかしこの傾向は、江戸時代の日本にはあてはまらない。食べものだけではなく、着物や髪形などのファッションは、大都市の芝居の役者や、遊郭の女性に起源するものが大半をしめ、武士や貴族、農民に起源するものはほとんどない。芝居や遊郭の主要な顧客層も商人と職人であった。日本では市民革命は起こらなかったため、制度的には特権階級である武士の支配がつづいていたが、実際は、ブルジョワジーである商人と、貨幣経済のもとでの都市プロレタリアートである職人で構成される市民社会が、一八世紀の大都市で成立していたのである。

三都の食　産業と商業の発達により、日本全国をおおう巨大な市場経済のネットワークが形成されたが、その中心地は江戸と大坂であった。

天皇は依然として京都に宮廷をかまえていたが、政治的な影響力はほとんどもたなかったので、京都は名目的な首都にとどまった。文化、芸術、工芸の中心地としての機能は維持していたが、経済活動の中心地としての京都の地位は下落した。

大坂は、豊臣秀吉がつくった都市であるが、江戸時代になると政権の中心地が東日本の江戸に移動したため、権力の所在地としての性格はもたず、純粋に経済的中心地としての都市であった。その地理的条件から、西日本の物資が大坂に集荷されたが、さらに距離的には江戸のほうが近い北海道や、日本海に面した東北地方の物資も、瀬戸内海を経由し北前船《きたまえぶね》で大坂に海上輸送するほうが、航海の危険がすくなかった。そのため、大坂には日本全国の食料が集荷され、大坂から西日本各地に流通していったのである。

国家経済の基本となった米の値段が、当時の物価を決定する最大の要因であった。各大名が税として取り立てた米のうち貨幣に換える分は、江戸と大坂の米市場に輸送されて米問屋の商人に売られたが、江戸よりも大坂の米市場の規模が大きくなり、大坂の市場が全国の経済活動に多大な影響力をもった。北海道のアイヌ民族が集めたコンブも、南方の琉球諸島でつくられた砂糖も、大坂に集まってくるので、この都市は「天下の台所」とよばれた。

新興都市である江戸の消費生活は、米、野菜、魚などの基本的食料をのぞくと、最初は大坂方面から輸送される消費物資に依存するところがおおきかった。醤油、酒も関西地方で生産したものが大坂から海上輸送される場合がおおく、江戸やその近郊で生産したものより品質がよいという評価をうけていた。灘《なだ》から江戸に輸送された酒を「下《くだ》り酒」とよび、食品にかぎらず工芸品なども、上方の産物のほうが上等とされ、江戸周辺でつくられたものは「くだらない」ものとされた。

のちに、江戸に隣接する現在の千葉県で、江戸市民の嗜好にあった濃口醤油を生産するようになり、関西から醤油を輸入することはなくなったが、酒に関しては、二〇世紀の終わりに地酒ブームが起こるまでは、東京でも下り酒の消費量がおおかった。

江戸前　ながいあいだ歴史的に権力と文化の中心地であった関西にたいして、関東の人びとは劣等感をいだいていたが、安定した徳川政権のもとで、江戸が約一〇〇万人の、当時の世界でも有数の人口をもつ都市に成長すると、文化的にも関西に対抗する実力をもつようになる。料理でも「江戸前」とよばれる新鮮な魚をつかった独自のスタイルをつくりあげ、また現在日本料理の代表とされる、握りズシ、ソバ、テンプラも、江戸の市民たちが育てた食べものである。ながいあいだ関西の食べものだけが、洗練されているとの評価をうけてきたのにたいして、一八世紀後半からは、江戸が食文化のもう一つの中心地となったのである。

この頃から「江戸っ子」ということばが普及し、江戸で生まれ育った人びとが、みずからの文化を誇るようになり、洗練された江戸文化を体得した人を通《つう》とか粋《いき》とほめるようになった。食文化でも、食通とか、粋な食べかたがもてはやされるようになったのである。江戸で発達した食品のソバにたいする評価はその例である。

その結果、現在でも日本の食べものを、関西を中心とする西日本圏と、江戸＝東京を中心とする東日本圏の二つにわけて論じられることがおおい。

2　都市と農村

農民への規制　寛永一七〜一九（一六四〇〜四二）年、異常気象によって全国的な凶作にみまわれ、徳川政権が発足して以来最大の飢饉《ききん》がおこった。公式統計がないので、はっきりとした数字はわからないが、五万〜一〇万人の餓死者がでたものと推定される。飢えた農民たちは農村を離れて、城下町や、主要な街道沿いの町、江戸、大坂、京都などの大都市に食べものをもとめて流入し、そのおおくは「乞食」となった。

このとき幕府は、飢えている者に食料をあたえるとともに、都市の乞食を本国に送還し、穀類を浪費する酒造や麺類の製造を制限するなど、当座の事態を打開する政策をうちだした。それとともに長期的な政策としては、灌漑用水の整備などの農業生産の改善をうながす法令、農民の生産と生活に関する規範を定めた法令、農地の売買を禁止する法令である「田畑永代売買禁御仕置」などを発布した。

右の売買禁止令については、「豊かな農民は農地を買い集めてますます豊かになり、貧乏な農民が農地を売却してますます貧しくなること」を防止するために、農地の売買を禁止する、というのが幕府の公式の説明であった。だが実際には、土地を所有せず租税を負担する能力のない貧農が増加して、封建体制を維持する経済基盤が弱体化することをおそれての措置であった。この法令によって、農家に生まれた者は農地のある村から離れることが困難となり、その結果、消費生活をおくる都市の民衆と、食料生産に従事する農民との生活の差異が顕著になった。

寛永二〇(一六四三)年に幕府が農民の生活規範を定めた条例である「土民仕置覚」のなかには、以下のような食物に関する規制事項が述べられている。
一、農民の日常的食事には米以外の穀類をもちいるべきで、米をみだりに食べないこと。
一、農村で麺類、饅頭、豆腐など、穀類や豆を浪費するぜいたくな食べものを売る商売をしてはならない。
一、農村で酒造業を営んだり、よそから買いいれた酒を売る商売をしてはならない。
一、農民は市場や町に出かけて、むやみと酒を飲んではならない。

この条例には、衣服は木綿にかぎるとか、タバコの栽培をしてはならないなど、農民の生活を規制するさまざまな条項がある。農民が自家用に米を消費することをおさえ、農村に現金経済が浸透することを阻止し、ぜいたくを禁じて生活水準をひくくしておくことによって、支配者が農民から搾取する租税――主として米の物納――の量を確保しようとする政策である。いっぽう農民にとっては、年貢として供出する以外の米は、売って現金を手にするための商品でもあり、そこで自家消費用の米の量を少なくおさえようとした。

それでも米は主食　その結果、農民の日常の食事においては、米にオオムギ、アワ、ヒエを混ぜたり、ダイコンなどの野菜を混ぜて炊いたカテ飯が普通となった。しかし、米以外の雑穀だけを主食とすることは少なく、わずかばかりでも米を一緒にいれて炊くのが普通であり、富裕な農民ほど混ぜる米の割合がおおかった。また、増量材の雑穀や野菜を混ぜずに、米だけの飯を日常の主食にしていた地方もある。

従来の歴史学者や民俗学者は、江戸時代の農民の生活を論じるときに、米を生産しているにもかかわらず、米を日常的に食べられないという農民像を強調することがおおかったが、はたしてそうであったのか。これについては疑問がある(1)。

さきに述べたように、山国で米の生産に不利な飛驒地方における江戸時代終了直後の記録からも、米がとびぬけて重要な食料として消費されたことが証明されている。別の調査では、幕末の一八四〇年代の長州(現在の山口県)において、武士をのぞく民衆――その大部分は農民――の、主食食品にたいして米の占める比率は重量比にして六〇%であり、当時の全国平均でもおなじ程度の数字をしめす

と計算されている。この数字は、江戸時代後半から変わっていないと思われる。(2)

江戸時代の農民の生活についての記録は、いつも混じりものなしの米飯ばかりを食べていた都市の知識人が、農民の貧しい食事を強調したものがおおい。アワ飯、ヒエ飯と記載されているもののおおくには、「つなぎ」としての米が混ぜられていたはずである。ある特定の地方の例をとりあげて、それを全国でもおなじと類推することで、米を食べられない農民の話が誇張されてしまうのである。

為政者の意図にもかかわらず、農民が商品経済にまきこまれてゆくのを阻止することは不可能であった。茶、タバコ、灯油の原料となる菜種、木綿などの商品作物の栽培が増加し、大都市の近郊では市場に出荷するための各種の野菜がつくられた。農閑期に都市に出稼ぎをする農民も増加し、また農地売買の禁令の抜け道としては、農村地帯の金持ちは農地を担保として農民に金を貸して、返済されないときには抵当の農地を自分のものにすることで、事実上は農地を買い集めることもできた。

こうしてしだいに農民も貨幣経済に組みこまれてゆき、農民だけに麺類、酒、豆腐を禁止するという法令は有名無実化していった。都市近郊の農村ではこれらの品物を買って飲食することが可能となったが、商業活動の盛んではない地方の村では、一九世紀後半まで麺類や豆腐を売る店がなかった。そのような場所では、原料から麺類と豆腐を自家製造するのは手間がかかるので、日常食ではなく、行事のさいや、客をもてなすときのご馳走とされた。したがって、農村の宴会の記録には、買ってきた酒と自家製の豆腐や麺類が献立にあらわれることがおおい。

サムライの食　武士は農業に従事することが禁止されていたので、屋敷のなかで自家消費用の野菜や果物を少量栽培する以外は消費者であった。主君からサラリーとしての米をうけとり、自家消費以外の米を売って、現金を得ていた。武士の階級によってもことなるが、地方都市での武士はムギ飯を日常的に食べていたし、味噌を自家生産する場合もおおかった。

一般に武士の食事は裕福な商人たちにくらべると質素なものであった。米を基礎とする武士の経済体制が破綻し、産業と商業のつくりだした貨幣経済が社会を動かすようになると、武士の生活はしだいに窮乏し、一九世紀になると、内職や質入れをしないと食べものを得ることができない下級武士もおおくなった。(3)

食通の出現　都市に住む商人や職人の生活にたいする武士政権からの規制は、農民にくらべてゆるやかであった。江戸時代の都市の主人公は、現金経済に全面的に依存し、自分の収入におうじて自由な消費生活を営む民衆であって、節約を美徳とするモラルに縛られ、経済的にもしだいに逼迫していく武士階級ではなかった。そして当時の社会でいちばん自由な立場の大都市の民衆たちが、ふるめかしい形式を排除し、実質的においしい料理をつくりあげたのである。大都市の市民のなかから、食べものにたいする教養を身につけた「食通」とよばれる人びとが出現した。食のファッション化や遊戯化が起こったのも大都市においてである。

季節に先んじて、その時節の最初の野菜や魚を高価な金を支払って入手し食べるのを誇ることが流行となり、「初物を食べれば七五日間長生きする」などといわれた。それほど裕福ではない大工などの職人が、一〇日あとになれば値段が十分の一になる初物のカツオ一匹を、一〇日分の賃金に相当する額を支払って、刺身にして食べることを自慢したりしたのである。一八世紀の終わりから一九世紀にかけては、江戸で大食と大酒飲みのコンテストが流行したが、これは食の遊戯化の例である。

ただし、都市民の日常の食事は質素であり、江戸の市民のおおくの日常の食事は、朝は米の飯と味噌汁と漬物の献立で、昼と晩には野菜や豆腐などを煮たもの、あるいは魚を煮るか、焼いた副食物が一品追加される程度であった。

(1) 石毛直道「米食民族比較からみた日本人の食生活」中鉢正美(編著)『生活学の方法』ドメス出版、一九八六年

(2) 鬼頭宏「江戸時代の米食」『歴史公論』第八九号、雄山閣、一九八三年

(3) 渡辺実『日本食生活史』二四一〜二四二頁、吉川弘文館、一九六四年

3 醤油の普及

古代の穀醤 味噌も醤油も、ダイズを主要な原料として、塩とコウジ(麴・糀)を加えて発酵させた食品である。日本で使用されるコウジには、ダイズにカビを培養した豆コウジのほか麦コウジと米コウジがある。このようなダイズの発酵食品は、漢代の中国で原型が成立し、朝鮮半島や日本に伝えられたものと考えられる。

大宝元(七〇一)年の『大宝律令』に、「豉《くき》」、「醬《ひしお》」、「未醬《みそ》」の名称があらわれる。豉は最終製品がダイズの粒の形をのこした固形の塩味のする発酵食品で、現在の「大徳寺納豆」、「浜納豆」はこれと同様の食品であり、寺院でよく食べられたので「寺納豆」ともいう。醬はダイズにおおくの場合コム

ギや米などの穀類やコウジ、塩、酒を混ぜて発酵させた、ペースト状の調味料で、醬油の原型にあたる食品である。

未醬は味噌である。現在の家庭で消費する味噌の九〇%以上が、味噌汁をつくるのにもちいられる。『延喜式』にスープの材料として味噌が記録されているので、一〇世紀にも味噌汁が存在していたことがわかる。しかし、中世の民衆は日常の食事に味噌汁を食べることはあまりしなかったようである。なめ味噌として食べる副食物としての用途と、味噌煮、味噌和えなどの調味料としての用途がおおかった。味噌汁が普及するのは、戦国時代からのことである。

味噌を煮物や料理の調味料として使用したさいには、味噌の色で食物がおおわれてしまうし、重厚な味がする。そこで、料理の外見を美しく仕上げ、より軽い味にするために、生の味噌と水を布袋に入れてぶらさげ、滴りおちる液体を集めた「生垂《なまだれ》」、水とともに煮立てた味噌の溶液を布袋にいれて漉《こ》した「垂れ味噌」にして、調味料として使用することもおこなわれた。生垂や垂れ味噌は、上流階級の食べる高級な料理に使用され、のちに醬油にとってかわられる。

製造の基本的原理からすれば、味噌と醬油はよく似たものであり、最終製品がペースト状か、液体状かが、いちばんの違いである。味噌よりも液体部分がおおい醬《ひしお》の汁を調味料に使用したのが醬油の原型であり、その利用は古代までさかのぼるという説もある。醬油の製法は味噌よりも複雑であり、味噌よりは洗練された味ではあるが、高価なため「醬汁《ひしおじる》」を調味料とすることは、なかなか一般化しなかったと思われる。

味噌味から醬油味へ　一六世紀になると、醬油という名称が複数の文献にあらわれる。一六世紀後半には、関西で醬油をマニファクチャーで製造する企業が成立し、海上輸送して他の地方に売るための醬油運搬船をもつ業者もあった。醬油は工場のような機能をもつ蔵で生産され、商品として普及した。そのため、日常の料理に醬油を使用することは、商品経済に依存して生活している都市民からはじまったのである。

江戸が大消費都市になると、関西から醬油が大量に運搬されるようになる。一七世紀中頃以降、現在の千葉県の銚子と野田に、江戸を市場とする醬油産業が発達し、関西の「薄口醬油」にくらべて、濃厚で香りのたかい「濃口醬油」をつくりだした。これが江戸人の嗜好にあって、一八世紀後半には、江戸の醬油は千葉県産にとってかわられた。

一八世紀になると、都市の料理は、主に醬油で味つけされるようになる。味噌は、調味料として使われることがすくなくなり、ほぼ味噌汁専用の食品になってしまった。しかし、辺鄙な農村では、二〇世紀初頭でも、日常の料理の味つけに味噌を使用した。醬油は行事や接客のさいに、地方の醬油メーカーが製造したものを、少量買ってきて使用する程度であった。

一九五〇年代になるまで、味噌を自家製造する農家がおおかったが、醬油は商品として購入する調味料であった。味噌づくりにくらべて、醬油づくりは複雑な工程が必要であり、自家製造にむかない。製造に手間がかかるばかりでなく、液体を絞ったあとに残る大量の絞り粕《かす》は食べることができないため、味噌にくらべて原料の歩留まりがわるい醬油は、農民にとってぜいたくな食品であり、普段は自家製の味噌で味つけをする料理を食べていた。

農村でも醬油は商品として購入され、どの地方にも、酒造業者とならんで、小規模の醬油製造業者があった。二〇世紀にはいって、大規模な工場をもつ大手の醬油産業による市場の寡占化が進み、その商品が全国に流通したため、農家でも日常の料理に醬油を使用するようになる。

こうしてみると、二〇〇〇年以上の歳月をかけて、日本の料理の味は味噌味から醬油味へと変化したのであり、それは都市の味が農村に普及していく過程であった。

万能調味料　日本人は、あたらしい食材に出会ったら、まず醬油を利用して食べることを試みるといわれる。現在においても、醬油は万能の調味料としての地位を占め、醬油なしでは日本料理は成立しない。欧米の台所と食卓に塩とコショウが欠かせないのと同様に、日本では、台所で味つけに醬油を使用するほかに、食卓にも醬油の小瓶がおかれている。

五一頁の図4にしめしたように、日本人の塩分摂取量のおおくが醬油、味噌に依存しているが、醬油と味噌は単なる塩分の補給源ではなく、うま味と香りを食物に付加する機能をもっている。ダイズや穀物の蛋白質が分解してできた各種のアミノ酸に富み、なかでも、うま味のもとであるグルタミン酸の含有量がおおい。ほかに酸味、糖分、アルコールがふくまれ、さまざまな香気成分をもつ複雑な風味の調味料である。

醬油が登場すると、醬油の使用を前提としたあたらしい料理が考案されるようになった。

生魚の食べかたが、ナマスから刺身に変化したのも、醬油の普及と関係する。古代からつづいてきたナマスは、生魚の薄切りや糸切りを、酢や味噌と薬味で味つけした「和え物」であった。あらかじめ、和えた状態で食器に盛りつけることがおおく、魚肉の切り方に神経質になる必要はなかった。

『鈴鹿家記』の応永六(一三九九)年六月一〇日の記事に「指身、鯉、イリ酒、ワサビ」とあるのが、サシミということばの文献での初出であるという。「イリ酒(煎り酒、熬酒)」とは、酒に梅干しをいれて煮つめてつくる調味料である。コイの刺身にワサビを添えて、煎り酒につけて食べたのであろう。

刺身にショウガ酢やカラシ酢をつけて食べることもおこなわれたが、江戸時代、都市に醤油が普及すると、刺身にワサビをすりおろして添え、小皿に醤油をいれて供するのが一般的になった。和え物であるナマスとちがって、刺身が好まれるようになると、いかに魚肉をきれいに切りそろえて、美しく盛りつけるかが料理人の腕のみせどころとなる。

刺身とならんで海外の日本料理店で人気のある、「握りズシ」、「テンプラ」、「照り焼き」は、江戸時代に普及した料理であるが、いずれも味つけに醤油を使っている。醤油は魚、肉、野菜、海藻など、食材の種類を問わず利用され、加熱しない料理、煮る料理、焼く料理、蒸す料理など料理技術の別をこえて使用される、文字どおり万能の調味料である。この重宝な調味料に依存しすぎて、料理人たちは、あたらしい味覚をつくりあげる技術の開発にあまり意欲をしめさないようになった。彼らが料理の理想としたのは、人工的なあたらしい味を創造することではなく、食品自体のもつ自然の味を、いかにそこなわずに食べさせるかであった。

どのような料理にももちいられる醤油の味は、いわば「中立の味」とみなされ、むしろ素材そのものの味が主役であり、自然の味を生かすためには、複雑な味つけは排除するべきと考えたのである。そこで「料理をしないことが、料理の理想である」という、パラドキシカルな価値観が生まれることになった。

あたらしい味の創造や、複雑な料理技術を排除した料理人たちが、精力をかたむけたのは、いかによい素材を選択するかということであり、美しく切ったり、盛りつける技術であった。それは江戸時代の高級料亭の料理人のあいだで発達した。

4　レストランの出現

市民社会と外食産業　中国においては、前漢の中頃から、都市には料理屋と簡単な食事を供する酒場があったし、商業が発達した宋代になると、レストランの名に値する外食施設が都市に成立した。世界のなかで、外食店がもっとも古くから発達したのが中国である。

しかし、世界の他の地域では、享楽のための食事を供し、社交の場でもあるレストランが出現するのは、近代になってからのことである。まず、一八世紀のヨーロッパと日本に上等の料理を供する料理店ができ、ヨーロッパのレストランは植民地の拡大とともに世界にひろがっていった。

朝鮮半島では、商業活動を蔑視した李氏朝鮮王朝のもとでは、外食店は発達しなかった。ソウルに料理店が開業するようになるのは一九世紀末から二〇世紀初頭のことであり、それは日本が朝鮮半島に進出し、この国の近代化を力ずくで迫った時期にあたる。ソウルにできた最初の高級レストランは一八八七年に開業した日本料理店である。

鎖国下において成立した日本の外食文化は、中国や西欧の影響なしに発達したにもかかわらず、日本と西欧の外食施設の歴史には平行する現象が認められる。それは、市民社会の成熟を基礎として、外食産業が成立したことである。

一八世紀頃までの西欧においては、外食のできる施設は、街道や街にもうけられた、英語で「イン(inn)」とか「タヴァーン(tavern)」という旅館で、そこは簡単な食事や酒を供した場所にすぎなかった。そこで供する食事は、民衆の日常的料理であった。最上等の食物とそれを料理するための技術、そのような食事を味わうにふさわしい食堂の施設と豪華な食器は、宮廷や貴族の館など、社会の最上層の階級に独占されていたのである。

その後、フランスにおいては、フランス革命(一七八九〜九九年)により貴族の雇い主を失った料理人たちが、都市で「レストラン」を開業するようになった。すなわち、絶対王政が崩壊し、市民社会が成立することによって、料金を支払う能力さえあれば、誰もが洗練された食事を享楽できるようになったのである。

日本では市民革命はなかったが、江戸時代にブルジョワジーが成長して、社会の経済的実権を握るようになって、上等な料理を供するレストランが、巨大都市に出現するようになったのである。その経過を、主として江戸の街を例にとって述べてみよう。

旅と外食　伝統的な日本の旅館には、「木賃宿《きちんやど》」と「旅籠《はたご》」の二種類があった。旅人が食料を持参して泊まり、宿屋の台所で自炊する宿泊施設が木賃宿であり、木賃とは「薪木の代金」という意味である。食事を供する旅館を旅籠といい、一六世紀には主要な街道や都市の一郭に旅籠が集まった区画があった。

江戸の市街が建設されると、地方からやってくる旅人たちのため旅籠がつくられたが、初期の旅籠での食事は、まだ粗末なものであったろうと思われる。

戦国時代が終わり、平和が長くつづくことによって、江戸時代には膨大な数の民衆が、江戸、京都、大坂などを訪れたり、伊勢参りや各地の名所見物などの観光旅行をするようになった。旅の楽しみの一つとして、各地の名物料理を旅籠で供することがはじまり、料理を売り物にする旅館ができた。その伝統は現在の「料理旅館」にひきつがれ、宿泊客のみならず、食事だけの客でもにぎわっている。

このように旅籠はレストランの起源につながる外食施設の一つであるが、それにもまして重要なのは「茶屋」である。茶屋、あるいは茶店の発達にも、旅行人口の増大と、大都市や、都市近郊の社寺に観光をかねて参詣する人びとの増加が関係している。

応永一〇(一四〇三)年、京都の東寺門前に、参詣客の渇きをいやすために、一服一銭の茶をたてて売る商人がいたことが記録されているが、これは行商人であり、常設の店構えをもつものではない。一六世紀には、街道の旅籠が密集する宿場の中間地点など、旅人が休息したくなるような場所に、茶屋がつくられるようになる。このような茶屋が宿場にも進出し、茶だけではなく、餅や菓子、酒と酒の肴の簡単な料理を商うことになるが、旅籠の保護のために、宿場にある茶屋では食事を供することと、宿泊させることは禁じられていた。

さまざまな茶屋　一七世紀になると、街道筋だけではなく、都市のなかの有名な社寺の門前にも茶屋がつくられるようになった。このような茶屋では美人の給仕女を置いて客を集めることもおこなわれ、のちには茶屋の女が浮世絵の美人画の題材となり、現在の女優のブロマイドのように人びとにもてはやされた。

もともとは喫茶の場として出発した「水茶屋」が、江戸の街では一七〜一八世紀にさまざまな営業形態に分化し、茶を飲むこととは関係のない茶屋も出現する。茶屋を借りきった接待がおこなわれるようになり、部屋を貸すことを主要な営業形態とする茶屋もうまれた。「待合茶屋」、「出会茶屋」は、主として男女のランデブーの場所に利用された。相撲場のそばには「相撲茶屋」、劇場のそばには「芝居茶屋」がもうけられ、観客の休憩や食事に利用された。

「煮売茶屋」では、簡単な食事をとることができた。店が用意した少ない種類の献立の定食が用意され、大部屋に見知らぬ者同士が相席をしたり、土間の床几《しょうぎ》に腰掛けて食事をする形式であった。労働者や旅人が食事をするところであり、身分のある人が出入りするところではなかった。

明暦三(一六五七)年、江戸市街の三分の二を焼きつくした明暦の大火のあと、街の再建のために集まった労働者に食事を提供するためにできたのが、煮売茶屋のはじまりである。煮売茶屋が繁盛するようになると、そのなかから、食事を供することよりも酒を飲ませることを主な営業形態として、酒の肴をだす「居酒屋」が派生した。また、江戸の名物となった「ソバ屋」がおおくなるのも、明暦の大火のあとのことである。江戸に幕府が開かれてから、明暦の大火までの約半世紀のあいだ、文献記録にみるかぎりでは、外食のための施設はほとんど発達していない。大火のあとに、浅草寺の門前茶屋で、茶飯、豆腐汁、煮しめ、煮豆などを「奈良茶」という名で売りだしたところ、江戸じゅうから浅草に奈良茶を食べにくる客があつまったという。これが、江戸における本格的飲食店のはじまりであろう。

料理茶屋　「料理茶屋」という本格的な料理屋は、まず、京都、大坂で一六八〇年代にその原型が成立したと考えられるが、そのくわしい歴史はわからない。一七六〇年代には、江戸の両国に三軒の料理茶屋があったことが記録されているので、市街の別の場所にもおなじような店が何軒もあったはずである。(1)

高級な料理茶屋では、客は日本庭園に面した、書画で飾られた座敷で接待され、注文に応じて、洗練された高級料理を楽しむことができた。ただし、その料金は非常に高額であり、一般の市民の手のとどくものではなかった。

料理茶屋の出現する以前、高級武士や富裕な商人など、豊かな階層に所属する人びとの宴会は自宅でおこなわれた。茶屋や旅籠よりも、それらの邸宅の部屋や食器のほうが立派であり、行き届いた給仕をおこなう召使いも雇っていた。ただし、その料理が本当においしかったかどうかについては、疑問をさしはさむ余地がある。

本膳料理を主流とする豊かな階層の宴会の食事には、食べきれないほどのおおくの品数の料理がならべられたが、冷えた料理がおおく、またそれを食べるための煩雑な作法が要請され、眺める料理としてはよいが、味を楽しむ料理ではなかったようである。このような邸宅に雇われた料理人たちは、さまざまな行事や儀式のための特別な料理をつくることを心得ていなくてはならなかったが、ややもすると実質的な味よりも、伝統的な形式をおもんじる傾向があったようである。

商業的外食施設である料理茶屋では、美的であるだけではなく、おいしい料理を供さないことには、客はきてくれない。その主要な顧客層は、儀式や行事とは無関係に、おいしい料理を、くつろいだ雰囲気のなかで楽しむことを望んだ富裕な商人であった。そこで、料理茶屋では、料金にみあったおいしい料理をつくりだすことが料理人に要請されたのである。

そのような状況のもと、料理茶屋に起源をもつ料理技術が、最近まで継承されていたのが、高級料亭の料理人である。料理茶屋で働く料理人を中核に、それまでの宮廷料理人の流派や、幕府の料理人の流派とは別に、商業的料理に従事する町方《まちかた》料理人のギルドがつくられ、それが時代を経るにしたがって、いくつもの流派にわかれて、現在までつづいてきた。

初期の料理茶屋を利用したのは裕福な商人であるが、料理を楽しむばかりではなく、商談の場としても機能した。武士階級のなかで料理茶屋をまず利用したのは、各藩が江戸の屋敷においた留守居《るすい》とよばれる外交官の役目をもつ上級武士である。彼らは、藩の費用をつかい料理茶屋で会談して、藩同士の外交交渉をおこなったり、豪商と会って藩の財政不足をおぎなうための借金を依頼したりしたので、江戸の高級な料理茶屋は「留守居茶屋」とよばれた。現在でも、日本のビジネスマンがレストランで商談をしたり、政治家が高級料亭で会合を開くことが知られているが、それは一八世紀にまでさかのぼる風習である。

酒を飲みながら会談をしたり、あるいは芸者をよんで歌や踊りを楽しみながら酒を飲んだりしたので、料理茶屋での料理のおおくは、飯を食べるための副食物というよりは、酒の肴主体の料理であった。これは現在でも料亭料理にひきつがれているため、招待された外国人が「それは、はてしないオードブルの連続であった」というような感想をもらすのである。

一九世紀のはじめになると、江戸市街にはおびただしい数の料理茶屋ができ、高級な店ばかりではなく、なかには、小金をもった職人も利用できる店も多数あった。大きな料理茶屋は、イベント会場としての機能もはたした。和歌や俳句の会、踊りの会、書道や絵画の展覧会の会場として利用され、文化的活動を飲食をしながら楽しんだのである。

（1）平田萬里遠「江戸の飲食店」『たべもの日本史総覧』歴史読本特別増刊・事典シリーズ一七、新人物往来社、一九九二年

5　スナック店の発達

高密度の飲食店分布　一九世紀前半の江戸は、おそらく当時の世界でも飲食店がもっとも密集していた都市だったであろう(1)。

文化一一(一八一四)年の江戸の「町触《まちぶれ》」には、当時、江戸市街で営業していた食べもの屋は七六〇三軒と記録されている。当時の推計人口から計算してみると、江戸住民一六〇人にたいし一軒の食べもの屋が存在していたことになる。

業種の内訳は、団子汁、飴、餅菓子、煎餅などの菓子類を売る店が二八六六軒でもっともおおい。煮売肴屋、煮売茶屋、煮売居酒屋が二三七四軒で、食べもの屋の三割を占める。ウドン屋、ソバ屋は七一八軒、蒲焼屋《かばやき》二三七軒、スシ屋二一七軒、茶漬け・菜飯をふくめた料理茶屋が九三八軒である(2)。膨大な数にのぼると推定される行商の食べもの売りと、当時飲食店が密集していた芝居町と遊里での店数は、右の町触の調査の対象外だったので、実際にはもっと多数の飲食店があったはずである。

万延元(一八六〇)年、原料のソバが高値となったので、商品の値上げを協議するため、江戸中のソバ屋の集会が開かれ、三七六二軒が参加したという。ただし、夜に行商する「夜鷹《よたか》ソバ」の店は参加していない。

宴会の場であり、さまざまな種類の食べもので構成されたコース料理を供する料理茶屋は、さまざまな業態の飲食店の一部にすぎない。

一般の民衆が日常的に利用するため、特定の食べものに専門化した店が、江戸の飲食店の大多数を占めていた。ソバ屋、スシ屋、テンプラ屋などが大衆的な外食店の代表で、一部の高級店をのぞくと安い値段で食べることができた。もうひとつ、江戸で好まれた食べものに「ウナギ(鰻)の蒲焼」がある。いささか高価なので、「鰻屋」にでかけるのは、ご馳走を食べるときであった。これらは、江戸で発達した料理であり、現在でも東京の名物とされている。

江戸では一町内に、たいてい一軒のソバ屋があったという。夜間も人通りがおおく、にぎやかな場所には一町内に三〜四軒のソバ、スシ、テンプラの屋台や、常設の店があった。盛り場では、道路に面した商店の半分は食べもの屋であり、そのおおくは軽食を提供する店であった。

これら民衆相手の軽食店は、もともとは屋台店として出発した。茶屋に起源をもつ外食施設ではなく、常設の店舗をもたずに移動する「行商」の食べもの売りが成長して、立ち食いの屋台となり、ついには店を構えて営業する、という経過をたどるパターンがおおかった。江戸の街に屋台がおおくなったのは一七七〇年代のことである。

単身生活者のおおい街　巨大都市の特徴のひとつは、街が二四時間活動をやめることがなく、きまった食事時間以外にも、軽食をとることが可能な外食施設がおおいことであろう。このような近代における世界の大都市に共通する性格のほかに、江戸の特殊事情としては、単身で生活する男性人口がおおかったことがあげられ、それが軽食店の発達をうながしたのである。

一年おきに江戸の屋敷と領国のあいだを参勤交代する大名に従って、江戸に一年間居住する武士のほとんどは単身赴任であった。商店に勤務する使用人のおおくは地方出身者で、結婚するまでは勤務先の店のなかで寝る場所と食事を与えられて生活していた。

江戸市街は膨張しつづけ、つねに建設工事がおこなわれた。木造建築が密集した江戸では、大きな火災がしばしば起こり、そのたびに市街再建のために多数の地方出身の出稼ぎ人夫が江戸に集められたが、彼らも単身赴任者であった。

享保三(一七一八)年の江戸における人口調査の結果では、人口約五三万人のうち約三九万人が男性であった。すなわち人口の七三%が男性という、きわめてアンバランスな男女比であった。これは町人だけを対象とした調査である。調査対象にならなかった武家、社寺、被差別階級の人びとをいれたときの江戸の総人口は一〇〇万人に達していたと推定される。武家方の人口のおおくが単身赴任者であるので、一八世紀当時、世界最大の人口をもつ江戸は、男のおおい街であった。男女比がほぼ同等になるのは幕末になってからのことである。

商店の使用人は、あてがいぶちの食事に満足できないときは、ちかくの軽食屋に立ち寄った。長屋住まいの人夫や職人の住居は狭く、最低限の炊事しかできないし、単身赴任者がおおいため、行商の売る食べものを買ったり、外食をすることがおおかった。

職人や人夫は、収入は少なくても、日給で現金を手にすることがおおかったし、江戸で仕事はいつもあったので、貯蓄には熱心ではなく、「宵越しの金」をもつことを恥とし、浪費を悪徳とみなさない気風があったことも関係して、外食に金を使い、高密度の飲食店が発達したのである。

このような民衆の外食の風習が上の階級にも影響し、身分を問わず、江戸人は家庭外での食事をよくするようになった。また、貧乏人のいく安価な店から、立派な店構えで洗練された軽食を供する店まで、顧客層の身分や所得のちがいを前提とした店舗の多様化が進行した。

一七世紀の中頃には、ソバは下等な食べものとされ、ソバの屋台にいくのは貧乏人であった。一八世紀前半になると、立派な座敷をもつソバ屋が出現し、身分のある者もソバを食べにいくようになった。一八世紀末には、大名の江戸屋敷で、上級の武士たちが、どこのソバ屋がうまい、どこのスシ屋がうまいと、食べもの屋の評判を話すようになった。

三都の比較　江戸は、全国でもっとも外食が普及した都市となった。

一九世紀中頃の江戸、京都、大坂の人びとの気風の違いを比較した文章をみてみよう。

行楽のさい、京都の人間はかならず家でつくった料理を詰めた弁当をたずさえて出かけ、飲食店での買い食いは卑しい身分の者がすることで、立派な身分の者はしないという。

江戸ではあらゆる階層の者が、手ぶらで出かけて店で外食する。弁当持参で出かけるのは、貧乏人のすること、とされた。

大坂は、江戸と京都の中間で、弁当を持って出かけるが、自分の家ではつくらず、かならず料理屋につくらせた弁当だったという(3)。

(1)　当時の世界で、江戸に匹敵するほど、飲食店が高密度に分布していたのは北京であろう。しかし、北京の飲食店数についての資料は発見できなかった。

(2)　江原絢子・石川尚子・東四柳祥子『日本食物史』一五一頁、吉川弘文館、二〇〇九年

(3)　平田萬里遠「江戸の飲食店」『たべもの日本史総覧』歴史読本特別増刊・事典シリーズ一七、新人物往来社、一九九二年

6　料理技術と外食情報の出版

料理書の歴史　江戸時代には、木版印刷の本が多数刊行されて、出版文化がさかんになった。当時、読み書きが民衆のあいだに普及し、日本は、世界で最高の識字率の国となったからである。そこで、江戸時代になると、料理本が刊行されるようになる。

ながいあいだ料理の技術は、人がつくるのを見習ったり、聞き伝えによって伝承されるものであった。これが書物に記されるようになると、洗練された料理の知識が、特定の地方・特定の階層をこえて、田舎や、民衆のあいだにまで浸透するようになる。

江戸時代に印刷・刊行された木版の料理書は、一二〇〇～一三〇〇種類が知られている。ほかに、印刷されずに、手写本として残された料理書はその数倍ある(1)。

鎌倉時代末の一三世紀の終わり頃に成立した『厨事類記《ちゅうじるいき》』という宮中の献立を記した写本が、料理のつくりかたを具体的に記述した、日本における最初の書物である。その後、江戸時代以前までに著述され、写本が現在まで残っている主要な料理文献は約一〇種類である。これらは、貴族や武士の儀礼的宴会における食べもの、配膳法、食事作法について書いたものである。その著者は、宮廷料理人、あるいは室町幕府の将軍につかえる料理人の流派に関係をもつ人びとである。読者も、そのような宴会に出席する資格をもつ者や、そのような宴会の料理をつくる料理人を想定している。すなわち、中世の料理書は、ごく少数のサークルのなかで流通したにすぎない。

江戸時代の料理書　最初の近代的な料理本は『料理物語』という題名であり、初版の刊行は一六〇〇年前後と推定される。同書は何度も版を重ねており、現存するいちばん古い版は、寛永二〇（一六四三）年に印刷されたものである。

著者は不明であるが、特定の料理人の流派には所属しない自由な立場から記述されている。それまでの料理書につきものであった、料理や食事に関する些末な故実について書きたてる権威主義、形式主義的な記述はなく、料理のつくりかたの実用的な知識を述べている。

全体は二〇の部門から構成されているが、大きく分けて二部からなり、前半部では材料別に適した料理名を列記し、後半の部では、煮物、焼き物など、料理の一般的技術と、それぞれの技術を代表する料理のつくりかたを書いている。

後半に代表的な料理の具体的なつくりかたが掲載されているとはいえ、前半では材料と料理名があげられているだけで、つくりかたが書かれていない料理もおおい。そのことは、同書が素人の読者相手ではなく、専門の料理人を主要な読者対象に書かれたものであることをしめしている(2)。

その後、具体的に料理のつくりかたを解説した実用的な本が、つぎつぎと出版されるようになった。材料別に分類して、料理法を述べたもの、料理技術別に分類して、その技術が適応される材料をあげたもの、食事の献立例をあげて、それぞれを構成する料理のつくりかたを述べたものなど、スタイルはさまざまである。これらの料理書のおおくに共通することは、たんなる献立の寄せ集めではなく、料理のつくりかたを体系的に記述する試みがなされていることである。

本草書　中国の医学・薬学の影響のもとに成立した日本の博物学である「本草学《ほんぞうがく》」の研究者たちによって、料理の素材に関する研究書も刊行されるようになる。本草理論にもとづき、それぞれの食物が身体にどのような作用をおよぼすかを述べることによって、健康を保持し、疾病を治療するためには、どのような食物を選択したらよいかを説いている。

その代表的なものに人見必大《ひとみひつだい》著『本朝食鑑《ほんちょうしょっかん》』がある。この本は、元禄一〇(一六九七)年に刊行された。同書は、膨大な種類の日本産の動植物を分類し、その加工法、料理法、薬学的特徴、民俗学的事項などについて、挿し絵いりで解説した一二巻の百科事典的著作である。

大衆に親しめる料理書　都市で外食店が増加しはじめる一七六〇年代から、料理書の刊行点数も増加する。それ以前の料理書は、著者が料理人であり、読者も料理人を想定して書かれ、専門書としての性格がつよかった。ところが一八世紀後半からは、一般大衆を読者に想定して、筆者も専門の料理人に限らず、文才のある知識人による料理書もおおくなる。

そして、文学作品のパロディとしての記述法を採用したり、料理にまつわる文学を引用したり、珍奇な料理を紹介したり、挿し絵をふんだんに使用するなど、たんなる実用的料理知識の教科書にとどまらず、おもしろい読み物としての性格をそなえた料理本が出現するようになった(3)。これらの「読んで楽しむ料理の本」は、当時発達していた貸本屋を経て、民衆の読者層を獲得したと想像される。

その例として、天明二(一七八二)年に大坂の書店から初版が刊行された『豆腐百珍』がある。一〇〇種類の豆腐の料理法を紹介した本であるが、当時流行していた豆腐専門料理店の店頭風景などの挿し絵をいれ、豆腐に関する中国と日本の文学作品の抜粋を載せたり、豆腐の歴史に関する引用文などをも収録している。豆腐という民衆に親しまれている食品をとりあげて、その料理法を学ぶだけではなく、知的興味を満足させてくれる読み物でもある。著者名は醒狂道人何必醇《すいきょうどうじんかひつじゅん》と記されているが、当時大坂で活躍した篆刻《てんこく》家の曾谷《そや》学川《がくせん》のペンネームと推定される。この本は好評を博し、翌年には『豆腐百珍続編』が刊行され、正・続編ともに、京都、江戸の書店でも販売された。

この本の成功に刺激されて、天明五年には『鯛百珍料理秘密箱』、天明六年には『大根百珍』など、百珍本シリーズの料理本がつぎつぎに刊行されることになる。当時のベストセラーづくりのため、料理書が出版企画にとりあげられるようになったのである。

グルメ・ガイド　食べものに関する出版物としては、もう一種類、食べあるきガイドブックがある。江戸、京都、大坂の三都における飲食店の発達にともない、多数の店のなかから、おいしい店を選択するための情報がもとめられるようになる。当時出現した、食べあるきを楽しむ「グルメ」や、地方から都市にやってきた旅人を対象とした、各種レストラン・ガイドが、一八世紀の終わり頃から出版されるようになる。

そのおおくは、相撲の番付に擬した、一枚刷りの飲食店の番付表であった。相撲番付の中央部分の行司欄にあたる場所には、審判員として超有名料理店が記され、その左右には、当時評判のたかかった料理店名が、東西の大関以下ランク別に百数十店が記されている。これを参考に、おいしい店を選択して、食べあるきを楽しんだのである。このようなレストラン・ガイドが売られるようになったのは、選択に困るほどの飲食店の増加現象と、おいしい店へ食べにいくことが、限られた階層の人びとだけでなく、不特定多数の大衆の楽しみへとひろがったことを意味している。

レストラン・ガイドに載せる店の選択が、どのようにしてなされたかを知ることはできないし、なかには特定の店を宣伝する意図が感じられるものもある。厳密な審査体制のもとにつくられたものではないにしろ、ミシュランのレストラン・ガイドが刊行される一世紀以上前から、日本の大都市にはレストラン・ガイドを参考に美食を楽しむ人びとが出現していたのである。

嘉永元(一八四八)年に刊行された、江戸の街での飲食のガイドブック『江戸名物酒飯手引草』は、携帯に便利な小型の冊子である。同書には、江戸における会席・即席料理屋、茶漬屋、ソバ屋、スシ屋、ウナギの蒲焼店など、営業形態別に分類し、五九四店の店名、住所を記載している。たとえばウナギの蒲焼店は九〇軒記載されているが、別の資料から、当時の江戸市街では約一〇〇〇軒のウナギ料理屋が営業していたことがわかる。そのなかから、おすすめの九〇軒を選択しているのである。

(1) 平田萬里遠「江戸時代における外国料理の書」石毛直道(編)『論集 東アジアの食事文化』平凡社、一九八五年

(2) 原田信男『江戸の料理史——料理本と料理文化』一七~二九頁、中公新書、一九八九年

(3) 文献(2)一〇四~一三一頁

7 アイヌと琉球

北端と南端 古代に国家統一がなされてから江戸時代まで、中央政権の統治がおよんだのは、本州、

四国、九州とそれに付属する小さな島々であった。この伝統的な日本の領域内にも、方言のちがいや、文化の地域差が認められるが、巨視的には同質的な社会としての歴史をたどってきた。

しかしながら、北海道の先住民であるアイヌと琉球諸島の人びとは、江戸時代になってから幕府の統治下に編入され、日本国民化させられたのである。この、ながいあいだ文化的伝統を異にしていた、北端と南端の伝統的食文化について、簡単に紹介しておこう。

本州についで面積の大きい北海道は、亜寒帯の寒冷な気候で、針葉樹が発達した植生であり、その先住民はアイヌの人びとである。アイヌとはアイヌ語で「人間」を意味する。ヒゲや体毛が濃く、彫りが深く目鼻立ちの整った顔つきをしているので、アイヌの人びとは、ヨーロッパ人とおなじくコーカソイド人種に所属するという学説が唱えられたことがある。この説は現在では否定され、アイヌの人びとも和人とおなじモンゴロイド人種であるとされる。

奇妙なことには、日本の北端に住むアイヌと、南端の琉球人とは形質人類学的に類似点がおおいことが指摘されている。その理由は、つぎのように説明される。

すなわち、旧石器時代から縄文時代の日本列島には、北端から南端まで、ほぼおなじような体つきをしたモンゴロイド集団が住みついていた。そこへ、弥生時代に水田稲作農業をもたらした新しいモンゴロイド集団が中国、朝鮮半島から移民してきて、縄文人と混血した。古墳時代にも、おおくの人口の移民があった。そのため、日本の中心部は、縄文人と中国、朝鮮半島からの移民との混血によって形成された身体的特徴をもつ人びとに占められるようになった。列島の南北に縄文人の子孫たちが残り、それがアイヌと琉球人であると考えるのである(1)。

この二つの民族集団は、水田稲作と金属器を使用する弥生文化の影響をうけなかったため、ながいあいだ狩猟と採集に食料を依存する生活様式が残存した。

アイヌ文化の歴史　一五世紀以後のアイヌの歴史は、北海道へ来訪した和人の記録によって知ることができるが、アイヌは無文字社会であったので、それ以前の事柄は考古学的調査にたよらなくてはならない。

北海道では、本州などで縄文文化が終了したのちも、縄文文化の延長線上にある「続縄文文化」がつづいた。九～一二世紀には「擦文文化《さつもん》」へ移りかわるが、この時期、本州との交流があったことがわかる。本州の土師器《はじき》の影響をうけた土器が使用され、北海道南部の遺跡からは日本語の文字の書かれた土器が発見されている。擦文文化の時代から、ヒエ、アワ、キビの小規模栽培がなされていた。

擦文文化の時代の北海道東部・南部には、アムール川(黒竜江)中・下流域、サハリン(樺太)、クリル列島(千島列島)と共通する文化が併存していたことがわかっており、これを「オホーツク文化」とよぶ。これは、アムール川下流域からサハリンにかけた地域に居住するニブヒ族(ギリヤーク族ともいう)が南下して、北海道にもたらしたものと推定される。アイヌ文化には、オホーツク文化のさまざまな要素がとりいれられている。アイヌの木彫のデザインは、現在のシベリアの少数民族に共通し、のちに述べる「クマ祭」も、オホーツク文化の影響下に成立したものとされる。

この頃、南方の日本文化やシベリアのオホーツク文化との交流によって、アイヌでもしだいに金属器が使用されるようになり、一三～一四世紀には鉄製の小刀が普及した。この頃のアイヌ社会は、川筋にそって分布する小集落が政治的に統合され、首長制によって運営されていたと考えられる。しかし、北海道のアイヌがひとつにまとまり、アイヌ国家を形成することは、ついになかった。

一七〜一八世紀のアイヌは、クリル列島、カムチャツカ半島、サハリンの南半分まで分布していたし、丸木船を操って、津軽半島、下北半島、アムール川流域と交易していた。

アイヌと和人の関係は、おおまかにいえば、和人の側からの一方的な搾取の歴史でもあった。一三世紀以後に日本海沿岸の交易が発達した結果、金属器、米などが本州からもたらされ、アイヌはその見返りとして、獣皮、矢羽根に使用するタカの羽根、サケ、マス、コンブを本州に供給した。

一五世紀はじめには和人が北海道南部に入植し、一五世紀中頃には南部の海岸一二カ所に砦を築いた。一四五七年、和人の支配に抵抗するアイヌ民族によって「コシャマイン(Koshamain)の戦」がおこる。その後も一七八九年までに何回も、和人にたいする抵抗運動の武装蜂起があったが、いずれも最後には日本の入植者の武力に鎮圧されてしまった。

江戸時代になり徳川将軍は、北海道の南端を松前氏の大名領に指定する。すなわち、蝦夷地《えぞち》とよばれたアイヌの土地であった北海道も中央政府の統治下に編成されたのである。

藩とよばれる大名領は、米の生産量を基礎として区画された土地の支配権を幕府が公認することにもとづく制度で、何万石といった石高制で土地の評価がなされた。しかし、稲作の困難な気候の松前藩の場合は例外であり、最初は無高で、享保四(一七一九)年には一万石の大名領と格付けされた。

幕府は松前氏に松前地といわれるわずかな土地の支配権を与えただけではなく、松前藩の支配下にはない広大なアイヌの居住地の産物を他の地方と交易する独占権を認めたのである。初めは、アイヌは松前藩との交易相手という立場であったが、しだいに収奪の対象とされるようになった。

一七世紀末から一八世紀初頭に、北海道と大坂をむすぶ北前船の往来が頻繁になると、当時の農業先進地帯であった関西では、魚油を抽出したあとのニシン粕を肥料に使用するようになり、北海道のニシン粕の需要は膨大なものとなった。また、北海道産のコンブにたいする需要も拡大していた。松前藩は商人に漁場を請け負わせ、獲れたニシンやコンブの代金の一部を納入させた。こうして得られた利益が、重要な藩の財源となった。これらの漁場で働く本州からの出稼ぎ漁夫のもとで、最下層労働者としてアイヌが酷使されるようになったのである。こうして、伝統的アイヌ社会の解体が進行した。

明治時代になると、北海道は日本国内に残されたフロンティアとして、移民がおしよせるようになる。江戸時代には、和人の居住地は北海道南部だけにあったが、すべての地方に移民が分布して開拓をはじめ、この寒冷な土地で稲作をすることに成功した。

明治以来の政府は、アイヌにたいして、日本人との同化政策をとりつづけてきた。その結果、混血が進み、純粋なアイヌはきわめて少数となった。アイヌ語を話せない人びとが大多数となり、日常の食生活も日本人と変わらなくなっているのが現状である。現在北海道に居住するアイヌの人口は、約二万五〇〇〇人である。

アイヌの食生活　二〇世紀前半のアイヌの食べものを調査した報告書が刊行されるなど、現代のアイヌの食生活についての報告はいくつかあるが、明治時代以前のアイヌの食についての歴史的な側面に関しては、断片的な資料から復元するほかなく、かならずしも十分な研究がなされているわけではない(2)。

ヒエやアワ、キビの小規模な栽培もおこなわれたが、アイヌの伝統的食生活の基盤は農業ではなく、縄文時代以来つづいてきた内陸部での狩猟と野生植物の採集、河川と沿岸における漁労に依存するものであった。狩猟と漁労は男の仕事で、野生植物の採集は女の仕事であった。

春から秋にかけての季節は、主として産卵のために河を遡上するサケやマスを捕獲し、漿果《しょうか》類、根茎などの野生植物を採集して食べると同時に、それらを冬季のための貯蔵食料に加工した。冬はシカその他の動物の狩猟の期間であった。海岸部ではアザラシ、オットセイといった海獣が食料とされた。日本の他の地方では食事に占める炭水化物の食品の比重がきわめてたかいのにたいして、アイヌの食事では魚、肉の蛋白質食品と脂肪がおおく摂取されたことが特色である。

サケとマス　魚のなかでもっとも大切なのがサケであり、おおく獲れる時期には主食として食べられ、「神の魚」ともよばれた。直火で焼く、煮るほかに、生食もおこなわれた。秋の終わりに漁獲したサケを屋外で冷凍したものを、薄くスライスして火であぶり、半解凍の状態で塩をふりかけるのである。この生魚の食べかたに起源をもち、人工冷凍したサケを刺身にして、醬油やワサビをそえて食べる料理が、現在では北海道以外の居酒屋などでもだされるようになった。これを「ルイベ」とよぶが、「溶けた食べもの」というアイヌ語に由来する。

サケの料理法は多種類あり、軟骨も砕いて食用とし、内臓、頭の料理法もあり、大きな骨以外のすべての部位が食用とされた。サケを「秋の食料」というのにたいして、マスを「夏の食料」とよび、夏季にはマスがよく食べられた。これらの魚は乾魚、燻製《くんせい》魚、冷凍魚として保存食品化された。

エゾシカとヒグマ　狩りの獲物でもっとも重要なものがエゾシカであり、サケ、マスとならんで主要な食料であった。かつての北海道にはエゾシカがおおく生息しており、鍋を火にかけてからシカ狩りにでかけたというほどである。エゾシカはあまりにも一般的な狩猟対象であったので、ヒグマほど神格化されることがなかった。

アイヌの伝承によれば、ヒグマは人間の近寄ることのできない深山にある神々の国に住んでおり、ときどき人間の世界に遊びにいきたくなると、お土産として肉を背負い、毛皮の外套を着て訪れるという。そこで、ヒグマの肉や毛皮は神から人間への贈り物とされ、ヒグマを狩猟したときには、慣習的なルールにしたがって、村の者すべてに分けられる。アイヌの儀礼のうちで、もっとも盛大なのがヒグマの儀礼的屠畜「イヨマンテ（クマ祭）」である。

この祭では、生け捕りにしたヒグマの幼獣を一～二年間飼育して、神々へ祈りをささげて屠畜したのち、その料理をともなう饗宴をひらき、ヒグマの霊魂に供物をささげて、これらをお土産として神々の国に戻すのである。食料の再生産が可能となるという狩猟儀礼であり、同様の儀礼はヒグマの生息するシベリアと北アメリカ北部の森林地帯の民族にも分布する。

植物性食料と酒　野生植物でもっとも重要だったのは、ウバユリの鱗茎《りんけい》（球根）である。鱗茎を木製の臼、杵《きね》でつぶしてから一昼夜水に漬け、その溶液をザルで漉して放置すると、澱粉が沈殿する。これを乾燥保存し、団子にしてゆでたり、粥のなかにいれて食べた。濾過のさいザルに残った粕は、保存し食料として利用した。ドングリの実はあく抜きし、団子にして食べた。

キビ、アワ、ヒエは、ふだんは粥にしたが、儀式のある日は炊いたり、粉にして団子にした。粘り気のあるキビは、アワやヒエよりも上等の穀物とされ、おもに餅状に加工された。

アイヌは穀物を主食用というより、酒の原料として栽培したようである。ヒエ、キビのほか、和人との交易によって得た米も酒造原料にもちいられた。ヒエ、ドングリの実、オオウバユリの球根を煮て、カツラの樹皮の粉末を振りかけてつくるコウジの製法もあったが、江戸時代には、和人との交易によって得た米コウジを発酵スターターとして使用する酒造法がなされた。

もともとの酒造法は「口嚙み酒」であったと推定される。米からつくる場合は、精白した米を生のまま女性が嚙み、唾液と一緒に容器にいれて放置しておき、アルコール発酵させる。これは、唾液中の酵素の糖化作用を利用した酒造法である。

食事と調味料　食事は、朝夕二回が普通であった。獣肉や魚肉を切ったものに、さまざまな野生の植物を加えて煮た、具と汁気のおおい「オハウ」という料理が食事の主役であり、それにアワ、ヒエ、キビなどの水分のおおい粥や焼き魚などがそえられた。

アイヌは製塩をおこなわなかったので、交易によって得た塩を使用するほか、海岸部では海水をもちいて料理をした。近代には和人から得た味噌をもちいることもあった。

他の北方民族とおなじように、エゾシカ、ヒグマ、アザラシ、ニシン、イワシなどの脂肪を煮溶かして凝固させたものを、料理に使用することがおおかった。香辛料としては、つよい香りのするギョウジャニンニクが好まれた。

料理には交易で得た鉄鍋がもちいられたが、樹皮製の容器に食材と水をいれて、そこに焼け石を投じて煮ることもおこなわれた。江戸時代には日常の食器として、木製の椀、箸、匙がもちいられた。儀式の食事のときには、本州からもたらされた漆塗りの食器が使用された。

琉球の歴史　九州の南端から台湾のあいだに、飛び石のように南西諸島の島々が連なる。この列島のうちで大きな島は、九州の最南端から約三〇〇㎞の奄美大島と、約五〇〇㎞離れた沖縄本島である。九州と奄美大島のあいだの島々は、歴史的に日本本土と同質の文化を共有してきた。しかし、奄美諸島と、その南側に位置する琉球諸島は、基本的には日本文化の一環に属しながらも、きわめて個性的な文化をもつ地域である。たとえば、この地域で話されてきた「琉球方言」は、言語学的には古代の日本語と共通の祖先をもつと考えられるが、他の方言群との違いがいちじるしい。

琉球諸島は、現在、行政的には沖縄県に属し、約一〇〇個の小さい島々から構成される。そのうち四四の島に人が住んでいるが、その他の小さな珊瑚礁の島々は無人島である。亜熱帯気候地域に位置し、サトウキビ栽培による砂糖の生産や、パイナップル、パパイヤなど熱帯果実の栽培もおこなわれているが、観光をのぞいては、産業資源のとぼしい県である。

沖縄本島から、約三万年前の旧石器時代の人骨が発見されているが、当時の食事の内容を具体的にしめす資料は見つかっていない。沖縄の島々からは、早期縄文文化の遺跡が発見されており、その頃から沖縄は本土とおなじ文化を共有していたことがわかる。しかし、南九州との接触があったにもかかわらず、沖縄には弥生時代の稲作は普及せず、狩猟採集経済がながくつづき、野生植物の採集とイノシシ、魚介類にたよる食生活であった。一〇世紀頃まで石器が使用されており、本土にくらべて金属の道具の導入がたいへんおそく、文化の辺境地帯としてとりのこされていたのである。

紀元後三世紀頃から焼畑農業がおこなわれ、アワ、タロイモ(サトイモの仲間)、ヤムイモ(ヤマノイモの仲間)が栽培されたと推定される。その後、オオムギが栽培されるようになり、一一世紀に水田稲作が導入された。しかし、米の生産量は少なかった。

稲作が導入された頃、各地にアンジ（按司）とよばれる首長たちが登場し、グスクという城塞をつくり、抗争をくりかえした。一四世紀になると、他の首長たちを服従させた首長を王とする三つの小国家が、沖縄本島を中心として成立する。一四世紀後半に中国で明王朝が確立すると、いずれも朝貢して保護国となった。一四二九年に統一王朝が成立し、琉球王国となった。この琉球王国も明の皇帝から王権の承認をうけ、中華帝国の衛星国家の一員となった。

明の皇帝に朝貢のための使節団をおくり、儀礼的な貢ぎ物をし、その返礼として皇帝からの贈り物が琉球王に下賜されるというのが形式上の朝貢関係である。だが、朝貢は口実で、実質的には貿易関係であった。明は海外出国を禁じる政策をとったので、中国人は公式には海外貿易ができなかった（もっとも、ジャンクによる密貿易をおこなう中国人もいたのではあるが）。

中国に近い島嶼国家である琉球は、中国との貿易に熱心で、明代二七〇年間に一七一回の朝貢貿易をおこなった。この回数は朝貢国のなかでも第一位で、第二位の安南《あんなん》（現在のベトナム）の八九回をはるかにこえている。

資源にとぼしい琉球は、その地理的な利点を生かして、日本、朝鮮、シャム、マラッカ、パレンバン、安南、ルソンとの中継貿易で得た商品を中国に輸出したのである。琉球の商船は、中国からは絹織物、陶磁器、日本からは刀剣、美術工芸品、朝鮮半島からは高価な薬用ニンジンとトラの皮、東南アジアからは象牙、香辛料、染料などの商品を得て、これらの地域に流通させたのである。このように一四～一六世紀の琉球は、貿易国家として発展した。

一六〇九年、江戸幕府の許可を得て、九州南端の大名である島津家が琉球を侵略、征服した。その後も、王国の体制は温存されたが、島津藩（薩摩藩ともいう）が国王や高官の任命などの権利、高額の税金をとる権利などを得て、琉球は島津を通じて江戸幕府の支配下に編入された。いっぽう、中国との朝貢関係も残し、琉球は日本と中国の政治体制に、二重に服属する半独立王国となった。対外貿易は中国に限って許されたが、それも島津や幕府の規制下におかれていた。こうして、通商国家としての琉球の繁栄はおとろえ、島民は島津のさだめた過酷な人頭税になやまされることになる。

明治政府が成立すると、ただちに問題になったのが琉球の帰属である。政府は王国を廃止して新政府の統治する県にしようとしたが、琉球の人びとはこれに反対し、中国の清朝も琉球にたいする権益を主張した。しかし、明治一二(一八七九)年、明治政府は武力を背景に琉球王国を廃止し、沖縄県としたのである。

肉食の島々　中国との交渉によって導入された道教の影響も認められるが、琉球の人びとの信仰生活の基盤をなす土着の宗教はシャマニズムである。明治時代以前においては、仏教は民衆の宗教としては浸透しておらず、獣肉を食べることにたいする禁忌はなかった。石器時代の遺跡からイヌが出土しており、一〇世紀頃にはウシ、ウマの役畜としての飼養もおこなわれていた。しかし、食用家畜が導入されたのは比較的あたらしく、中国との交易活動を通じて、一四〜一五世紀にブタ、ヤギ、ニワトリが琉球にもたらされたと考えられている。

朝鮮半島の歴史記録である『李朝実録』の一四七七年の項に、琉球の西南端の小島である与那国島《よなぐに》に漂流した朝鮮人の記述がある。それによると、「与那国では鶏は飼うが、その肉は食べない。沖縄本島では馬、羊、猫、豚、犬、鶏、鴨を飼い、牛、馬、鶏を食べる」とあるが、ここでいうヒツジとはヤギのことであろう(3)。

琉球人にとって一番重要な食用家畜はブタであるが、毎日食べるほどの頭数の飼育が可能な飼料の供給は不可能であった。そのため、豚肉は日常の食事ではなく、祭祀のときのご馳走であった。豚肉料理は正月の行事に欠かすことができないものとされ、正月のまえに各戸がブタの屠畜をおこない、その肉の一部は塩漬けにしたり、塩漬け肉を炉のうえで燻製にし、長期間貯蔵した。肉ばかりではなく、脂肪、内臓、血液にいたるまで、あますところなく食べられ、ブタの耳や内臓は現在でも沖縄の名物料理とされている。

それにたいして、本土では、明治時代に肉食を再開した後も内臓は食用にされず、第二次大戦後に朝鮮焼き肉が流行するようになって、はじめて内臓を食べることが普及した。しかし、現在でも一般の日本人は血液を料理に使用することはない。

琉球では、雄ブタの去勢がおこなわれたが、この技術はブタの導入とともに中国から伝わったと思われる。本土の伝統的な家畜飼養技術には去勢の習慣がなく、ウシやウマの去勢がなされるようになったのは、二〇世紀以降のことである。

サツマイモとサトウキビ　隆起珊瑚礁の土壌がおおい琉球の島々は、イネなどの穀物栽培には不向きであり、年に何度も通過する台風によって農作物は被害をこうむり、しばしば飢饉を経験してきた。そのようなときには、野生の「ソテツ」が食用にされた。ソテツはサゴヤシと同様、幹の髄《ずい》に大量の澱粉をふくみ、種子にも澱粉がおおいが、有毒成分を含有するために、澱粉を製造するさいに大量の水で処理しないと危険である。飢饉のときにソテツを食べて中毒死した例はおおい。

サツマイモが中国から沖縄本島に導入されたのは、一六〇五年である。新大陸原産のサツマイモが、マニラを経由して南中国に伝来したのは一五九三年であるから、その一三年後には琉球で栽培されるようになったことになる。穀物農耕の環境としては不利な琉球でも大量の収穫が可能で、亜熱帯の気候では年中収穫できるサツマイモが伝来したのはおおきな出来事であった。一七世紀初頭の琉球の人口は約一〇万人であったが、一八世紀中頃には二〇万人に増加した。この人口増加をささえた食料がサツマイモである。

二〇世紀になるまで、民衆の日常の食事は、ゆでたり蒸したりしたサツマイモと、魚や野菜、海藻を入れた味噌汁の二品で構成されているのが普通であり、米の飯を食べるのはときたまであった。ただし、階層の高い人びとは、三食とも米飯を食べていた。サツマイモはブタの飼料としても重要であり、小さなサツマイモや、人間が食べたあとのヘタや皮がブタにあたえられた。

一六一〇年に中国から奄美大島に製糖技術が伝来し、一六二三年には琉球でも砂糖づくりがなされるようになった。亜熱帯気候のこの地方はサトウキビの栽培に適していたので、江戸時代に砂糖がこの地方の特産物となり、その生産は琉球王朝政府の管理下におかれ、本土に輸出することによって王朝の経済をささえる重要な産物となった。琉球産の伝統的な砂糖は黒褐色をした黒糖であり、ミネラル分とビタミンB1、B2の含有量がたかいため、住民の健康維持に寄与したといわれる。

宮廷料理　琉球における最高の料理は、王朝の行事のさいに供される宮廷料理であったが、その料理法にも、江戸時代における琉球の政治的位置が影響している。

琉球王朝であたらしい王が即位するたび、中国の皇帝より、王権を保証する勅語をたずさえた使節団がおくりこまれた。冊封使《さくほうし》とよばれるこの使節団を迎える式典が、琉球王朝最大の行事であった。

その一行は四〇〇〜五〇〇人、滞在期間は半年以上におよび、国を挙げて接待した。そのための費用は莫大なもので、一五三三年にやってきた使節団をもてなすために、ブタを一日四〇〜五〇頭屠畜したが、頭数が不足し、遠隔の村や離島からとりよせたという記録が残されている。

冊封使の使節団にたいしては中国料理の献立で接待した。そのために、はじめは中国から料理人を招いていたが、のちには琉球人の料理人を中国に留学させるようになった。

いっぽう、首都である首里《しゅり》（現在の那覇《なは》市）には、島津藩の役人の駐在所がおかれ、ここに派遣される高官の接待のために、料理人を鹿児島におくって日本料理を学ばせることもなされた。

中国と日本の両方の影響を受けて形成された宮廷料理が、上流階級や裕福な人びとの家庭に普及し、それが琉球の高級料理とされるようになった。また、琉球料理の発達において見逃すことができないのは、島津の征服後、那覇に設けられた遊郭の影響である。那覇の町には料理屋がなく、遊郭が兼業していた。ここで供される専門の料理人による上等の料理が、家庭料理に影響をあたえたのである。

こうして江戸時代に成立し、現在にまで受け継がれている古典的琉球料理は、中国と日本の両方の影響を受けながら、琉球の気候や産物にあった独自のスタイルを形成した。

料理のコースや献立は、基本的には本膳料理の形式にならっており、漆塗りの一人用の膳をもちい、そのうえに漆塗りや陶磁器の日本式の食器を載せ、箸を使用して食べた。上等の食事になると、膳の数がおおくなるのも本膳料理とおなじである。食器のうえに料理を美しくならべ、そのために包丁で見た目を美しく切る技術が重視されることも日本料理とおなじである。

しかし、ご馳走の材料として豚肉を使用し、ブタの脂肪によって重厚な味に仕立てあげることを好む料理には、中国の影響が顕著である。

東南アジアとの交流　琉球料理の名称や技術には中国から伝わったものがおおいが、それだけではない。かつての東南アジアとの交易によって伝えられたと考えられるものもある。たとえば、琉球南部の島々では、「ピパチ」あるいは「ピパズ」とよばれるジャワ島原産の「ナガコショウ（長胡椒）」を栽培する。その実を粉末にして豚肉料理の薬味にしたり、その若葉を刻んで料理の香りづけに使用するが、これは琉球の商船隊が東南アジアで活躍していたときにもたらされた作物であろう。

琉球の食生活の特色の一つは、豆腐をよく食べることにある。豆腐料理のもっとも一般的なものが、「チャンプルー」とよばれる、さまざまな野菜を刻んで、豆腐と一緒にブタの脂肪で炒めた料理である。インドネシア、マレーでは、素材を混ぜたり、かき混ぜることを「チャンプル（champur）」といい、これが語源であろう。

琉球では、米の口噛み酒をつくっていたが、一五世紀にシャムから蒸留酒製造技術が伝わり、それが現在でも沖縄名産とされる「泡盛《あわもり》」になった。泡盛の製造にはシャムから輸入したインディカ種の米を使用するのが普通で、日本酒製造に使用するコウジとは種類のちがう「黒麴菌（アワモリコウジカビ）」を利用して発酵させ、蒸留したあとにはカメで熟成させる。泡盛づくりには南蛮甕《なんばんがめ》というシャムから輸入したカメを使用していたが、のちに琉球の窯でカメを焼くようになった。泡盛の製法が本土に伝えられて、焼酎がつくられるようになった。

長寿県　現在の日本人は、世界のなかでも平均寿命がトップクラスである。そのなかでも、沖縄県がもっとも長寿の県であった。

栄養学者たちによると、かつて日本人の食生活に蛋白質と油脂が欠乏していたのにたいして、沖縄ではブタと魚により動物性蛋白質をおおく摂取し、また、豆腐によって植物性の蛋白質もおおく摂取していた。油脂も、沖縄ではブタの脂肪から摂取していた。さらに、サツマイモ、特産の黒砂糖、さまざまな海藻類の摂取量がおおいことも、長寿の原因であると説明されている。

琉球料理には、沿岸で採取される海藻を利用した料理のメニューがおおいが、土地産のものだけではなく、コンブを利用した料理がじつにおおい。統計によると、コンブをいちばん消費するのは沖縄県人である。日本の北端の北海道で産出するコンブを、いちばん南端の沖縄でいちばん食べるようになったのは、なぜであろうか？

それは江戸時代にまでさかのぼる。島津藩は那覇に、砂糖を専門にあつかう役所とならんで、北前船で運ばれてきた北海道産コンブを琉球に運ぶ、コンブ貿易専門の役所を設けていた。琉球の黒砂糖を日本本土におくることによって利益を得ると同時に、島津藩は、中国料理の材料としてのコンブを中国に輸出させる役割を琉球王朝に担わせていたのである。

かくして、琉球はコンブの集荷地となり、琉球の人びともコンブをよく食べるようになったのである。そのコンブは、松前藩の支配体制下で、アイヌが生産に従事したものである。幕藩体制のもとで、マイノリティであるアイヌと琉球人がコンブを通じて結ばれていたのである。

一九八五年までは、沖縄は男女ともに日本一の長寿県であった。しかし、二〇一〇年には沖縄の男性の平均寿命は全国の三〇位に、女性は三位に転落した。それは、沖縄が長い間アメリカの占領下におかれ、食生活が洋風化した影響によると説明される。占領下の食料難時代に、挽肉の缶詰である

「ランチョンミート」が米軍経由で豚肉の代用品として普及し、さらにハンバーガーやフライドチキンなどのファストフード店が、アメリカ統治下の沖縄では本土にさきがけて普及した。このように、はやくから食生活の洋風化が進行し、沖縄の伝統的食生活が衰退した。ステーキやハンバークを好むようになり、動物性脂肪と食塩の摂取量が増大、野菜の摂取量が激減したのである。

そこで、第二次大戦後に育った世代には肥満者がおおく、生活習慣病による死亡率がたかくなった。そして社会的活動にともなう外食がおおい男性から、平均寿命が短くなったのである。

このような沖縄でおこったことは、日本全体の将来を先取りしているものである。

(1) くわしくは、石毛直道「HTLV-Iと民族疫学」(『医学のあゆみ』第一六五巻一号、医歯薬出版、一九九三年。再録『石毛直道自選著作集』第一〇巻、ドメス出版、二〇一二年)を参照されたい。

(2) 萩中美枝(他著)『聞き書アイヌの食事』農山漁村文化協会、一九九二年

(3) 島袋正敏『沖縄の豚と山羊――生活の中から』ひるぎ社、一九八九年

六　近代における変化

1　時代の背景

欧米モデルの近代化　日本人が鎖国体制下の小世界に閉じこもってくらしているあいだに、産業革命が進行した欧米では、資本主義が急速に発達し、大きな経済力と軍事力をもつ国家が成立していた。これらの列強は、商品の市場と資源をもとめてアジアに進出してきた。

嘉永六(一八五三)年、東京湾に突如、アメリカの艦隊が現れた。司令官ペリーは、開国を要求する大統領からの親書を幕府にわたし、それに応じないなら軍事行動も辞さない姿勢をしめした。これが契機となり、一八五〇年代に幕府は、アメリカ、イギリス、フランス、オランダ、ロシアと通商条約を締結した。すなわち、国内のいくつかの港への、これらの国の船の来航、貿易を許可し、外国人の居住区画をつくることを承認しなければならなくなった。これらの条約は、居住する外国人に対して日本の裁判権は行使できず、関税の税率も日本側は決定できない、という不平等条約であった。

通商条約による貿易では、日本からは生糸、茶を主要な輸出商品とし、輸入品は毛織物、錦織物、武器であったが、貿易にともなって国内の物価が上昇し、下級武士や農民の生活は苦しくなった。また、開港した場所はすべて幕府の直轄領に限られたので、貿易利益が幕府に独占されることにたいする諸藩の不満や、貿易で利益をあげた商人への下級武士の反感がたかまった。これらの社会的不満が外国人排斥運動に結集し、やがて幕府を倒すという尊皇攘夷運動に発展した。この運動を推進した下級武士の指導者たちは、将軍を打倒したあとの政権のにない手として、名目的な王権の保持者にすぎなかった天皇を選択し、こうして明治維新が実現した。

退位した将軍の居城に、京都から天皇が移り住み、江戸は東京と改名され首都となった。大名の藩は廃止され、天皇を頂点とする中央集権政府がつくられ、欧米をモデルとした近代国家化が強力におしすすめられた。その目標は、近代産業を移植して日本の産業革命を実現することと、徴兵制度にもとづく近代的な軍隊をつくりあげること、すなわち富国強兵を実現することであった。そのためには、近代的な学校制度の導入と、強い兵士や頑丈な身体をもつ労働者となり得る国民をつくることが不可欠であると考えられた。

欧米の事情に通じた当時の知識人たちは、欧米人とくらべると日本人の体格が貧弱である理由のひとつは、肉食をしないことと、乳製品を食べないことにあると考えた。明治五(一八七二)年に、天皇が牛肉を食べたことが新聞報道され、一般の国民も肉を食べることが奨励された。当時は、肉を食べたり、ミルクを飲むことが文明人の資格であるとされたのである。

軍隊の食事には、肉を使用した献立が採用されるようになった。都市に西洋料理店が開業されはじめたが、それはエキゾチックな料理であるとともに、「肉料理を食べさせるところ」として人気を得たのである。スキヤキのように伝統的な日本の料理法を応用した肉料理も考案されたが、あたらしい素材である肉には西洋料理の技術が採用されることがおおく、西洋料理店は肉を食べさせ、あたらしい飲みものであるビールを飲ませる場所として繁盛するようになったのである。

隣国である朝鮮半島や中国の伝統的料理にも肉は使用され、パンではなく飯と一緒に食べることができ、ナイフ、フォーク、スプーンといった使いなれない道具ではなく箸で食べられるので、日本人にとっては親しみやすい肉料理のはずである。しかし、朝鮮料理店、中国料理店は、ながいあいだ日本で市民権を得ることができなかった。それは近代化の過程における、日本の海外諸国に対する態度に関係する。

日本の地政学的な位置からして、歴史的に、日本人にとっての文明のモデルは常に中国であった。しかし、阿片《アヘン》戦争(一八四〇～四二年)によって中国が西欧に侵略された過程に関する情報を得ていた日本の知識人たちは、日本の開国以前に、欧米の文明が世界を動かしていることを知っていた。そして、近代化にあたって、中国を捨て去り、モデルとして欧米の文明を採用したのである。そこで、欧米の食事は文明的で学ぶ点がおおいが、中国、朝鮮半島の料理は停滞したアジアの食事としてかえりみられなかったのである。

さらに、日清戦争(一八九四～九五年)に勝利をおさめたことが、中国を蔑視する風潮をつよめた。当時、神戸、横浜、長崎に中国人街が形成されていたが、そこの中国料理店に出入りするのは日本在住の中国人に限られており、中国料理は「前近代的で不衛生な食べもの」とみなされていた。日本人が、中国料理が安くておいしい料理であることを認識し、都市に中国料理店が多数出現するのは、第一次世界大戦が終了した頃になってからである。

朝鮮半島の料理にたいする偏見はさらにつよかった。ニンニクとトウガラシを多用する朝鮮料理が、肉と香辛料をあまり使用しなかった日本人の伝統的な味覚にあわない、ということもあるが、朝鮮半島の人びとにたいする民族差別ともふかい関わりをもつ。

明治四三（一九一〇）年の日韓併合により、日本は朝鮮半島を植民地とした。これを契機に、朝鮮半島の人びとを「日本人が教化すべき民族である」とみなす観念がつよくなり、朝鮮の女学校では家事の授業のさいに、朝鮮人の女子生徒に日本料理を教えたほどであった。日本の都市に、日本人の顧客を対象とする朝鮮料理店が開業するのは、敗戦後、朝鮮が植民地支配から解放された、昭和二〇（一九四五）年以降のことである。

日本は、台湾、朝鮮半島を植民地とし、明治三七〜三八（一九〇四〜〇五）年の日露戦争後は南満州における利権と市場を独占する権利を得て、さらに第一次世界大戦後にはミクロネシア諸島を国際連盟から委任統治領として委託され、領土を拡大しながら帝国主義の列強の仲間入りをしていった。その経済的基盤をささえたのが、資本主義の成長と、それにともなう産業革命の進行であった。大正八（一九一九）年、日本の工業生産額が農業生産額を上回り、日本は農業国から工業国になった。

このような経済構造の変化とともに、人口は急激に増加した。近代的な人口調査がおこなわれるようになった明治五（一八七二）年の人口は約三五〇〇万人であったが、大正八年には約五五〇〇万人に増加している。国内における食料増産と植民地からの収奪のほかに、海外から食料を輸入できるだけの工業生産の進展が人口増をもたらしたのである。

あたらしい生活様式の出現　大正時代（一九一二〜二六年）、日本は第一次世界大戦に参戦はしたが、たいした犠牲を払わずに、太平洋と中国にあったドイツの領土の権益を得ることとなる。戦争によって疲弊したヨーロッパにかわってアジアの市場を獲得して、経済が上昇し、平和で繁栄した時代をむかえる。この時期、日露戦争後に政治的発言権を強化しはじめた軍部を批判し、自由主義、民主主義をおもんじる風潮がたかまった。いわゆる「大正デモクラシー」である。

この頃、都市において、ホワイトカラーの給与所得者など中産階級の人口が増大し、あたらしい生活様式のにない手となった。この階層の人びとは、家庭では和服でくつろぐが、戸外と職場では洋服を着てくらし、伝統的な日本建築の住居に、洋風の応接間をそなえた。座ったり、かがみこんで料理する従来の台所にかわって、立って作業でき、都市ガスと水道を使用する洋風の台所を選択した。中国料理に親しんだり、それまでは外食するものであった西洋料理を家庭でつくりはじめたのも、喫茶店でコーヒーを日常的に飲むようになったのも、この階層の人びとであった。このようなあたらしい生活を通じて砂糖、牛乳の消費量が増大していった。

このような、現代人の食生活につながる大正デモクラシー下におけるあたらしい生活様式は、未成熟の段階で、きびしい社会情勢の変化に直面し、挫折してしまう。一九二九年のウォール街にはじまる世界大恐慌が、翌年には日本に波及し、近代国家体制になってからの日本が経験した最大の経済的危機となった。不況の影響をもっとも深刻にうけたのは、あたらしい食の様式をになう中産階級であったし、その後にやってきた戦争の時代になると、この新興中産階層のみならず、日本人全体の食生活は大幅な後退をよぎなくされた。

戦争の時代の食生活　昭和六(一九三一)年に軍部が満州事変をひきおこし、満州での侵略戦争をはじめ、傀儡《かいらい》政権である満州国がつくられた。それにたいして国際的な非難がおこると、日本は国際連盟から脱退し、国際的に孤立化し、強力な発言権をもつ軍部のもとでファシズムへの道をたどった。昭和一二(一九三七)年に日中戦争、昭和一六(一九四一)年に太平洋戦争をひきおこし、昭和二〇(一九四五)年に連合軍に降伏するまでの一五年間、戦争の時代がつづいた。ながびく戦争のため、食料の確保が困難になり、昭和一六年から政府による食料の配給制度がはじまったが、太平洋戦争の末期には配給すべき食料もほとんどなくなり、国民のおおくが空腹になやまされる状態であった。

敗戦後は、政府にとって最重要政策のひとつが食料の増産であり、とくに米の収量の増大にむけて努力がなされた。米の生産量が一五年戦争以前まで回復したのは、一九五〇年代中頃のことである。

一九六〇年代になると、日本経済の急速な成長が顕著になった。経済成長は食べものの量的増大ばかりでなく、質的な変化をもたらした。米と野菜に依存する伝統的食生活から、以前にくらべて、よりおおく魚を食べ、肉が日常の食卓にならぶようになり、動物性蛋白質の摂取量が増大した。油脂の摂取量もおおくなり、伝統的日本料理では使用しなかった香辛料も使われるようになり、朝食には米を炊かずに、パンを食べる家庭もおおくなった。西欧、中国、朝鮮半島に起源する外国の料理技術が家庭の台所にとりこまれ、日常の食卓にならぶようになったのである。

そのいっぽう、昭和三七(一九六二)年以降、米の消費量は減少をつづけている。米を腹一杯食べ、副食物は食欲増進剤として少量あったらよいという、主食中心の伝統的な食事パターンから、味覚を楽しませる副食物を数おおく食べる食事パターンに変化したのである。

食の産業化　このような変化の背景には、食に関することがらの「産業化」の進行がある。日本経済の発展とともに、「社会の側の台所」である食品産業が成長し、パン、ハム、ソーセージ、乳製品など外国起源の食品を家庭の台所におくりこむようになった。また、スーパーマーケットのような流通業が、調理済みの食品や、ほんのちょっと手を加えれば食卓にのせられる半調理済みの食品を提供することによって、あたらしい食べものが家庭にうけいれられるようになったのである。

その象徴的な食べものが、湯をそそぎ三分間したら食べられるという、昭和三三（一九五八）年に発売された「チキンラーメン」である。日本で発明された即席麺は、いまや世界的な商品となっている。いっぽう経済成長とともに、「社会の側の食卓」である外食産業も急速な伸びをしめしている。一九九〇年代前半、日本の産業界では、電気機器産業、自動車産業、石油産業についで巨大な金額をあつかう産業分野に食品産業が位置するようになり、ついで鉄鋼産業、外食産業の順になっている。

このような食の産業化によって、現在の日本人が享受する豊かな食事が実現したのであるが、いっぽう、家庭の台所や食卓を、社会の側の台所である食品産業と、社会の側の食卓である外食産業がとめどなく浸食していくのではないかという不安も顕在化している。

2　肉食の再開

幕末の肉食　公然と肉を食べることができるようになるのは明治維新後のことであるが、それ以前の日本人がまったく肉を食べなかったというわけではない。狩人や、皮革製品の製造のために家畜の屠畜に従事する人びとは、当然のことながら哺乳類の肉を食べた。ただし、さきに述べたように、これらの人びとは社会的差別の対象とされていた。
一般の民衆にとって、野生の鳥類は食用を許されるものであったし、ながいあいだ食用がタブーであったニワトリについても、江戸時代前期の料理書である『料理物語』にはその料理法が書かれるようになった。クジラやイルカは魚類と考えられていたので食用の対象とされた。病気治療の目的には、哺乳類の肉を食べるのもやむを得ないとされ、健康な者が「薬食い」を口実に食べることもあり、このような場合にいちばんよく食べられたのは、イノシシとシカであった。イノシシは「山鯨《やまくじら》」、シカを「紅葉《もみじ》」という隠語でよんだ。

江戸時代の幕府は宗教を統制下におき、世俗的行政が宗教的権威の上位に位置した。このような制度のもとで、肉食を禁じた仏教、神道ともに宗教的活力がしだいによわまり、江戸時代の後期になると肉食のタブーがゆるやかになった。いっぽう、オランダの書物を通じて西欧文明の知識を吸収した知識人のなかには、肉食をさけるのは迷信にすぎず、肉が栄養に富んだ食べもので、それゆえ肉食をしないと虚弱になる、と主張する者もあらわれた。

一九世紀初頭になると、江戸の市街にそれまで一軒しかなかった薬食い用の獣肉を売る店が増加し、それらの店では、イノシシ、シカ、キツネ、ウサギ、カワウソ、オオカミ、クマ、カモシカなどの肉が売られた。これにたいして、当時のある国粋主義者は、「このような店の前を通ることには耐えられない。この悪習はすべてオランダかぶれした学者がはじめたことである。そのために、江戸の家々に穢れが充満し、それが火の神の怒りをかい、近頃火事がよく起こるのだ」と憤慨している(1)。このような薬食いは都市民のあいだで流行したが、一部の人びとが獣肉を食べるにすぎず、その機会も非常に少なかったと推定される。

明治維新後の肉食は、まず牛肉からはじまる。以前から彦根藩主は牛肉の味噌漬をつくらせ、それを「養生肉」と称して、将軍や大名への贈り物にしていたことは、公然の秘密であった。「牛肉の味噌漬」という食品名は、一八世紀はじめの文献にもあらわれる(2)。しかし、農耕のための重要な家畜であるウシを殺して食べることは、一般の民衆にとって心理的な抵抗がつよかったようで、都市のなかに牛肉を食べさせる場所ができるのは、幕府が崩壊する直前のことである。

慶應義塾大学の創始者である福沢諭吉は一八五四年に大坂で、緒方洪庵が蘭学を教える適塾《てきじゅく》に入学したが、「そのころ大坂で牛鍋《ぎゅうなべ》を食わせるところはただ二軒であり、最下等の店だから、およそ人間らしい者で出入りする者はけっしていない。入れ墨だらけの町のゴロツキと、自分の所属したオランダの学問を学ぶ塾の学生ばかりが得意の常客だ。どこから取り寄せた肉か、屠殺した肉か、病死したウシの肉かもわからない。ずいぶん安い値段で牛肉と酒と飯で満腹できたが、牛肉はずいぶん硬くて臭かった」という意味の文章を残している(3)。これが牛鍋屋に関する最初の記事である。牛鍋とはスキヤキの前身で、牛肉をネギと一緒に鍋にいれ、味噌あるいは醬油で煮た料理であり、薬食いのさいのシカ、イノシシの肉の料理法とおなじである。

通商条約で開港された場所に居留地をつくった欧米人たちは、付近の農家からウシを購入しようとさまざまな努力をするが、売ったウシが食用にされることを知った農民たちから拒絶される。当時の農民にとってウシは家族の一員に近い存在であり、死んだウシは埋葬していたのである。外国人たちは、中国、朝鮮半島、アメリカからウシを輸入し、船中で屠畜と解体をおこなって、居留地で売ったが、人口がおおくなると牛肉の需要が増し、それでは間にあわなくなった。やがて、横浜の居留地の外国人たちは、関西とその後背地の山間が和牛の産地で、生産量がおおいことを知り、この地方のウシを日本の家畜商に依頼して、一度に三〇〜四〇頭単位で買いあつめ、それを神戸港から横浜港に生きたまま運び、横浜の居留地内に設けた屠畜場で処理するようになった。神戸から運ばれた和牛の味がよいのが評判となり、現在でも海外でコウベ・ビーフとして知られている。

肉食を普及させた政府　明治維新の翌年、大蔵省は東京に食肉、牛乳、乳製品の製造と販売を目的とする「牛馬会社」を設立した。かつての幕府の牧場で飼育していた牛馬はこの会社に払い下げられ、東京における屠畜はこの会社の独占事業とされ、この頃から東京につぎつぎと開業しはじめた牛鍋屋、肉屋に肉を卸売りした。

この官営会社は失業した武士の救済も目的とし、役員、従業員もかつての武士出身者であった。だが、特権階級としての意識を捨てることができず、横柄な態度で取引をしたため、人びとの悪評をかった。そのうえ、仕入れのさいのウシの品質鑑定がでたらめであったり、牛肉相場を不当につり上げたりしたので、経営不振におちいり一年で廃業している。しかし、政府が率先して屠畜業、搾乳業にとりくんだことは、牛肉食と牛乳の普及におおきな効果をもたらした(4)。

明治維新の内戦である戊辰《ぼしん》戦争（一八六八〜六九年）のさいに、政府軍の多数の負傷兵が東京の病院におくられた。病院では西洋式の治療をおこない、彼らに牛肉を食べさせて体力の回復をさせた。はじめは拒絶する者がおおかったが、医師が「生命を失っていいなら、食べなくてもよい」といったので、しかたなく食べはじめた。そのうち彼らは牛肉のおいしさに魅せられ、退院が近くなると牛肉を食べたがるようになり、帰郷後、それぞれの土地で牛肉の旨さを宣伝した。

牛馬会社が設立された年に、海軍の栄養食として牛肉が採用され、海軍みずから屠畜をおこない、あまった肉を民間に販売した。陸軍も兵士の食事に肉を採用するようになり、日清戦争、日露戦争では牛肉を醤油とショウガで日本料理風に味つけした「大和煮」の缶詰が兵士の携帯食料として大量に利用された。それを食べた兵士たちが全国に肉食の習慣をひろめ、一九五〇年頃まで大和煮はもっとも人気のある缶詰としての地位をたもっていた(5)。

兵士たちは強制的に食べさせられて肉のおいしさを知ったが、一般の人びとが肉の味を覚えたのは都市の外食店を通じてである。当時、哺乳類の肉の料理を提供したのは、ホテルの食堂、西洋料理専門のレストランと牛鍋屋であった。西洋式のホテルと西洋料理専門店は、開港場の外国人居留地で開業した。やがて明治新政府のもと、外国人が居留地以外で自由に行動できるようになると、東京、大阪など大都市にも、このようなホテルや西洋料理店が開業するようになった。

これら初期の西洋料理を食べさせる施設で、ナイフとフォークを使用し西洋の肉料理を食べたのは、外国人以外では政府高官、貿易商、知識人などであり、あとは物珍しさで訪れる人びとにかぎられていた。初期の西洋料理は高価であり、一般の民衆が日常的な外食のために利用するわけにはいかなかった。それにたいして、牛鍋屋は比較的安価であり、牛肉を親しみのある醤油や味噌で日本風に味つけし、箸で食べさせるので、民衆でも気安く利用することができた。

牛鍋とスキヤキ　明治維新の二年前に、東京で最初の牛鍋屋が開業した。開業当初は町の嫌われ者の悪漢たちが「俺は牛肉を食った」と強がって、自慢のたねにするために食べにくるくらいで、店の前を通る人びとは肉の臭いをかがないように、鼻をおさえて駆けだしたという。明治政府が成立し、国策として西洋文明を積極的に導入しはじめると、東京、横浜、大阪、京都、神戸などの都市には牛鍋屋がつぎつぎ開業するようになり、牛鍋を食べることが都市民の流行になった。

明治四〜五(一九七一〜七二)年、東京における牛鍋屋を舞台にした滑稽小説である『安愚楽鍋《あぐらなべ》』が出版され、そのなかで作者の仮名垣魯文《かながきろぶん》は、登場人物につぎのような意味の発言をさせている。

「もし、あなた。牛肉は実においしいですね。牛肉を食べることができるようになったら、シカの肉やイノシシの肉は、まずくて食べられませんね。現在では牛肉をもっぱら食べている西洋でも、古代には牛肉や羊の肉を食べられるのは王様や大臣にかぎられ、一般の民衆の口には入らなかったのです。だんだん、わが国も文明化して、われわれ民衆が牛肉を食べられるようになったのは、実にありがたいことです。それを、あたらしい文明を拒否する連中が、いまだもって牛肉を食べることは野蛮な風習だとして、肉食をすれば、仏や神道の神にたいして申し訳ない、肉食をした者は穢れるなどと、理解しがたい、ばかげたことをいうのは西洋文明を知らないからです」

図11 『安愚楽鍋』挿絵の牛鍋を食べる洋装の男

すなわち、肉を食べることは、あたらしい文明に同化することへの象徴であり、肉食を拒否する者は保守的な国粋主義者とされた。明治初期の民衆は、胃袋から文明をとりいれたのである(図11)。

明治一〇(一八七七)年の東京には、牛鍋屋と牛肉を販売する店とをあわせて、五五八軒の牛肉をとりあつかう店があったという。簡単な料理法なので、この頃から大都市では、肉を買ってきて家庭で牛鍋をつくることが普及しはじめ、牛肉の代用品として値段の安い馬肉を、おなじような料理法で食べることもはじまった。これを東京では「さくら鍋(桜鍋)」という。

やがて、牛鍋は大都市から地方都市に伝えられる。都市民にとっては、牛肉はあたらしい食料であると割りきることができるが、牛馬を耕作用の役畜として使用し、一頭ずつに名前をつけ、家族の一員のようにあつかっていた農村部では、ウシを殺して食べることには心理的抵抗感があった。また、農民のほうが獣肉を食べることをケガレとみなす伝統的観念がつよく、農村における肉食の浸透はおくれた。農村で肉食がはじまった頃には、屋内で食べずに屋外で料理をしたり、牛鍋を料理するまえに神棚や仏壇に紙を貼って、牛肉の臭いで神仏が穢れないような配慮もおこなわれた。

旧約聖書に「子ヤギを、その母の乳で煮てはいけない」とあることにもとづいて、ユダヤ教徒が肉を料理する鍋と、乳を料理する鍋を別にするように、肉料理専用の鍋をさだめ、肉食によるケガレが伝染しないように、その鍋では他の日常の料理をしない家庭もあった。農具のスキ(鋤)の金属部分をとりはずして、火にかけて魚や豆腐を焼くことは江戸時代にもおこなわれたが、関西では日常料理の鍋が獣肉のケガレに汚染されないように、牛肉はスキの金属部分で料理したので、「スキヤキ(鋤焼き)」という名称になったという。

二〇世紀はじめには、肉食に抵抗をしめした人びとは老人となり、若い世代によって牛鍋は全国的にひろまり、日常の食事よりも上等なご馳走とみなされた。大阪、京都、神戸などの関西では牛鍋をスキヤキとよび、東京を中心とする東日本の牛鍋とは料理法も多少ことなり、食べるときには溶いた生卵につける。一九二〇年代には、東京でもスキヤキという名称が一般的になり、スキヤキは国民料理となった。

食肉用のブタの本格的飼育は、明治二年に政府が外国種のブタを輸入し、国内で繁殖を試みたことからはじまる。料理店や旅館の残飯を飼料とする飼育法であったために、ブタの飼養は大都市の周辺地域からはじまった。豚肉は安価で、牛肉の代用品として、日清戦争、日露戦争で牛肉が不足したときに消費が増大した。牛肉の代わりにスキヤキにするといった利用法ではなく、豚肉独自の料理がなされるようになるのは、大正時代、トンカツと、豚肉を使う中国料理が普及するようになってからである。

羊肉は臭いがあるといって敬遠され、ヤギを食用にするのは沖縄に限られた。アヒルを家畜として飼養するのもまれであった。したがって二〇世紀前半に日本人が食用とした主要な肉は、牛肉、豚肉、鶏肉の三種類であった。ほかには鉄道の開通以前は、物資の輸送に水路が使えない木曽路での木曽駒《きそこま》の飼養がさかんであった長野県、北九州の炭坑で使用するウマを供給していた熊本県と、ほかの肉が買えない都市の下層民が馬肉を食べることがあった。肉食が再開してから七〇年近く経過した昭和九〜一三(一九三四〜三八)年の間の統計の平均値によると、国民一人一日あたりの食肉消費量は六・一gで、そのうち牛肉は二・二g、豚肉は一・九gであった。肉を食べることが普及したとはいえ、その消費量は微々たるものであった。民衆にとっていちばん親しみのある料理法である、スキヤキの肉の量に換算したら、一カ月に一度くらいしか食べていなかったことになる(6)。

(1) 小山田与清『松屋筆記』一七九頁、国書刊行会、一九〇八年
(2) 財団法人伊藤記念財団『日本食肉文化史』一七六〜一八三頁、財団法人伊藤記念財団、一九九一年
(3) 福沢諭吉『福翁自伝』六三〜六四頁、岩波文庫、一九七八年
(4) 文献(2)二二八〜二二九頁
(5) 宮崎昭『食卓を変えた肉食』四五〜四六頁、日本経済評論社、一九八七年
(6) 文献(5)七二〜七七頁

3　乳と乳製品

飲用からはじまる　横浜の外国人居留地で、オランダ人経営の外国人を顧客とする牛乳店で働いた経験のある日本人が、文久三（一八六三）年、日本人に飲用牛乳を売る店を開業した。これが、近代における乳業のはじまりである。この人物は東京にも牛乳店をつくったが、牛馬会社の設立のさいに迎えられて、西欧の搾乳技術を教えた。この会社の存続期間は短かったが、ここで搾乳技術を習得した人びとが牛馬会社の解散後、あいついで牛乳店を開業し、その後の一〇年間に地方都市にも牛乳店が開業するようになる(1)。

牛馬会社の宣伝文には、ナショナリズムに関連させながら、牛乳や乳製品が薬効をもつことを啓蒙する、つぎのような意味の文章が書かれている。

「わが社は、近頃牛乳の利用法を社会にひろめることを目的として、チーズ、バター、パウダー・ミルク、コンデンスド・ミルクなどを製造している。そもそも牛乳の効能は、牛肉よりも、さらにいちじるしい。熱病、肺結核の患者や、身体のよわい者にとって、牛乳は欠かすことのできないすばらしいものであって、すべての病気に効果をしめす薬品であるといってもよい。病気のさいにもちいるばかりではなく、西洋諸国では、日常の食事に牛乳を飲み、わが国の料理に鰹節をもちいるように、チーズやバターを利用している。牛乳をもちいて、長生きをし、身体の健康をたもち、精神活動を活発にし、日本人の名を辱めないようにしよう」

この頃の牛乳は、都市のなかや都市近郊でウシを飼い、搾った乳を鉄製の缶に入れ、顧客の家を訪れて、杓子《しゃくし》で計り売りをする販売形態であった。欧米で牛乳の低温加熱殺菌法が普及するのは一八九〇年前後であるが、日本でもこれをいちはやくとりいれ、二〇世紀初頭には蒸気殺菌して、ガラス瓶に入れた牛乳を配達するのが一般的になった。

牛乳が販売されるようになって、まず恩恵をこうむったのは、乳の出のわるい母親たちであった。牛乳店のない地方では、輸入品のコンデンスド・ミルクの缶が売られるようになったが、その広告には「乳母《うば》いらず」というキャッチ・フレーズが使用された。以後、育児用以外の用途としては、牛乳はもっぱら病人や虚弱体質の者の飲みものとみなされてきた。民衆が日常的に牛乳を飲むことが一般化したのは、一九五〇年代になってからのことである。

第二次大戦以前の日本の近代乳業は、飲用牛乳から出発し、コンデンスド・ミルクの製造、一九二〇年代の粉ミルクの普及という発展の道筋をたどったが、それはすべて飲用としての乳利用であった。食用として乳製品の製造もおこなわれたが、アイスクリームをのぞいては、まったくふるわなかった。

欧米人は納豆、味噌など日本のダイズ発酵食品の臭いを嫌うが、日本人はいままでの食生活にない発酵した乳製品の臭いに不快感をいだく傾向があった。かつて、西洋料理や、欧米文化にかぶれた人を「バター臭い」と表現したが、日本人にとって「バター臭い」は、どちらかといえば悪臭とみなされた。一九三〇年代になって国産のバターが本格的に製造されるようになるまでは、日本で使用されるバターは輸入品がほとんどで、長い航海のあいだに変質して悪臭のするものもあったようだ。

朝食にパンを食べる家庭がおおくなった一九七〇年前後になって、国産のバターとチーズの生産量が急激に増大する。しかし、日本人が好むのはくせのないプロセスド・チーズであり、一九八〇年代になるまで個性的な臭いのするナチュラル・チーズは一部の人びとが嗜好するにとどまっていた。

乳や乳製品を利用しはじめて一世紀以上経過しても、酪農の歴史的伝統をもつ諸国にくらべたら、日本の消費量は大変すくないのである。それも、飲用牛乳や最近消費がのびているヨーグルトや乳酸飲料、アイスクリームでの消費と、飲みもの、デザートとしての利用がおおい。

(1) 足立達『牛乳——生乳から乳製品まで』二一九〜二二二頁、柴田書店、一九八〇年

4 外来料理の受容

日本的洋食の成立　牛鍋とその発展形態であるスキヤキは高級料理ではなく、民衆の側が伝統的な料理システムに牛肉というあたらしい素材をとりいれてつくった料理である。

しかし、肉食の復活と、欧米の食品や料理の導入といった外部からの文明の挑戦にたいして、伝統的な日本料理は積極的な応答をしなかった。すなわち、高級料理を提供する料亭では、肉を使用した料理を考案したり、欧米の料理の技術をとりいれて、伝統的な日本料理のシステムを再編成することに興味をしめさなかったのである。高級料理店は伝統的素材と技術を変化させることをきらい、江戸時代末期に完成されたシステムをそのまま固定化し、みずからを化石化することによって、伝統的なシステムをまもる方向にむかったのである。

したがって、伝統に欠如する肉や油脂を使用した料理を食べさせる場として、西洋料理のレストラ

ンという、あたらしい外食施設が成立した。初期の西洋料理のレストランや、ホテルの食堂は、非常に高価で、ひとにぎりの上流階級を顧客とするものであった。一八八〇年代後半になると、ホテルやレストランで西洋料理を習った日本人コックたちが、「洋食屋」という都市の民衆を対象とする西洋料理店を開業しはじめ、一九〇〇年前後には東京の洋食屋は一五〇〇～一六〇〇軒に達した。(1)

洋食屋で提供されたのは、日本人の嗜好にあわせて変形された西洋料理である。洋食屋で料理と一緒にパンを注文する客はまれであり、西洋皿にのせた日本式に炊いた米飯を食べるのが普通であった。米飯の味にあうように醤油をベースとした和風ソースが工夫され、おおくの場合どんな料理にもウスターソースがかけられた。醤油を万能調味料として、なんにでもかけて食べる習慣がある日本人は、ウスターソースを「欧米の醤油」としてうけとったのであり、国産のウスターソースには原料のひとつとして醤油が使用されていた。油で加熱する料理では、カツレツなど本来は油で焼きつける(pan frying)料理も、洋食屋ではテンプラの手法で揚げる(deep frying)料理に変形され、トンカツとなった。

洋食屋でオードブルから、デザートまでのコースを注文する客はめったにないので、そのような献立は用意していない店が一般的で、客はア・ラ・カルトの献立から一、二品を選択した。食事のさいワインを供する店はほとんどなく、ビールか日本酒が普通であった。

このような洋食店での主要な料理は、「ライスカレー」(カレーライスを当時こうよんだ)、ハーシュド・ビーフを飯にかけた、日本で成立した西洋風料理である「ハヤシライス」、チキンをもちいたピラフの日本的変形で、飯をトマトケチャップで炒めた「チキンライス」、「オムレツ」、また「ビフテキ」とよばれたビーフステーキや、ポーク・カツレツの日本版である「トンカツ」、「コロッケ」、魚やエビの「フライ」などである。

ライスカレー　このような洋食屋で変形された西洋起源の料理が、都市の家庭の台所でもつくられるようになる。外食でも、家庭でつくる西洋料理としても、いちばん人気があったのがライスカレーである。日本に伝えられたカレー料理はインドから直接伝播したのではなく、イギリスで考案された既製品のカレー・パウダーを使用するアングロ・インディアン料理として成立したものである。

西欧文明が英語を媒介として日本に伝えられ、来日した宣教師はイギリス人、アメリカ人がおおく、ミッショナリー・スクールで日本語に翻訳された西洋料理のつくりかたのテキストが西洋料理の普及におおきな役割をはたしたなどの理由もあり、明治時代の西洋料理には英国系のものがおおい。英国を経由して日本にやってきたカレー料理は、西洋料理とみなされたのである。

洋食屋でつくるカレーにはコムギ粉を炒めてつくったルーが使用されて西洋料理のカレーソースにちかいものだったが、家庭ではルーをつくるのを省略して、牛肉あるいは豚肉とジャガイモ、ニンジンなどの野菜を煮たものに塩とカレー粉をいれ、炒めない水溶きのコムギ粉を加えて、とろみをつけたものだった。このカレーソースを米飯のうえにかけたものに、ウスターソースをかけ、福神漬けを添えて食べるようになった。

香辛料の使用がまれな日本料理になれた人びとにとって、さまざまな香辛料がミックスされたカレー粉の複雑な香りはエキゾチズムをそそるものであり、栄養のシンボルである肉と、日常の食べものである米飯が結合した料理なので、「いちばん好きな西洋料理」の地位を占めるようになったのである。

一九一〇年代になると麺類店で、伝統的な麺類に肉とカレー粉を入れたスープをかけて供する「カレーそば」、「カレーうどん」を売るようになった。トンカツとカレーライスが合体した「カツカレー」も出現した。その後もさまざまな日本的変形をとげて、いまやカレーはインドの味とも、西洋の味ともちがう日本の国民料理とでもいうべきものになっている。カレー粉に使用するターメリックの消費量は、インドについで、日本が世界第二位である。

中国料理店の普及　隣国であるにもかかわらず、開国後の半世紀以上のあいだ、中国料理は普及しなかった。一九一〇年代になってから、大都市で中国料理店が流行るようになった。日本に居住した華僑は、米飯を主食とする中国南部の広東系、福建系の人びとがおおく、その人びとが営業する料理屋が、日本人の嗜好にあう料理を安価で提供した。気軽に箸で食べることができる食事形態でもあり、いったんその味を知ると急速に中国料理が普及した。

大正一二（一九二三）年の東京市とその周辺には、洋食屋を主とする西洋料理店が約五〇〇〇軒、中国料理屋が約一〇〇〇軒に達した。洋食屋がそうであるのとおなじように、これらの中国料理屋で働く料理人たちの大部分は日本人であった。したがって、横浜、神戸などの中華街で、中国人の料理人が中国人の顧客を相手につくるものとはことなる、日本的に変形された中国料理が形成された。

もっとも人気のあった中国料理は、「シナソバ」とよばれた豚肉や鶏ガラのスープを使用し、焼いて煮た豚肉の薄切りなどをのせ、コショウをふって食べる中国起源の麺料理であった。中国料理屋で食べられるばかりではなく、一九一〇年代の終わり頃から、大都市では夜食のシナソバの行商がさかんになったが、それはソバやウドンといった伝統的な麺類が、夜食用に行商で売られたという習慣のうえにのったものである。

このシナソバにもちいられる麺そのもの、スープ、うえにのせる具、味にいたるまで、すべて日本的変形をとげたものである。たとえば、具には、豚肉（チャーシュー）、支那竹（メンマ）と鳴門巻の薄切りをのせ、薬味にはネギを刻んでのせるのが定番だが、鳴門巻と刻みネギは、ソバ、ウドンからシナソバに引越ししてきたものである。シナソバ専用の丼も日本独自のものが使用され、中国でシナソバとおなじ料理をみつけることはできない。第二次世界大戦後、シナソバはさらに変化をとげ、一時は「中華ソバ」、現在は「ラーメン」とよばれ、日本の国民料理となっている。

西洋、中国起源の料理は、伝統的な日本料理に欠如していた肉、油脂、香辛料を使用する食べものとしてうけいれられてきた。近代栄養学の知識の普及とともに、肉を利用する西洋料理と中国料理は栄養によい料理とされるようになり、一九二〇年代になると、婦人雑誌に家庭でつくる西洋料理や中国料理の記事がおおく掲載された。一九三〇年代にはラジオ放送や新聞で、栄養のある料理の紹介がさかんになった。このように、マス・メディアが外来料理と栄養思想の普及にはたした役割はおおきい。

日本人に好まれるようになった外来の料理は、都市の民衆の外食から普及し、つぎの段階として家庭でつくられるようになるが、普及の過程で日本的な変形をとげる。母国での食事のコースから離脱し、一品料理として選択され、食事のさい、ともに食べられる日本料理や米飯の味にあうように素材、料理技術の変形がなされ、食器や食べかたにまで日本の習慣が影響している。すなわち母国での食事の文化のコンテクストからはなれて、日本の食文化の文脈を構成する日本語化した外来の語彙としての位置を得ることによって、日常的な料理として定着したのである。

ただし、第二次大戦前の日本社会における外来料理の流行を、過大に評価するのは危険である。たしかに都市の外食としては、西洋料理と中国料理は普及したが、家庭の台所でつくられるまでに定着した料理の数はすくない。すくないレパートリーの外来料理がつくられたのは、大都市における中流以上の階層の家庭においてである。一九三〇年代、日本の人口の約五〇%が農民であった。都市民にくらべ自給自足経済への依存度合のたかい農民の日常の食事は、魚と野菜を主要な副食材料としており、肉を食べることはまれで、江戸時代の延長線上といえる伝統的な色彩の濃いものだったのである。

（1） 財団法人伊藤記念財団『日本食肉文化史』二四九〜二五〇頁、財団法人伊藤記念財団、一九九一年

5　勃興と没落の時代

震災後の変化　大正一二（一九二三）年に関東大震災がおこり、東京では一〇万人が死亡し、地震のあとにおこった大火災で家屋の七〇%が焼失した。それまで江戸時代から連続する建物や生活様式をのこしていた東京は、この災害から復興する過程で、あたらしい都市に生まれ変わり、この首都での変化は地方に波及していった。

大震災後の都市の食生活で、目に見えて変化したのが外食である。それまでは、ソバ屋などでは履き物を脱いであがり、タタミのうえに座って食べたが、震災後に復興した店ではイスに腰かけ、テーブルで食べるようになる。

家庭の台所も変化した。この地震の経験により、炭火や薪ではなく都市ガスを熱源としたほうが、火災をおこす危険性がすくないと考えられるようになり、都市ガスが急速に普及し、あわせて都市の家庭では水道を利用するのが一般的になった。それまでの台所は、室内の空間から一段低い土間に流

し台とカマド（竈）を設けて、かがみこんで作業をする型式がおおかったが、室内に台所をつくり、そこに立って作業ができるガスコンロと水道の流し台をしつらえたものに変化したのである。氷塊をいれて冷やす冷蔵庫も台所に置かれるようになった。

この頃から都市では、従来の一人前ずつに盛りわけられた、ちいさな膳での食事から、「チャブ台」という脚が折りたためる四～五人用の小型の円卓で食事をすることが一般的になる。大家族がおおい農村にたいして、給与生活者の比率がおおい都市の住民は、核家族の家族形態が普通になり、この少人数で構成される家族が同一の食卓をかこんで食事をするようになったのである（二一九～二二五頁参照）。

料理や栄養に関する知識の普及活動がさかんになるのも、この頃のことである。明治一五（一八八二）年、日本で最初の家庭料理を教える学校（赤堀割烹教場）が開設されたが、それは上流家庭の子女を対象としたものであり、民衆の日常の料理とはあまり縁がなかった。一九二〇年代になると、婦人会、女学校、新聞社などが料理講習会をしばしば開くようになるし、ラジオで料理のつくりかたの番組が放送されるようになる。国立の栄養研究所の作成した「経済栄養献立」が主要な新聞に毎日掲載されるなど、料理や栄養に関する情報がマスコミでとりあげられるようになったのである。都市の中流以上の家庭を読者対象とする婦人雑誌には、家庭で簡単にできる洋食のつくりかたの特集記事がさかんに掲載された。すなわち、外来の料理をとりいれた、現在の家庭で日常的な献立の原型が、すでにあらわれていたのである。

近代的食品産業が成長するのも、この時期のことである。鉄道、道路網が発達することによって、大規模な食品の流通が可能となり、全国を市場とする食品の工業化がはじまったのは、一九世紀末から二〇世紀初頭にかけてのことであった。製粉業、製糖業、ビール醸造業がそのさきがけをなし、ついで、缶詰、清酒、醬油の工業的生産がはじまった。それまで樽詰めであった清酒や醬油は、工業化され、瓶詰めの商品として売られるようになる。生産地の周辺を市場としていた食品が、瓶詰めの製品となると、遠隔地にまで流通し、全国ブランドの有名商品となった。このような例として、兵庫県の灘と京都市の伏見の清酒、千葉県の野田・銚子で生産される醬油があげられる。

欧米から製法が伝わったキャンディやチョコレート類、ビールやウイスキーなどのアルコール飲料、レモネードのような清涼飲料水などは、小規模の手作り製品としてではなく、工場生産による産業化した製品として生産されるようになって、全国に普及したのである。

一九二〇年代の都市の市民のあいだには、コーヒー、紅茶、ミルク、レモネード、ビール、ウイスキー、アイスクリーム、ビスケット、洋風のケーキやキャンディなどのあたらしい飲みものや嗜好食品が定着しはじめていた。

その普及には、市民の社交場として登場した、あたらしい飲食施設が影響力をもっていた。明治三二(一八九九)年に最初の喫茶店が東京にできるが、「大正デモクラシー」の時代には都市に喫茶店がおく出現し、そこでコーヒーや紅茶のカップをまえに時を過ごすことが一部の市民の日課となる。「ミルクホール」というミルクを飲ませて、安いケーキを食べさせ、新聞や雑誌を備え付けた店は学生のあいだに人気があった。コーヒーを家庭で飲むことはすくなかったが、緑茶とおなじように入れることができる紅茶は家庭でも飲まれた。その頃、植民地の台湾から輸入する紅茶と砂糖が出まわったからでもある。明治三二年には最初のビアホールが東京で開店した。一九二〇年代には「カフェー」とよばれる、ウエイトレスがサービスをし、ビール、ウイスキー、カクテルなどの洋風の酒を飲ませる酒場が流行するようになった。
このような大都市の中産階級を中心にしてひろまったあたらしい風俗は、全国民のあいだに普及・定着するまえの段階で挫折してしまう。

戦争の時代　一九三〇年にはじまる経済的不況をいちばん深刻にこうむったのが、都市のサラリーマン世帯などの、あたらしい風俗のにない手であった。ついで、日本は戦争の時代に突入し、中国への侵略戦争が拡大するにつれて、軍事産業が優先する国策のために生活関連の産業は縮小し、生活水準は低下して、食料事情は悪化の一路をたどることになる。

戦時下の経済体制のもとで、「ぜいたくは敵だ」というスローガンが強調され、飲食を享楽することは悪とみなす風潮がつよまるのである。昭和一四(一九三九)年には、毎月一日が、戦場にある兵士の苦労をしのんで質素な生活をおくるべき「興亜《こうあ》奉公日《ほうこうび》」に制定されて、待合、酒場、料理店などで酒を売ることが禁止され、事実上休業をよぎなくされる日となった。この日には一汁一菜の粗食が奨励された。サラリーマンや学童の弁当には「日の丸弁当」が奨励されたが、それは長方形の弁当箱の白色の飯の中央に、唯一の副食物である梅干しをおいた形が、日本の国旗のデザインとおなじであることから命名された。だがこれは、栄養学的バランスからみると、ナンセンスな食事である。すなわち、政府はもはや国民の栄養は無視し、精神主義にもとづく食事を強要したのである。太平洋戦争がはじまった昭和一六(一九四一)年には、食料は政府の配給制度のもとにおかれ、米その他の主食となる穀類は一定量しか購入できなくなり、外食券を提出しなければ外食ができないようになった。

戦争が激化するにつれ、連合軍による海上封鎖で海外からの食料の供給はとだえ、国内の農業生産は働き手が徴兵されたり軍需工場に徴用されたりして低下し、深刻な食料不足がもたらされた。料理するための食料が手に入らないので外食店はほとんど壊滅し、さらに政府による食料の配給のみでは、生存のための最低限の水準も維持できなくなった。空き地に家庭菜園をつくるなど、都市の住民も食料の自給自足をよぎなくされた。家庭菜園にいちばんよく植えられたのは、効率のよい作物であるサツマイモであった。また戦争末期には米の配給はほとんどなくなり、サツマイモの配給がおおかった。江戸時代に導入され、人口増加をもたらした作物であるサツマイモが、この時期、ふたたび活躍したのである。

昭和二〇(一九四五)年に日本は降伏した。食料危機を救うためにアメリカの占領軍は大量のコムギ粉と脱脂粉乳(スキムミルク)を輸入した。日本政府は、それを学校給食用に使用し、パンとミルクが学童のランチとされた。そのことが、のちに家庭の朝食にパンが普及する素地をつくったのである。敗戦後も数年間つづいた食料難の時期には、なによりもさきに食料の増産が国策として優先された。米の生産量が一九三〇年代の水準に回復したのは一九五五年のことである。

6　あたらしい食事の様式

米とパン　一九五〇年代の後半から、日本経済は急速に成長した。国民所得が増大するにつれて、食事の水準が向上した。それは消費される食料の量的な増大だけではなく、質的な変化をともなうものであった。経済成長によって、食料難以前の水準への食料の量的回復が実現したときにわかったのは、日本人が過去の食事パターンに回帰するのではなく、あたらしい様式を志向しつつあるということであった。その変化を食料消費の面から検討してみよう。

敗戦後の食料増産の政策が実を結び、昭和三七(一九六二)年には、米の一人一年あたりの消費量が一七一kgに達したが、これは日本で稲作が開始されたとき以来、最高の消費量である。もはや米の不足をおぎなうために麦飯を食べる者はなくなり、麦飯を食べる人がいたら、それは健康によい食事という理由で食べているのである。その後、米の消費量は減少の一路をたどり、昭和六一(一九八六)年には七一kgにまでおちこんだ。それにともない農業人口の減少が顕著となり、一九九〇年代になると、農家は総世帯数の一〇%程度に低下した。

現在日本で消費される主要な農産物のなかで、自給がほぼ可能なのは米、葉菜、鶏卵くらいであり、他の食料については、工業製品の輸出による利益で外国から輸入したものの比率が年々増大している。

米の消費量の減少は、パンが米飯にとって変わったからと説明されることがあるが、パンを過大評価すると問題をみまちがえるおそれがある。一九九〇年代前半において、朝食にパンを食べる習慣をもつ成人人口は約三〇%であった。パンは、朝食の食べものとしては定着したが、昼食、晩食に食べる者はまれである。通勤、通学で朝が忙しい都市型の生活様式が全国に普及し、朝の炊事に時間をかけることがむずかしくなり、買ってきたパンで朝食をすますようになったのである。他のアジアの米食国でも、たとえばシンガポール、マニラなどの大都会では、通勤する中流のサラリーマン階層が朝食にパンを食べることが普通になってきた。米飯を炊くには時間がかかるので、手間のかからないパンが朝食に選択されるのである。

おかず食いになった日本人　パンが食べられるようになったから、米の消費量が減少したのではなく、食事に占める副食物の比率が増大し、容量に限りがある胃袋をおかずで満たすようになり、そのぶん主食の米の消費量が減ったのである。経済の向上は、食卓にならべられる副食物の種類を増やすことになった。かつて民衆の日常の晩食は、飯、汁、漬物と一〜二種類の副食料理から構成されていたが、現在では三種類以上の副食料理がならべられるようになったのである。

かつての食生活では、飯を何杯もおかわりして食べ、腹を満たした。飯にくらべて美味ではあるが、高価な副食料理を多種類食べることは、ぜいたくであり、貪欲なこととされていた。食事は身体を維持し、労働に必要なエネルギーを摂取するための手段であり、自動車にたとえれば、主食の飯はガソリンであり、副食料理はガソリンをうまく利用するためのオイルにすぎないので、少量あったらそれでよいという、享楽のための食事を否定する禁欲的な認識である。このような考え方が主流であった時代には、食卓に副食料理を多種類ならべるのは、一部の裕福な人びとをのぞくと、民衆の生活では祭などの非日常的な食事に限られていた。

一九六〇年代後半になると所得水準が平均化し、国民のあいだの極端な所得格差がなくなり、社会調査のさいの質問用紙に生活水準を上、中、下にわけて記入させると、九〇％の国民が中の欄に印を付ける豊かな社会になった。このような状況下で、楽しみのための食事がもとめられ、家庭の日常の食卓に多種類の副食物がならべられるようになったのである。

それにともなって、食事についやす時間も変化した。伝統的な日本の道徳規範では、食事に長時間かけるのはよくないことで、短時間で食事をすませて、そのぶんを勤労や勉学にまわすべきとされていた。一九六〇年代中頃までは、国民がウイークデイに一日三度の食卓にむかう時間の合計が平均七

○分であったものが、一九七〇年には九〇分となった。[1] これらのことは、主食中心の食事から副食料理中心の食事へ、禁欲型の食事から享楽型の食事への移行を意味する。

食生活の多様化　副食物の比重の増加によって顕在化したのは、外来の食品と料理法の採用による食生活の多様化であった。かつては、たまにしか食べられなかった洋食や中国料理が、家庭の日常の献立となったり、外食で日常的に食べられるようになったのである。昭和五六(一九八一)年に約五〇〇〇人を対象として、好きな料理をたずねる調査がおこなわれた。その結果のなかから、上位二〇位までの料理をあげてみよう。[2]

1位　すし	2位　刺身(生魚料理)	3位　すきやき	4位　漬け物
5位　うどん	6位　茶碗蒸し	7位　てんぷら	8位　サラダ
9位　焼き肉	10位　ラーメン	11位　エビフライ	12位　焼き魚
13位　おでん	14位　野菜炒め	15位　冷や奴	16位　カレーライス
17位　ビフテキ	18位　そば	19位　酢の物	20位　焼きそば

二〇品目のなかに、欧米起源の料理としてサラダ、エビフライ、カレーライス、ビフテキ、中国起源の料理ではラーメン、野菜炒め、焼きソバ、そして朝鮮半島起源の焼き肉というように、合計八品目の外国起源の料理がふくまれている。これらは、いずれも肉を使用した料理であるか、油脂を利用する料理であるという共通点をもっている。肉と油脂という伝統的な日本料理の体系に欠落していた

要素を補うものとして外来料理がとりいれられ、それが日本人の好物となったのである。

それにともない、伝統的な食品ではない、バター、マーガリン、サラダ油、ジャム、コーヒー、紅茶、ミルク、ハム、ソーセージ、ベーコン、コショウ、キューブ状や粉末状の洋風あるいは中華風のインスタントスープ、ウスターソース、トマトケチャップなどが、家庭の台所の必需品となった。

外来の料理がよく食べられるようになったからといって、伝統的な料理が駆逐されたわけではない。伝統的な食品や料理法は残しながら、それに外国起源のあらたな食品と料理法をつけ加えることによって、食事の献立を豊かにしたのである。肉をよく食べるようになっても、魚を食べなくなったわけではない。第二次大戦以前の水準よりも、現在のほうがずっと大量の魚を消費しているのである。

(1) NHK世論調査部(編)『図説 日本人の生活時間 一九八五』一二頁、日本放送出版協会、一九八六年

(2) NHK放送世論調査所(編)『データブック 日本人の好きなもの』一一〜一三頁、日本放送出版協会、一九八四年

7 外来料理受容のモデル

食事の無国籍化? 現代の日本の家庭の台所には、ステンレススチールやホウロウ引きのガスレンジと流し台、電子オーブン、トースターが配列され、一見したところ欧米の台所とおなじようにみえる。欧米の調理用具であるフライパン、中国料理の鍋である中華鍋も台所の必需品と化し、ナイフ、

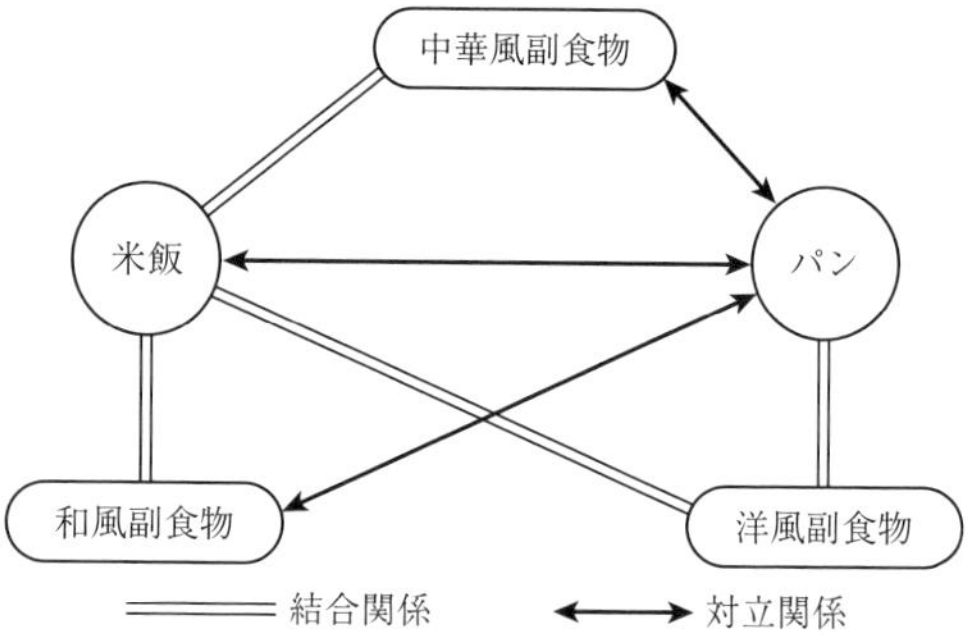

図12　主食と副食の結合関係をしめすモデル
（『食の文化地理』p. 153より）

フォーク、スプーン、西洋皿などの洋風の食器やラーメンの丼も大部分の家庭には置かれている。

約七〇％の家庭が、ダイニング・テーブルとイスを使用して食事をするようになった。その食事の献立に欧米起源や中国・朝鮮半島起源の料理が、伝統的な和食と一緒にならべられることは、すでに述べたとおりである。このような現代日本人の食卓を「無国籍化した食事」、あるいは「洋風化した食事」とみなすことが一般的な風潮であるが、はたしてそうであろうか？

この疑問に答えるために、わたしの調査の結果を紹介してみよう。それは、一九七二年におこなったもので、五〇世帯が一週間に食べたすべての食べものを調査表に記入してもらい、その結果を数量的に分析するとともに、インタビューをあわせておこない、外国起源の料理と日本料理の関係についていだく人びとの観念をさぐったものである。ずいぶん以前の調査であり、調査例数もすくないが、その結果にもとづいて作成した図12にしめしたモデルについては、修正をほどこす必要はなく、現在でも通用するものである。

このモデルは分析結果を単純化してしめしたものである。間食や菓子、飲みものについては省略し、食事における米飯とパンに代表される「主食」と、「和風」、「洋風」、「中華風」の副食料理との結合関係をしめしたものである。(1)

主食と副食　食事は主食と副食の二つのカテゴリーから構成されるとする伝統的な観念は、現在でも強固に生きている。スシ、麺類、サンドイッチ、ハンバーガーなど、主食と副食があわさった食べもので食事をするとき以外は、被調査者たちは、かならず米飯かパンの主食と副食物から構成される食事をとっていることが確かめられた。パンは欧米起源の主食であると認識されているのである。

ヨーロッパの食事なら、肉料理の付け合わせにバター・ライスとパンが一緒に食べられることもある。アメリカ合衆国のなかで米食がいちばん普及したハワイでは、レストランの食事に米飯とパンの両方が供される。しかし、日本人の観念では、一度の食事に供される主食は一種類であるべきだとされる。調査結果でも、一度の食事に米飯とパンの両方を食べることはないことが証明されている。パンを食べたら飯を食べない、飯を食べるときにはパンを食べないのである。すなわち、米飯とパンは対立関係にある食べものとしてうけとられているのだ。そうしてみると、食事を「米飯主食の系列」と、「パン主食の系列」の二つのカテゴリーに分類することができる。

パン主食の系列　パンを食べたときの献立を調べてみると、パンと結合関係をもつ副食は洋風にかぎられ、和風、中華風の副食とは対立関係にあることが確かめられた。すでに指摘したように、家庭の食事でパンが食べられるのは朝食のときであり、そのとき一緒に食べるのはハムエッグ、サラダ、チーズ、バター、ジャムなどの洋風の料理や食品であり、それにともなう飲みものもコーヒー、紅茶、フルーツジュース、ミルクで、日本人が欧米起源の飲料と認識するものにかぎられる。

和風や中華風の副食物と一緒に、朝食にパンを食べる事例がまれにあるが、それは前の晩のあまりものである。パンにともなう飲みものとして、緑茶が飲まれることはない。

家庭においては、朝食以外でパンの出てくる食事はきわめてまれで、昼食、晩食でパンを食べるのは、レストランでの外食をしたときであり、そのときは洋風の料理で統一された献立である。すなわち、パンを主食とする食事は洋風の献立で完結し、和風や中華風をうけつけない、クローズド・システムとなっている。これは、パンの食事が日本的変形をとげずに、外来の食事としての性格を強く保っていることを物語る。

米飯主食の系列

米飯の系列においては、食事のあとの飲みものとして緑茶が供されるということだけが原則であり、副食物は和風、洋風、中華風のいずれとも自由な組み合わせがみられる。たとえば、和風料理の刺身に、洋風の副食物であるオムレツ、中国起源の副食物である野菜炒めと、米飯と味噌汁から構成される献立では、和洋中三通りのおかずが供されるが、このような食事はとりたてて珍しいものではない。

注目すべき点は、中国料理だけで統一された献立は、中国料理店での外食のさいにだけあらわれ、家庭での食事にはみられないことである。調査事例で、家庭での食事で中華風のおかずが二種類あったとしても、もう一種類が和風か洋風であったりする。パンの食事が洋風系列で完結するように、中華風だけで完結するクローズド・システムとしての中華風系列というものは、調査対象となった家庭の献立にはあらわれなかった。このことは、おなじく米飯を主食とし、箸を使用して食べる中華風の料理は日本人にとって親近感があり、洋風のように外来の料理としての性格を強調されずに、現代の家庭料理に溶けこんでいることを意味する。家庭でもよく食べられるようになった朝鮮・韓国料理起源の焼き肉やキムチも、図12の中華風副食物とおなじ位置にある。

こうしてみると、一見無国籍風、あるいは欧米化、中国化したようにみえる現在の日本人の家庭での食事の献立は、でたらめな組み合わせから成立しているのではなく、一定の要素相互間の規則的な組み合わせ、つまりパターンをもっているのである。そのことをしめす図12のモデルは、明治時代以来進行してきた、日本の家庭の献立にあらわれる文化変容の構造をしめすモデルである。

これから、朝食のパン以外では、外来の料理が家庭の日常の食事にとりいれられるためには、米食の副食物としての結合関係をもてるものであることが条件として読みとれる。ナイフやフォークを使用せず、米飯を食べるための箸でも食事が可能な料理や、特別なソースをつくらなくとも、いざとなれば醬油味で食べられる、あるいは欧米の醬油と日本人が認識する国産のウスターソースで食べることのできる料理など、日本的に変形された外来の料理が、米飯のおかずとして選択されているのである。

それは日本の家庭料理が洋風化、あるいは中国化したというよりも、欧米起源や中国起源の料理が、日本化したと考えるべきであろう。欧米や中国の食事の献立を目標として、それに限りなく近づく道筋をたどったのではなく、外来の要素をうけいれて日本的に変形することによって、伝統的な食事を再編成していったのが、二〇世紀における日本人の食事の変化のプロセスと考えられるのである。

酒との結合関係　ところで、伝統的な日本料理においては、酒の肴と飯のおかずは同質的なものであった。おなじ料理で飯を食べることも、酒を飲むこともなされたのである。そのため、図12の「米飯」、「パン」の位置に「酒」を置き換えることができる。日本酒が米飯の位置にあることはいうまでもない。現在では伝統的な和風料理のほかに、洋風や中華風の料理をつまみながら日本酒を飲むことは普通である。普及の時期が早いビール、一九六〇年代の後半から普及したウイスキーの水割りも米飯の位置にある。

ワインはながいあいだ、パンの位置にあり、洋風の料理とだけ結合関係をもち、和風、中華風とは対立関係をもつものであったが、一九八〇年代から家庭でのワインの飲用がなされるようになると、白ワインでテンプラを食べることがはじまった。日本食にあういくつかのタイプのワインは、将来は米飯の位置に移行する可能性をもっている。

(1) 石毛直道「食事パターンの考現学」日本生活学会(編)『生活学』第一冊、一六五～一八〇頁、ドメス出版、一九七五年、石毛直道『食の文化地理――舌のフィールドワーク』一三九～一五四頁、朝日新聞社、一九九五年

第二部

日本人の食の文化

イントロダクション

日本の食文化の歴史を描いたのが、第一部であった。第二部では、食卓と食事作法、台所用品と料理技術、料理と飲みものなど、個別的、具体的な事柄をとりあげて、それらの事象の背後にある日本人の食文化について考えることとする。現代の日本で観察される事柄を話題としているが、その説明にあたっては、歴史的経緯にさかのぼって論じている。

「一、食卓で」の章では、配膳法や食事作法に焦点をあてて、日本の食文化に特徴的な献立の構成、食事の食べかた、料理の盛りつけにみられる美学についての検討をおこなっている。

「二、台所で」の章では、過去一世紀における台所および調理器具の変化と、日本料理の調理技術について述べている。

「三、外食、料理、飲みもの」の章は、現在の日本の都市における外食店や、外国でも知られている刺身、スシ、スキヤキ、テンプラなどの料理、茶や茶菓子、酒について論じている。現代の日本人にとって身近な事柄でも、その歴史や文化的背景についてはあまり知られていないため、ここに収録することにした。

一　食卓で

1　飯・酒・茶〜食事の構造

主食と副食　狭義での「飯《めし》＝ご飯」は米飯を意味するが、広義では食事を意味する。家庭で食事が用意できたとき「ご飯ですよ」とよびかけるし、ビジネスマンが「飯を食いながら話そう」というさいには、食事をしながら、あるいは酒を飲みながら商談をすることを意味する。

食事は、主食である「飯」と、副食料理である「おかず」の二つのカテゴリーから構成されるという概念は、東アジア、東南アジアの稲作圏に共通である。そこでは主食を代表する米飯をしめすことばが、食事の同義語として使用されることがおおい。

標準中国語では、「食事をする」ことを「吃飯（チーファン）」と表現する。副食物である菜（ツァイ）と対置したときは、飯（ファン）は主食をしめし、中国の稲作地帯では飯といえば米飯である。

タイでは、食事は、米飯であるカオ（khao）と、「飯の添え物」という意味のガプカオ（gapkhao）という副食物の二つから構成されるとされる。食事をアハン（ahan）ともいうが、一般には米飯をあらわすカオ（khao）がその同義語として使用され、直訳すれば「米飯を食べる」という意味の「キン・カオ（kin khao）」が「食事をする」という意味をもつ。

オーストロネシア語族であるジャワ語とスマトラのミナンカバウ語でも、これはおなじであり、ミナンカバウ語で主食をあらわすナシ(nasi)は「米飯」ということばでもある。おなじような例が、朝鮮＝韓国語や東南アジアの主要な言語でも、言語系統の別をこえて認められる。

このように、食事は主食と副食の二つのカテゴリーから構成されるという観念が、東アジア、東南アジアに共通し、米食圏では米飯を食べることが食事であるとされるのである。(1) ヨーロッパ系の言語では、主食、副食にあたる概念はなさそうである。パンは、食卓にならべられる食品のひとつにすぎない。

東南アジア、東アジアの米を常食とする地域とおなじように、日本で普通に食べる米飯は味つけをせずに炊いたものである。それにたいして、おかずは人工的に味や香りが加えられた料理である。

東アジア、東南アジアの米食圏では、日常の主食の米飯には味つけをしないので、味覚的に中立の食べものであり、どのような副食物にもあう食べものとみなされる。

日本の伝統的な食事に関する観念では、飯で腹を満たすべきで、おかずは食欲増進剤として少量食べればよいものであり、おかずばかり食べて飯をあまり食べないのは、いやしい食事のしかたであるとされた。飯を一口食べたら副食物の料理や汁を一口食べることを交互におこなうのが、ただしい食べかたとされ、おかずばかりを連続して食べるのは下品とされるのである。

過去の民衆の最低限の食事は、飯のほかには一汁一菜と漬物から構成されていた。飯と汁は、おかわりすることが許されたが、おかずは各自の皿や鉢に分配された少量のものであった。

民衆がご馳走を食べる機会である祭や行事のさいの食事には、なるべく多種類の副食物を膳にならべるよう努力がはらわれた。一種類の上等な料理を大量に食べることよりも、普段には食べる機会のない料理を、少量ずつ多種類を食べることが、ご馳走であるとされたのである。
副食物を「おかず」とよぶのは、宮中の女官たちの女房《にょうぼう》ことばで、副食物を数々とりあわせるという意味の「御数」に起源をもつという。

食事の順序　食事を食べる順序は、時代によって変化し、また、本膳料理、懐石料理といった食事の形式によってもことなっていた。

本膳料理では、まず料理とともに酒を飲み、最後に飯を供する。それにたいして、茶の湯にともなう茶懐石の料理の場合は、最初に飯を食べてから、つぎに配膳される料理とともに酒を飲むのである。酒と食事がおわってから、茶菓子と抹茶が供される。

現代におけるもっとも一般的な飲酒をともなう食事の順序を、図13にしめしておく[2]。

朝食では普通は酒を飲まないし、昼食時にアルコール飲料を飲むことも少ない。だが、晩食で日常的に酒やビールを飲む人口は増加している。このさい、酒を飲みながら飯を口にするのは、おかしなこととされ、飯を食べはじめたら、酒杯を手にしない。茶は酒と対立する飲みものとされ、酒を飲んでいるときには茶を飲まない。しかし、酒をたしなまない人は、食事中に茶を飲むことも許される。

飯と一緒に食べるのが、汁と漬物である。正式な宴席料理では、酒を飲んでいるあいだに吸い物が供され、それとは別に飯を食べるときにも、ふたたび汁が供される。

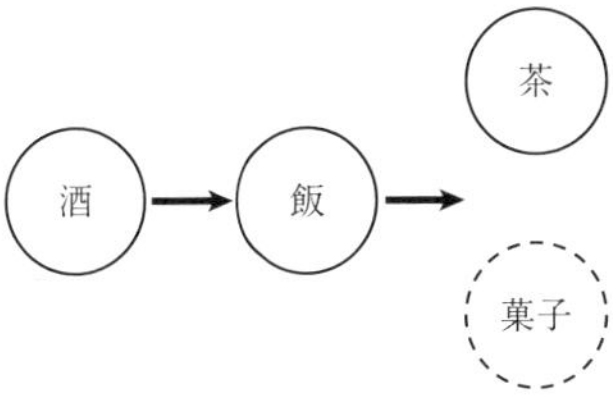

図13　現代における食事の順序
（『食の文化地理』p. 127より）

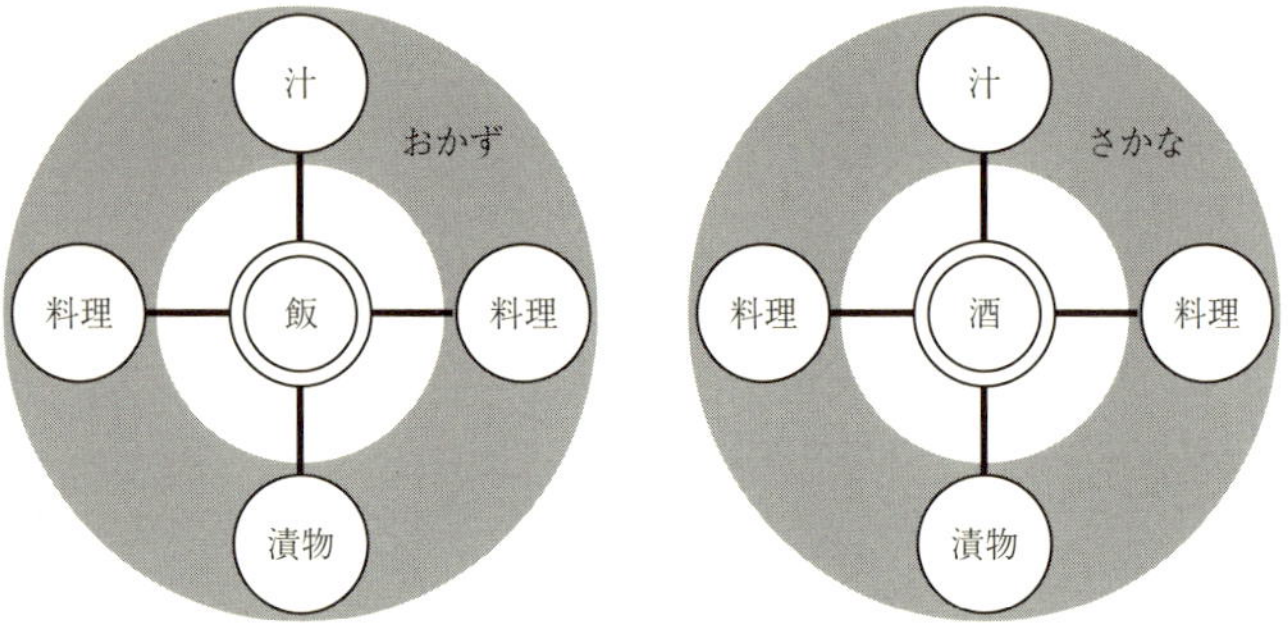

図 14　飯のおかず／酒のさかな（『食の文化地理』 p. 129 より）

飯を食べおわったら、茶を飲んで食事はおわりとなる。伝統的な宴会の献立では、食後に茶と一緒に果物や菓子がデザートとして供されることもあるが、家庭での日常の食事では、一般的にはデザートなしであった。かつての一般家庭では、果物や菓子は間食のさいに茶と一緒に食べるものとされ、食事にともなうものではなかった。しかし現在では、欧米の食事形式の影響で、デザートを食べる家庭が増加しつつある。

酒は、それだけを飲むのではなく、「つまみ」をそえるのが原則である。飯と一緒に食べられる副食物を「おかず」というのにたいして、酒を飲みながらつまむ副食物を「肴《さかな》」とよぶ。肴は魚とおなじ読みであるが、語源的には、酒にともなう副食物という意味の「酒菜」に起源することばである。

名称はちがっていても、飯の「おかず」と酒の「さかな」はおなじ料理である。主役が飯か酒かのちがいによって、刺身や焼き魚が「おかず」あるいは「さかな」というカテゴリーに分類される(図14)。それは、酒と飯を同時に口にすることはしないからである。

図15にしめしたように、酒と茶、酒と飯、酒と餅は対立関係にある食品であるとされる。酒と茶はどちらも飲みものであり、一

方は酩酊、他方は覚醒させるという逆の精神作用があるので、相反するとされるのは当然であろう。

酒と餅、酒と飯の場合は、液体と固形のちがいはあっても、いずれも米を原料とした飲食物であるため、同時に二種類の米製品を食べる必要はないという固定観念ができたようである。民衆が自家醸造したドブロクには米粒が混じっているため、大量に飲むと満腹になるので、二種類の主食を同時にとる必要はないとして、酒と飯、酒と餅を同時に食べなくなったとも考えられる。

餅は甘い食品と認識され、餅菓子が発達すると、その観念がますます強化されたであろう。酒を飲むときには塩辛い味つけの食べものがあうとされ、甘い食品は酒にはあわないとされた。そして、嗜好のちがいにより人を二分し、餅や菓子を好む者を「甘党」、酒を好む者を「辛党」とよぶようになった。一六～一七世紀には、このような嗜好のちがいが滑稽文学の題材となり、『酒茶論』、『酒飯論』、『酒餅論』といった作品が生まれた。

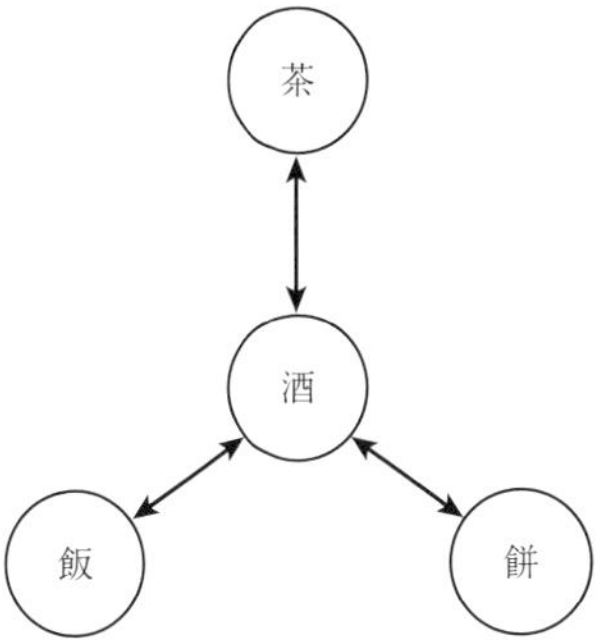

図15　酒と茶，飯，餅の関係
（『食の文化地理』p. 127 より）

（1）　石毛直道「稲作社会の食事文化」佐々木高明（編）『日本農耕文化の源流』四一二～四一三頁、日本放送出版協会、一九八三年

（2）　石毛直道『食の文化地理――舌のフィールドワーク』朝日新聞社、一九九五年

2　食卓〜膳からテーブルへ

銘々膳の食事　一六世紀後半に日本で活動したイエズス会の宣教師ルイス・フロイスは「われわれ（西欧人）の食卓は食物をならべる前から置いてある。彼ら（日本人）の食卓は食物を載せて台所から運ばれてくる」と述べている。[1]

伝統的な日本家屋には、食事専用の空間である食堂はない。膳をならべたら、どの部屋でも食事をすることができた。結婚式や葬式などの行事での会食のさいには、障子やフスマをとりはずし、家屋全体が食事の場として利用された。民衆の家庭では、土間の台所に隣接した「茶の間」とか「イロリの間」とよばれた部屋が食事の場であった。そこに膳がならべられたときだけ、一時的な食堂の役目をはたし、膳をとりかたづければ、作業場や寝室として利用されたのである。

図16は、喜田川守貞《きたがわもりさだ》が幕末の江戸、京都、大坂の風俗を記述した『守貞謾稿《もりさだまんこう》』にあらわれる膳の挿絵である。さまざまな型式があり、身分のちがいに応じて常用の膳の種類がことなっていたし、行事のさいは特別な膳を使用した。

守貞によれば、民間の婚礼のときには、新夫婦には、外側が黒塗りで内側が朱色の「蝶足膳《ちょうあしぜん》」（図16の④）をならべ、客には「宗和膳《そうわぜん》」（図16の③）をもちいたとされる。京坂では、正月にはかならず蝶足膳をもちいるが、平日に使用するのはまれとされる。江戸では、平日の朝食には蝶足膳をもちいるが、昼食、夕食には別の型式の膳が使用されるという。そして、「三つ足膳」（図16の⑥）の解説には、

「江戸市民平日専《もっぱ》ら之を用ひ、小民は三食とも此の類の略膳を用ひ、中以上昼飯夜食に之を用ひ、朝飯には蝶足を用ふ」と述べている。

「飯台《はんだい》」、あるいは「箱膳」は、漆塗りの立方体の箱形で、箱の部分に食器を格納するようにつくられている。食事のさい食器をとりだして、蓋を裏返して箱のうえに置くと方形の盆になり、そこに食器をならべることができる。また、食器格納用の引き出しのついた箱のうえに、方形の盆をとりつけた形態のものもある（図16の⑧）。江戸では武家の下男を折助《おりすけ》と俗称し、折助が飯台を使用することから「折助膳」とよんだそうだ。

図16　『守貞謾稿』挿絵の膳（『食卓文明論』p. 121より）

守貞によると、京都、大坂の市民は平日もっぱら飯台で食事をするとして、「之を用ひる者、毎食後に膳椀の類を洗はず、ただ月に四、五回之を洗ふ。その間は布巾《ふきん》にて之を拭いて納む」とある。このように、膳に格納した食器を洗うのは月に数回で、普段は、食べおわった食器に湯や茶をそそいで飲んだあと、布巾で拭って、各自が食器を箱のなかにしまうのであった。食事がすむと、食器を納めた膳は台所の「膳棚《ぜんだな》」に格納された。

飯台、箱膳のなかに収納される食器は、箸、飯碗、汁椀、副食物をいれる小皿が一～二枚と、食器を拭うための布巾である。飯台の標準的な大きさは、盆の部分が一辺二五～三〇cm、高さが一五～二〇cmである。

この小型の食卓のうえに、飯碗、汁椀、おかずを一品盛った小皿、漬物をいれた小皿をのせたらいっぱいになるが、それが民衆の日常の標準的な献立であった。飯と汁はおかわりが可能で、それを給仕するのは主婦の役目であった。

幕末以後、チャブ台が普及するまでの期間、箱膳＝飯台型式の銘々膳が民衆の日常の食卓として全国的に使用されることとなった。

座順　膳のならべかたについて述べておこう。

食事をする場である土間の台所にちかい側が下座《しもざ》であり、奥の部屋にちかい側が上座《かみざ》である。家長や引退した祖父が上座に座り、使用人は下座に席をしめる。そのあいだに他の家族が座るが、男が女よりも上位をしめ、同性では年上の者が上位をしめるのが原則である。主婦は下座の家族と使用人のあいだに座る場合と、給仕がしやすいように家長のそばに座をしめる場合とがある。

このような膳のならべかたは、男性が女性よりも上位で、年長者が尊敬され、主婦は家族の食事の世話するべき存在であるとする、伝統的な家族成員相互間の関係を象徴するものであった。

かつては、朝食をはじめるまえに、飯をミニチュアの食器にいれて、仏壇や神棚に供える家庭もおおかった。旅行や兵役で不在の家族に、陰膳といって、食物をのせた膳を用意する風習もあった。食事は、その場に参加する者だけではなく、祖先や家族の不在者とも、食物をともにする行為であるとみなされたのである。

したがって、食事は日常生活におけるささやかな儀礼としての性格をもっており、静粛な雰囲気のなかで、秩序正しく食べることが期待された。そこで、食事のさいに大きな声で会話をすることは禁止され、黙って食べることがよいとされたのである。

チャブ台の出現　二〇世紀初頭から、チャブ台が普及しはじめるが、これは数人がとりかこんで使用する、長方形あるいは円形の高さの低い共用の食卓であり、四本の折りたたみ可能な脚をもつ。

チャブ台は、西洋家具のティー・テーブルの影響をうけてつくられた可能性がたかいが、タタミのうえで座って使用できるように脚を短くし、多目的な空間である伝統的な食事の場の利用法にあわせて、脚を折りたたみ式にすることによって、膳とおなじようにポータブルな家具となった。

チャブ台をシッポク台とよぶ地方があることから、長崎で「シッポク(卓袱)料理」を食べる食卓である「シッポク台」に、チャブ台が起源することも考えられる。

漢字の「卓袱」はテーブル・クロスを意味するが、シッポクという読み方には関係をもたないことばである。中国料理と日本料理の混交した長崎名物の宴席料理を、なぜシッポクというのだろうか。江戸時代に長崎奉行が、唐人《とうじん》屋敷の中国人にシッポクの語源を尋ねたところ、「中国語起源ではなくベトナムのトンキン語起源であろう」という回答を得たという。しかし、ベトナムにはシッポクに相当することばがなく、いまだシッポクの語源の決着はついていない(2)。

長崎のシッポク料理の食卓は、最初は中国の「八僊卓《はっせんたく》」という方形のテーブルを、スツールに腰かけてかこむものであった。この食卓型式はタタミのうえに座って食事をする日本の風習になじまず、坐式でもちいる背のひくい円形のシッポク台に変化した。シッポク台にテーブル・クロスを使用することはない。

シッポク料理は、銘々膳の食事とちがい、一つの食卓をかこんで、大皿に盛りあわせた料理をとりわけて食べる、中国風の食事形式である。しかし、献立には中国起源の料理もあるが、ほとんどは伝統的な日本料理の技術でつくられたものだ。一八世紀前半の京、大坂でシッポク料理店ができ、やがて一九世紀初頭には江戸でも流行した。

チャブ台の語源　「チャブ」の語源としては、卓袱の中国音であるチョフ(cho-fu)に起源するという説、茶飯の中国音チャファン(cha-fan)に起源するという説、米国で肉や野菜を一緒に炒めた八宝菜に似た変形中国料理をチャプスイ(chop-suey)ということに起源するという説があるが、いまだに定説はない。

わたしの考えを紹介しよう。

チャブ台とおなじ語源をもつと考えられることばに「チャブ屋」がある。明治二五(一八九二)年刊行の山田美妙編『日本大辞書』では、「ちゃぶや西洋料理店」と記されている。チャブ屋とは、横浜、神戸などの開港場で営業した、外国人を顧客とした軽飲食店や小料理屋のことである。のちにこれは、外国人相手の売春婦をかかえた特殊飲食店化する。

明治四(一八七一)年に刊行された仮名垣魯文の『西洋道中膝栗毛《せいようどうちゅうひざくりげ》』第一〇編では、英国の博覧会見物にゆく主人公が、「カイロのまちにいたり東京でいへば西洋料理ともなづけるべき〈ちゃぶちゃぶや〉に入りておのおのゐすにこしうちかけ食台のまはりにゐならべばおひおひさけと肉るいをもちはこぶ」とあり、そのあげく酔った主人公が軽口あそびをするなかで、「〈ちゃぶちゃぶ〉ていぶる〈しっぽく台〉」といわせているし、輿にのって「〈ちゃぶだい〉をトントンうちたたきまひおどりつ」と描写している。

仮名垣魯文は明治五(一八七二)年に福沢諭吉の著書『窮理図解《きゅうりずかい》』のパロディである『胡瓜遣《きゅうりづかい》』という書物を刊行しているが、そのなかで、「西洋料理の小股をすくふ〈ちゃぶ店《てん》〉だはへこいつ頗《すこぶ》る奇食と云べし是非食台《ていぶる》へ対《むか》はずはなるまいと斯《かう》椅子へ腰を据《すへ》る」と書いている。

こうしてみると、明治初期のチャブ屋ではダイニング・テーブルとイスで食事をする形式であり、そのテーブルをチャブ台とよんだことがわかる。

チャブ屋は「ちゃぶちゃぶや」を短縮した名称である。「ちゃぶちゃぶ」とは、茶漬けや、水、酒などをすする擬音であるとされる。明治初期、横浜の開港場で、一般の日本人と外国人の交渉にはブロークン・イングリッシュがもちいられ、これを「横浜英語」とよんだ。この横浜英語で食事をすることを「ちゃぶちゃぶ」といったのである。日本語に不自由な外国人たちでも、発音しやすく、覚えやすいように、食べることを「ちゃぶちゃぶ」、食堂を「ちゃぶちゃぶや」と表現したのだ。それが短縮されて、外国人相手の食堂をチャブ屋というようになったのであろう。さきの山田美妙の辞書では、「ちゃぶだいチャブチャブする台＝食盤」とあるが、これが辞書におけるチャブ台の初出である。

チャブ屋で使用する「チャブチャブ台」、「チャブ台」は、イスを使用するダイニング・テーブルであった。のちに、床坐式の背のひくいシッポク台式の食卓が普及しはじめると、坐食と腰かけ食のちがいはあるが、食事に参加する者同士がおなじ食卓をかこむという共通点から、チャブ台という名称が採用されたのであろう。

チャブ台の普及　チャブ台は都市の中産階級のサラリーマン家庭から採用されはじめたが、おなじ都市のなかでも商業に従事する家庭や、農村部での普及はおくれた。商家では食事を支給する住み込みの使用人がいたので、そのような人びとに食事を供するには、一人前の食べものを銘々膳を単位として分配するほうが都合がよかったのである。大家族の労働力に依存する農村の生活では、家族の人数がおおいため、五〜六人用のチャブ台ではちいさすぎたし、農民は保守的で、あたらしい食卓の採用がおそかった。

それにたいして、核家族化した都市のサラリーマン階層は、伝統的な家族制度を反映する銘々膳での食事をよして、チャブ台をいちはやく採用した。

食卓の情景　どちらかといえば、禁欲的で、食事をともにする者同士の緊張関係を秘めていた銘々膳の食事にたいして、チャブ台での食事はあたらしいイデオロギーをになっていた。社会主義者の堺《さかい》利彦《としひこ》は、明治三六(一九〇三)年に刊行した『家庭の新風味』のなかで、つぎのような趣旨の発言をしている。

「食事のときは家族の会合のときである。家族の団らんは、食事のときに実現されなければならない。このことから考えると、食事はかならず、家族の全員が、おなじときに、おなじ食卓をかこんでなされるべきである。その食卓は円くても、四角くても、テーブルでも、シッポク台(チャブ台の別名)

でもよいから、ひとつの台でなくてはならない。従来の膳は廃止すべきである。

同時に同一食卓で食事をするとなると、皆が同一の物を食べるべきであることは当然である。男性のなかには、自分だけ家族とはちがう特別な料理を食べる者もいるが、これは不人情で不道理でけしからんことである。

わたしの考えでは、女中にも家族と一緒に食事をさせるべきである。女中に家族とおなじ食べ物を与えたからといって、家計がそんなにかわるものではない(3)」

それは堺にとって、「尊敬して望みを嘱すべき中等社会」に「平民主義(民主主義)の美しい家庭」を実現するための欠かすことのできない手段であった。大正デモクラシーのもとで、堺とおなじような主張が婦人雑誌などにもあらわれる。

わたしは、国立民族学博物館の特別研究「現代日本文化における伝統と変容」プロジェクトの一環として、「食卓文化をめぐる共同研究」を主宰したことがある。そのとき、大正四(一九一五)年以前に生まれた全国各地の女性約三〇〇人を対象に、家庭での食事の変遷をインタビュー調査した(4)。

この世代の女性のおおくは、子どもの頃は銘々膳を使用した食事、ついでチャブ台での食事、現在のダイニング・テーブルでの食事を家庭生活で体験している。インタビュー結果を数量処理して作成したグラフを以下にあげるが、そこで「はこぜんライフ」と記されているのは銘々膳を使用した頃の食事、「チャブ台ライフ」はチャブ台での食事をした頃、「テーブル・ライフ」はダイニング・テーブルを食卓として採用してからの食事をしめす。

インタビューの結果によると、チャブ台の使用によって、家族の団らんが実現したというわけではなかった。大部分の家庭では、チャブ台を使用するようになっても、食事のときに黙々と食べるよう

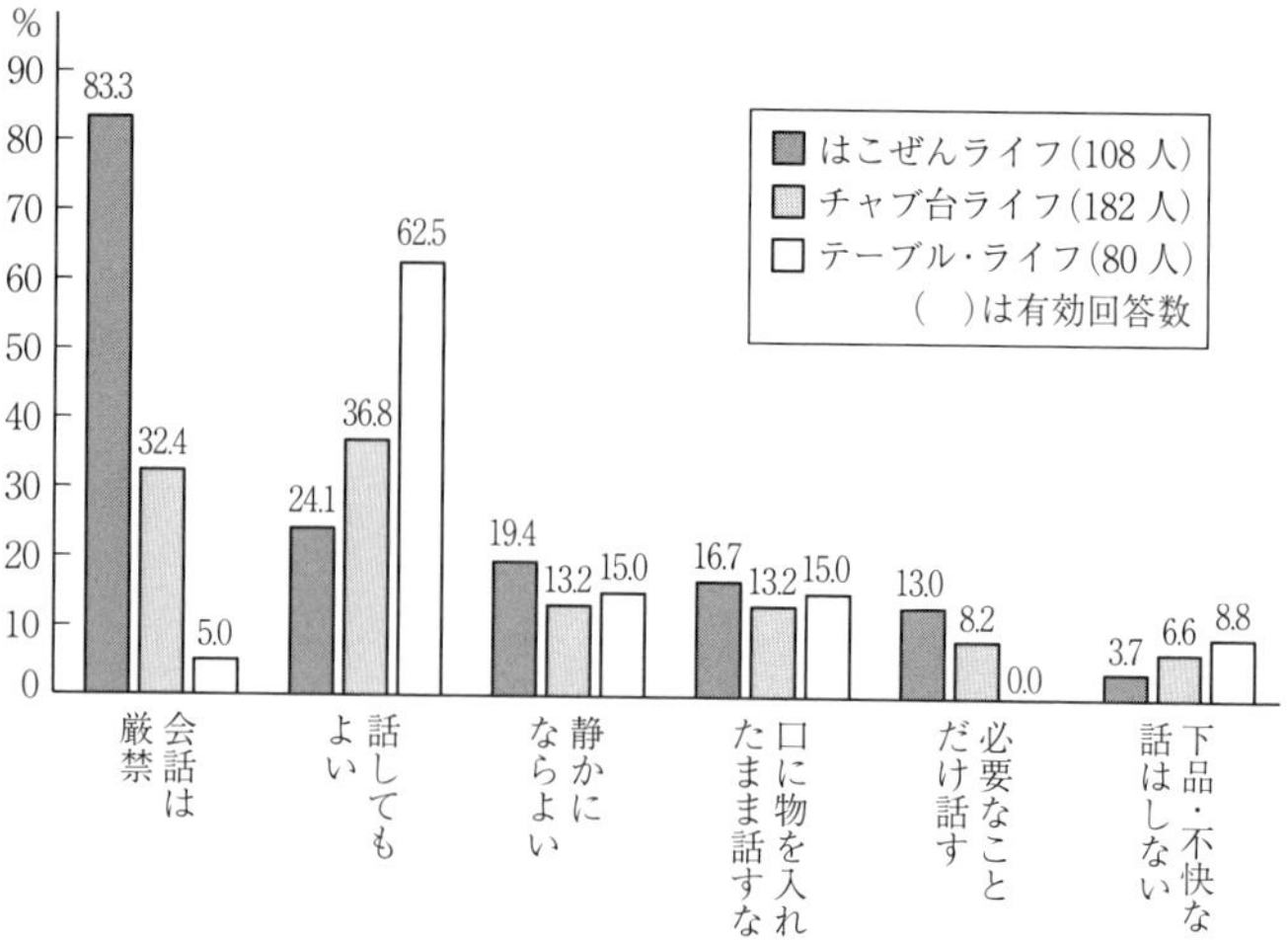

図 17　食事中の会話にたいする態度(『食卓文明論』p. 209 より)

にしつけられていたのである(図17)。

子どもが食卓で話しすぎると叱られたし、家族の会話があったとしても、食卓で話題を提供するのは主に父親で、仕事の話がおおく、また子どもにたいしては説教じみた話題がおおく、家族が会話に興じながら食事をする情景はまれであった。

なぜ膳からチャブ台に食卓を変えたかという質問にたいしては、いちばんおおかったのは、膳にくらべてチャブ台のほうが「便利である」からという回答である。チャブ台を使用するようになると、漬物などを共用の食器にいれる配膳法もおこなわれるようになったが、まだ、一人ずつの食器に一人前の食べものを分配するのが原則であった。

それでも、多数の膳に配膳することにくらべたら、ひとつのチャブ台で一元的に配膳したほうが便利だと考えられたのである。また、食事のさいに多数の膳を移動するよりも、チャブ台をひとつ移動するほうが便利である。

ついで、回答がおおかったのは、チャブ台の食

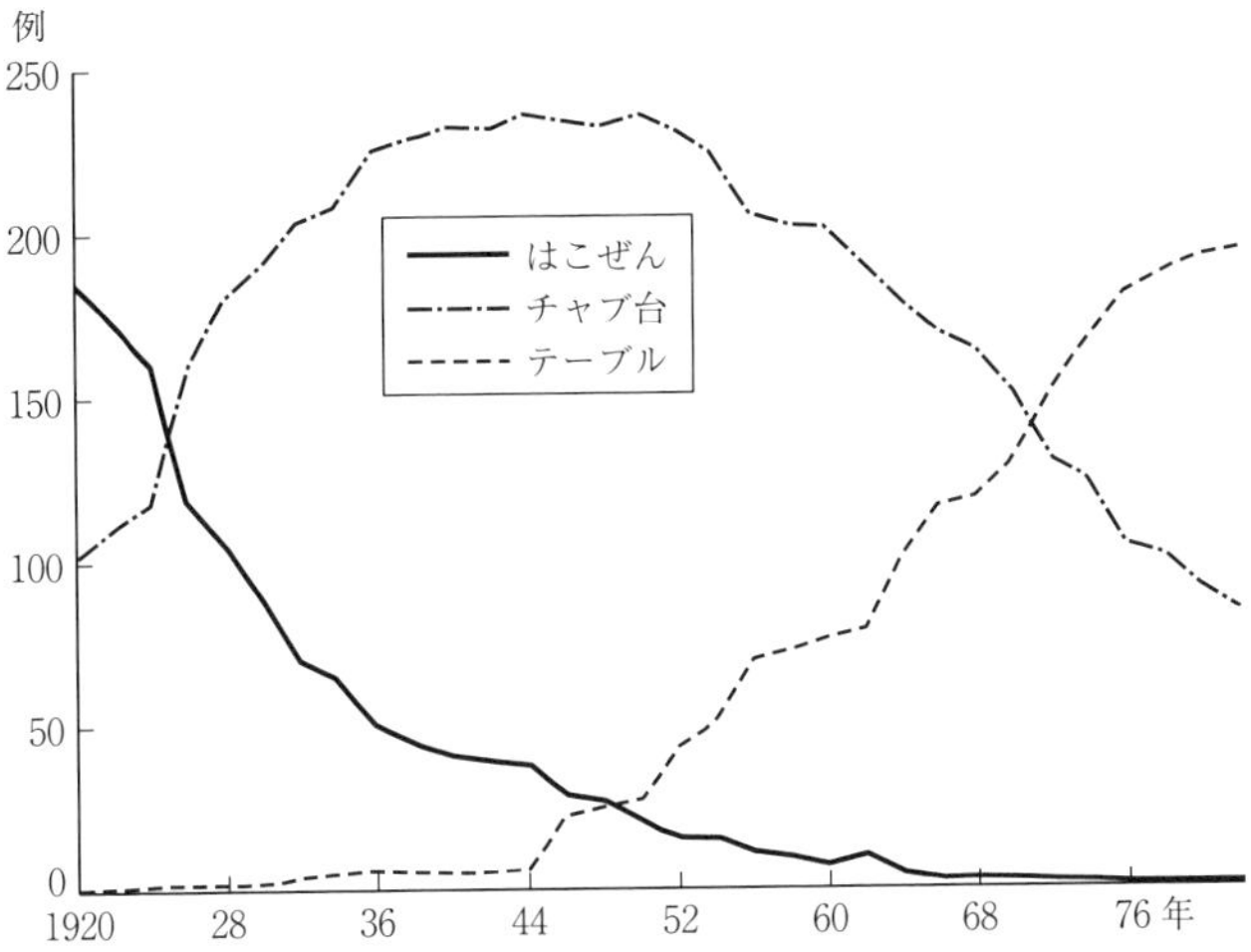

図18　食卓型式の移り変わり（『食卓文明論』p. 183 より）

事のほうが膳にくらべて「清潔である」という理由である。銘々膳の食事では、食器を各自が管理し、食後に使用者が拭うだけで、主婦が本格的に食器を洗うのは月に数回程度であったのにたいして、チャブ台を使用するようになると、食器の管理は主婦の手に移り、食後すべての食器を主婦が洗って、戸棚に収納することになった。

それだけ主婦の労働が増えたわけであるが、近代的な衛生観念の普及とあいまって、チャブ台を使用したほうが衛生的とみなされるようになった。そのため、水道が普及して、食器洗いが簡単になった都市から、チャブ台が普及したのである。

図18にみるように、わたしたちの調査した家庭では、大正一四（一九二五）年、膳で食事をする家庭よりもチャブ台を使用する家庭がおおくなる。一九三〇年代の後半になると、たいていの家庭がチャブ台を使用して食事をすることになる。

イス、テーブルの食事　戦争の時代が終わったのち、ダイニング・テーブルを食卓とする家庭が増加し、昭和四六(一九七一)年頃に、チャブ台よりもテーブルが優勢となる。

大正九(一九二〇)年に、知識人たちが中心となり「生活改善同盟会」が結成され、その運動の一環としてイスとテーブルを使用した家庭生活が提唱された。しかし、タタミを敷きつめた日本家屋ではそれらを置くことが困難で、家屋の改造が必要になるので、ダイニング・テーブルで食事をする家庭は微々たるものであった。

昭和二四(一九四九)年頃から、当時の農林省の生活改良普及員が、農家の台所改善事業のひとつとして、イスとテーブルでの昼食を推進するようになる。農作業の途中で昼食のために家に帰ると、泥で汚れた足を洗ってからタタミの部屋にあがらなければならない。農家の屋内には作業用の広い土間があるので、そこにイスとテーブルを置いて食事をすれば、足を洗う必要がないということであった。

一般の市民生活にイスとテーブルを使用する食事が普及するきっかけとなったのは、昭和三一(一九五六)年に日本住宅公団が2DKの公団住宅を全国に建設しはじめたことである。初期の公団住宅は、二部屋と台所だけの間取りのせまいものであった。面積の矮小さを解決するために、ダイニング・キッチン方式を採用し、台所を食事場とする設計となった。

入居者が実際に台所で食事をするように、最初から台所にテーブルをそなえつけて分譲し、利用者はイスだけそろえたらよいようにした。当時、洋家具は高価であり、それまでは、コンクリート建ての住居はほとんどなかったので、公団住宅での生活があこがれのまとになり、テーブルでの食事がファッショナブルとみなされるようになった。

その後、続々と民営のアパートが建設されたが、それらはテーブルで食事をすることを前提として設計されたものであった。移動を前提としないダイニング・テーブルが置かれた部屋は、料理と食事専用の空間となり、日本の家屋に食堂という部屋が成立することになった。一九九〇年代になると、日本の家庭の約七〇％が、日常の食事にテーブルを使用するようになった。

テーブルの普及してゆく過程は、日本社会における家庭の民主化と、経済の高度成長の時期にかさなる。家長が権力をもつ大家族は崩壊し、農家でも核家族化し、男女の地位は平等となり、女性の社会進出が顕著になった。農家人口は激減し、労働人口のおおくがオフィスや工場に通勤する人びとによって占められるようになり、家庭は生産の場としての意義をうしない、純粋に消費の場となった。

子どもたちが家業をひきつがないようになると、職業教師としての父親の権威はなくなった。また経済成長期には、残業で遅くまで働かねばならず、家庭の晩食に間にあわない父親もおおくなり、家庭生活の主役は女性と子どもにとって代わられたのである。経済発展の結果、どの家にもＴＶ、冷蔵庫、自動車が普及するようになり、都市と農村の生活の差はなくなり、日本中に都市的生活様式が普及したのである。このような事情を反映して、家庭の食事のさいの話題の提供者は、母親と子どもであり、父親ではないという結果になっている(図19)。

経済成長は日常の食事の副食物の種類を豊富にした。数種類の副食物を盛った皿を置くには、膳やチャブ台のスペースではせますぎるため、よりおおきなダイニング・テーブルの使用が普及することになる。ダイニング・キッチン、あるいは台所の隣の部屋が食堂とされる家庭がおおいので、食事をしながらつぎの料理を用意し、温かい料理をつぎつぎと食卓にだす、コースをもつ配膳法もおこなわれるようになった。

とはいえ、膳やチャブ台の食事のように、最初から料理をならべる配膳法が主流である。一人ずつ

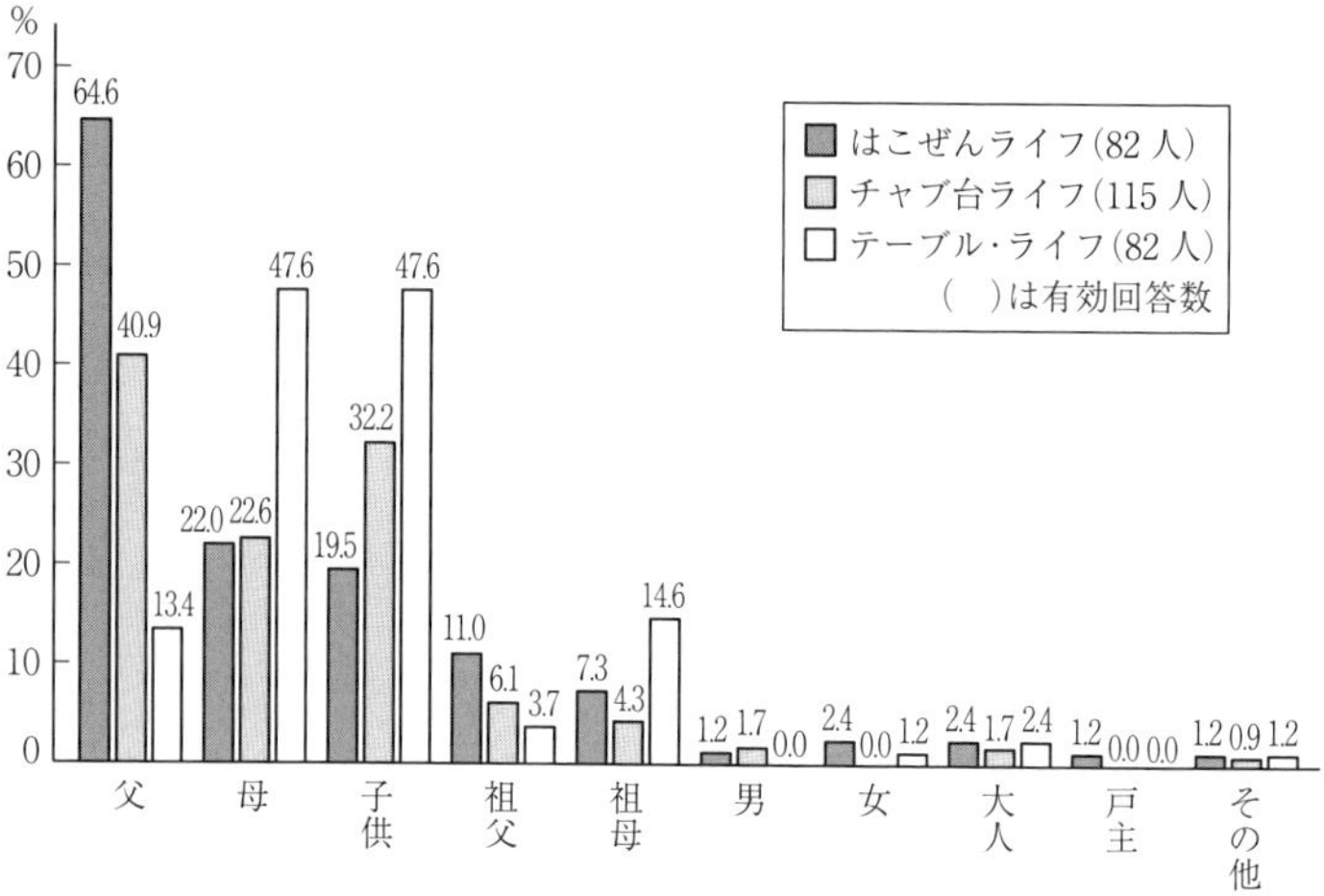

図19　話題の提供者(『食卓文明論』p. 214より)

に盛りわけた食器をすべて置くとしたら、料理の数がおおいのでテーブルからあふれてしまう。そこで、飯、汁をのぞく副食物は個人別に配膳せず、大きな共用の食器にいれてテーブルの中央に置き、各自がとりわける、中国とおなじような配膳法を採用する家庭がおおくなった。

また、テーブルでの食事の普及は、欧米や中国起源の料理が家庭に普及する時期にかさなる。それまでは、タタミのうえに座り、日本料理だけを食べる生活であり、伝統的な食事作法はそのことを前提として形成されたものであった。

イスに腰かけて食べ、和洋中の料理とそれをのせる食器が混在し、箸のほかに、ときにはナイフ、フォーク、スプーンを使用することもある、現在の食卓での食事作法はいかにあるべきか？　家庭の食事に関する伝統的な作法は崩壊したが、それにかわる食事規範はいまだ形成されていないのである。

現代では、神棚や仏壇に飯を供えるのは、老人のいる家庭くらいになり、陰膳の風習も消滅した。家庭生活における、ささやかな聖なる行事としての食事の性格は喪失した。神仏や祖先たちは飢えているようだが、生きている人びとは、かつては祭のときにしか食べられなかったような、さまざまな料理を日常的に食べている。現代の日本人は、神々不在の祭を楽しんでいるのである。

（1） ルイス・フロイス（著）、岡田章雄（訳・註）『日欧文化比較』五五八頁、岩波書店、一九八二年
（2） 石毛直道『面談たべもの誌』二六八～二六九頁、文藝春秋、一九八九年
（3） 堺利彦『新家庭論』（一九〇三年刊行の『家庭の新風味』を改題した現代語訳版）一〇四～一〇五頁、講談社学術文庫、一九七九年
（4） 石毛直道・井上忠司（編）『現代日本における家庭と食卓』国立民族学博物館研究報告別冊一六号、一九九一年、石毛直道『食卓文明論――チャブ台はどこへ消えた？』中公叢書、二〇〇五年（再録『石毛直道自選著作集』第五巻、ドメス出版、二〇一二年）

3　盛りつけの美学～食卓のうえの日本庭園

見せる料理　明治時代に外国の料理が伝わってきて、「日本料理は目で楽しみ、西洋料理は鼻で食べ、中国料理は舌で味わう」といわれた。日本料理は美しく盛りつけることに特徴があり、西洋料理の特徴はスパイスやハーブの香りであり、中国料理はおいしい食味をつくりだす技術に優れているというのである。

日本料理の盛りつけの美は、世界でも知られている。しかし、美しい食器を使用して、手のこんだ盛りつけで「見せる料理」をつくるのは、家庭ではなく日本料理店でのことである。見せる料理とは、食べものに美的な価値を付加したものである。それは視覚という官能を楽しませるが、なんといっても食事の第一義は満腹感と、味覚や嗅覚の官能を充足させることにある。日常の家庭料理では、食事の楽しみの第一義をつくりだすのに精いっぱいで、視覚の楽しみまではなかなか手がまわらない。

世界中どこでも、見せる料理をつくることに精力をそそぐのは、レストランや宮廷、貴族の館などで働く職業的料理人たちであった。フランスの高級料理では、一九世紀に宴会用の装飾的料理の流行が頂点を極め、その後は盛りつけが簡素化する方向にむかったといわれる。一九世紀の豪華な宴会に供されたフランス料理の図版を見ると、きわめて建築的な構成をとることがおおく、食卓のうえにパルテノン神殿やピラミッドを引っ越しさせてきたようなものもある。プラットホームや階段状の台をつくり、そのうえに料理を配置したりしたが、皿のうえの料理の盛りつけは、幾何学的で対称形を基本としている。他のヨーロッパ料理の盛りつけも、おなじく対称形の原則につらぬかれている。

非対称形の美学　ヨーロッパの庭園は幾何学的で、対称形に配置された建築的な造園法であり、人工的な構成を重視することによって調和の美を創造しようとする。それにたいして、日本庭園は非幾何学的、非対称形であり、風景的な庭をつくる。

日本の伝統的な美学では、一般に対称形や幾何学的造形は、あまりにも人工的であるとして避けられる傾向がつよい。抽象化した自然を表現するのが日本庭園であり、自然というものは本来アンバランスな存在であるので、造園にさいして直線、円、立方体などの幾何学的構成や対称形は採用しないのである。

日本庭園の哲学を食卓のうえに実現しようとしたのが、江戸時代後半以後の高級な日本料理であった。たとえば、この頃から料理を山水に盛ることが流行する。人物画、花鳥画、山水画が東洋画の三大部門とされる。日本庭園は、山と水の流れや池のモチーフから構成されるのが普通である。山水を登場させることによって、自然景観を象徴したのである。

山水の盛りつけを刺身に適用するには、食べる者から見たときに、皿の奥にあたる位置に刺身の「つま」をうずたかく山型に盛りあげ、そこに樹木を象徴する緑色をしたシソの葉など野菜の小片をあしらう。皿の手前には薄切りにした生魚が、水の波をかたどるようにならべられるのである。

このような立体的な盛りつけのさいには、左右対象形ではなく、食べる者から見て、左が高く、右が低い不等辺三角形の構図とするのが通例である。

平面的な盛りつけのさいも、不等辺三角形の構図が好まれる。一枚の円形の皿に三種類の料理を少量ずつならべるとしよう。皿の手前に間隔を離して二つの料理を置き、その奥にもう一種類の料理を置くのである。このとき、もっとも上等の料理が奥に配置される。

宴席用の中国料理のオードブルを美的に盛るときには、肉片や野菜をもちいて、鳳凰《ほうおう》や龍などのモチーフが具象的につくられることがある。それにたいして、日本料理では食物で絵画的な表現をすることはまれで、そのような盛りつけは上品でないとされる。

山水の盛りつけにしても、写実的ではなく、象徴化された山と水の構図であり、そのことを知らない者にとっては、料理をながめても、山や水を思いうかべることはできない。

中国では偶数が尊ばれるため、対称形の盛りつけが好まれる。が、日本では奇数が好まれる。したがって、三個、五個、七個といった奇数では、ある食べものを食器に配置するとき、対称形にすることができない。

テーブルをとりかこんで食事をする中国やヨーロッパでは、すべての方向からの視線を意識した対称形の盛りつけが好まれる。

庭園に接した家屋の特定の場所からながめたときに、もっとも美しく見えるように日本の庭園は設計されている。おなじように、伝統的な高級日本料理の盛りつけは、一方向からだけの視線を前提としている。一人前の膳の前に座った人物が、上方から見おろす視線である。

日本料理に使用する陶磁器製の食器には、非対称形をしたさまざまな形のものがある。世界でいちばん多様な食器を使用するのが高級日本料理である。それらの食器は、使用時にどちらを正面として膳のうえに置くかを考えて製作されており、器《うつわ》もまた一方向からの視線を前提としている。

日本料理の食器には、日本画風の絵が描かれていることがおおいが、食べる者がその絵を鑑賞するのにもっとも適した位置に食器を置き、絵が正面にくるように食器をもちあげて食べるのが正しいマナーとされている。小さな膳のうえに、ミニチュアの日本庭園をつくろうとするのが、伝統的な高級日本料理の美学なのである。

季節感の重視　日本文化は季節性を重視する特徴をもっている。世界でいちばん短い定型詩である俳句は、一七文字のなかに、かならず季節を象徴する語彙である「季語」をいれなくてはならない。そのために各種の『歳時記』が刊行されているが、『歳時記』には、食料や料理をふくむ、日本人の伝統的生活に関係した事柄が、季節に分類して掲載されている。

カツオの刺身は初夏、焼いたサンマは秋を象徴する食べものであるというように、日本の食事には季節性の表現が要求される。そこで、献立に季節性を表現するのが料理人の手腕とされている。

料亭では、食料や料理だけではなく、食器でも季節感を表現しなくてはならない。食器の装飾の画題のおおくは花や植物である。たとえば春に供する料理は、その季節が旬の食べものを、春の花や草が描かれた碗や皿に盛るのであって、もし秋の七草の描かれた食器を使用したならば、常識のない店であると非難されるだろう。このような料理の美学は、知識人の教養として普及したもので、料亭とは関係のない民衆の家庭での食事には、あまり縁がなかった。

世界中から食材を輸入し、促成栽培の野菜を日常的に食べるようになった現在では、食材の季節性に関する美学は消滅しかかっている。銘々膳ではなく、ダイニング・テーブルに置かれた大盛りの皿に手をのばす配膳法で、和洋中の料理を供する現在の家庭の食事では、四方正面の対称的な盛りつけが普通になった。

それでも、日本料理は伝統的な食器に、ハンバークは洋皿に、中華麺はラーメン鉢に盛るといった具合に、料理の系統によって食器を使いわけることがおこなわれる。和洋中の食器をそろえた日本の台所は、世界でいちばん食器の種類のおおい家庭の台所となっている。

かつてはアルコール飲料を飲むための酒器は、徳利と杯さえあればよかったが、現在ではビールを飲むためのコップ、ワイングラス、ウイスキーグラスも必要である。日本茶を飲むための伝統的な急須と茶碗のほかに、紅茶やコーヒーを飲むための西洋式のカップ、ティーポット、コーヒーメーカーも家庭に普及している。このように、外来の食べものや飲みものを受容したことにともない、料理道具や食器が増加し、日本の家庭の台所は混沌とした状態になったのである。

4　箸〜食事作法の基本

箸使いにはじまる　イギリス人の友人が日本人の女性と結婚して、日本で生活することになった。日本での生活に慣れさせるために、妻がまず夫に教えたことは、箸の使い方であった。

「日本の紳士たちと一緒に食事をするときに、恥をかかないように」といって、彼女は陶器の小鉢をふたつとりだして、そのひとつに殻をむいたピーナッツをひとつかみいれた。そして漆塗りの箸で、ピーナッツを一粒ずつつまみあげて、別の小鉢に移すように命じた。つるつるした漆塗りの箸の先端で、滑りやすいピーナッツをつまみあげることは、なかなかむずかしい。失敗してテーブルのうえに落としたピーナッツも、指で拾うことは許されず、箸でつまみあげなくてはならなかった。ようやく、すべてのピーナッツを移しおえると、「さあ、こんどはもとの小鉢にもどしなさい」という。ふたつの小鉢のあいだで、ピーナッツを移動させることが際限なく、くりかえされた。

「それは、ギリシャ神話のシジフォスの懲罰みたいな仕事だった」と友人はいう。罪を犯したシジフォスに、ゼウスが命じたのは、巨大な岩を山頂まで押しあげることであった。山頂近くまで岩を持ち上げると、谷底に転げ落ちてしまう。おなじ労働が際限なくくりかえされるのが、シジフォスの懲罰である。友人は、「しかし、おかげで日本人とおなじように箸を上手に使えるようになった」とのことだ。

幼児が母親の手を借りずに、一人で食事をするようになると、まず教えられるのが箸を正しく使うことである。使いやすい箸の長さは手のひらや指の大きさに応じてことなるので、子ども用の箸は短い。成人用の箸は一七～二三cmが使いやすいとされ、女性は男性よりも短めのものを使う。夫婦箸《めおとばし》といって、二対の箸のセットがしばしば贈り物にされるが、夫用のもののほうが妻用のものよりも長い。日本の箸は先端が細くつくられているので、ちいさな食物もつまむことができる。中国の箸は先端がとがっておらず、長さも平均二七cmほどあるので、微妙な箸の使い方はできない。

中国料理の配膳法では、飯とスープを個人別の碗に盛るほかは、テーブルの中央に置かれた共通の食器の副食物に箸をのばしてとりあうために、長い箸が使用されるし、箸でつまみづらい食べものには匙を使用する。

箸だけで食事をしてきた日本人は、毎食のさいに指先の微妙な運動のトレーニングをしてきたので、手先が器用で、精密な作業が得意であるといわれるが、それが事実であるかどうかは証明されていないようである。

箸使いのタブー　日本人の食卓作法でいちばん重視されるのが箸の使い方で、タブーとされる箸の使い方をすると、粗野な者だという評価をうける。そのような不作法な箸の使い方の例をいくつかあげてみよう。

- **握り箸**　箸を手のひらで握って持つこと。幼児的であるばかりでなく、先端がとがっている箸を握って持つことは攻撃的であるとみなされる。
- **刺し箸**　食べものを二本の箸のあいだにはさまず、箸を突き刺して食べること。

・**横箸**　箸を二本そろえてスプーンのようにして食べものをすくいとること。
・**込《こ》み箸**　口にほおばった食べものを箸で奥に押し込むこと。
・**ねぶり箸**　箸についたものをなめ取ること。
・**涙箸**　箸を振って、箸先から汁をぼたぼた落とすこと。
・**かき箸**　食器の縁を口にあてて、料理を箸で口にかきこむこと。
・**噛み箸**　箸の先を噛むこと。
・**寄せ箸**　箸で食器を引き寄せること。
・**迷い箸**　どの料理を食べようかと迷い、決断がつかずに、複数の料理の上をあちこちと箸を動かすこと。
・**移り箸**　ある食べものをとりかけて、ほかのものに変えることをいう場合と、副食物だけを連続して食べる場合の二通りをいう。副食物を一口食べたら、飯を一口食べる、あるいは酒を一口飲むのが上品な作法であるとされた。しかし、食卓にならべられる副食物の種類と量がおおくなり、主食で腹を満たす必要がなくなり、おかず食いになった現代では、主食と副食を交互に食べずとも非難されないようになったようである。
・**探り箸**　汁物などをかき混ぜて、内容を調べること。
・**から箸(そら箸)**　一度箸で食べものにふれておきながら、食べないで箸を置くこと。料理をだした側への不信感の表明とうけとられる。

そのほかにも、食卓における箸の使い方に関するさまざまな規則がある。食事作法は「箸にはじまって、箸におわる」といわれるゆえんである。

箸とケガレの感染　中国には骨製の箸もあり、朝鮮では金属製の箸がいちばんよく使用されるが、日本の箸は木製、あるいは竹製である。現在の家庭で普通に使用されるのは、漆塗りの木製、あるいはおなじような外観をしめすプラスチック製の箸である。

大きさ、色、模様によって識別され、家族のそれぞれが専用する箸がきまっており、おなじ家族のなかでも、箸を共用することはない。

飲食店では、使い捨ての割り箸が供される。割り箸は、江戸時代に大衆的な飲食店で使用されるようになった。他人の口にした箸を他の者が使用しないのが原則であるので、店では使い捨ての箸がもちいられるのである。

さきに述べたように、日本人の深層心理には、神道でいうケガレをさける傾向がつよい（六八～六九頁参照）。誰かの口にいれられた箸には、使用者の人格が付着し、それを他人が再使用したら、物理的な汚染ではなく、洗ってもとれない精神的汚染が伝染する可能性がある。

現在の中国の飲食店では、「衛生箸」と称する割り箸が使用されるようになったが、それは精神的な汚染の防止というよりは、名称のしめすように物理的な汚染をさけるという意味あいがつよいもののようである。

わたしが大学で教えていた頃、ゼミナールに参加した学生たちが、日本人の清潔観に関するアンケート調査をしたことがある。そのとき、「自分の使用している品物を他人に貸して使用させ、使用後きれいに洗って返却されたと仮定する。その品物を自分が再使用することに、もっとも心理的抵抗感を感じるものはなにか?」という設問をした。回答を集計したところ、自分の下半身につける下着と、自分の専用の箸が、再使用にあたってもっとも心理的抵抗のつよい品物であるという結果になった。

伝統的な配膳法では、普通の食物はすべて個人別の小さな食器に盛りわけられていた。したがって、原則として、自分の箸がふれるのは、自分に配給された食物にかぎられていた。共用の大きな鉢にいれた漬物をとりわけたり、大きな魚料理をとりわけるときなどには、家族間でも直箸をせずに、誰にも所属しない中立の箸である、とり箸、あるいは菜箸がそえられた。もし、中立の箸が用意されていなかったら、自分の箸を上下逆さまにして使用した。

このような風習を家庭の食卓でまもることは、一九五〇年代後半からしだいに薄れていった。大きな皿に盛った中国起源や西洋起源の副食料理が家庭に普及するにつれて、飯と汁だけは個人別の食器に盛るが、ほかの料理は大きな共用の食器に盛ってテーブルの中央に置いて、家族全員が直箸でつつきあう、中国人の食べかたに似た方式になったのである。ただし、それは親密な間柄のなかでの食べかたに限定されており、日本料理屋での正式の食事には中立の箸が使用される。

二　台所で

1　台所〜火と水の世俗化

土間と食事場　伝統的家屋では、料理の主要部分は室内ではなく、土間でなされた。屋外に通じる土間は漆喰《しっくい》で固められていた。土間には、二個以上の鍋釜を同時に使用できる土製のカマドが設けられ、水ガメ（水甕）と流し台が設けられ、食器や調理器具が置かれていた。農家では、土間で炊事をするだけではなく、臼で籾《もみ》つきの米をついて精白したり、石臼で製粉をする作業などがおこなわれた。水は屋外の井戸から汲んできて水ガメにたくわえる場合がおおかったが、都市の家では土間に井戸を掘ってあることもあった。

農家では土間に面した、イロリのある板の間の部屋で食事をした。都市では、食事をする土間に面した部屋にはタタミが敷かれており、イロリは設けないことがおおかった。地方によっては、この日常の食事をする部屋と土間の二つの空間をあわせて、広義の「台所」とよんだ。

近世から二〇世紀初頭まで、このような空間構成の家屋が一般的であった。イロリで簡単な炊事をすることがあるにせよ、水と火を使用する空間を土間に隔離したのである。

薪を燃料とした伝統的なカマドやイロリには、普通は煙突は設けず、煙は屋根に設けた煙出しから屋外に排出された。部屋のなかで薪を燃やしたら、煙や煤だらけになってしまうし、紙を貼った障子やフスマで部屋仕切りした伝統的な木造家屋では、火災の危険がおおきい。

タタミや板張りの部屋で水をこぼしたら、濡れた床のうえに直接座ることになり具合がわるい。そこで、火と水を使用する料理の空間を、他の居住空間から隔離して、土間で料理をしたのである。

火と水の聖性

ほとんどの家庭で、井戸や水ガメの近くには「水神さま」のお札を、カマドの近くの柱には、火の神である「荒神さま」の「火の用心」のお札を貼っていた。荒神さまは、火災を防止してくれ、食物に聖性を付加してくれるカマドの神である（二四三頁の図20参照）。

当時は、カマドの火の管理者は主婦である。火種を常に絶やさず、カマドの灰のなかにおき火を保存しておくのが主婦の役目であった。火種を切らして、隣家にもらいにいくのは主婦の恥とされた。

いくつかの地方では、月経中や出産前後の女性は、家族とはべつの家屋で炊事し食事する習慣があった。神道的観念によれば、出血は「赤不浄」とされ、神聖な火にケガレを汚染しないように隔離したのである。また、近畿から西の地方では、祭の前後に炊事に使用する火を変える風習があった。たとえば、岡山県の農山村では、日常の炊事には雑木をカマドで燃やしていたが、祭の期間だけはマツの薪を使用した。祭のご馳走は神聖な火で料理をしなければならず、それに適した燃料が、この地方ではマツとされたのである(1)。

京都八坂神社の「おけら参り」では、大晦日から元旦にかけての夜、神社に参詣し、聖なる火種をいただき、その火で正月の料理をつくると、一年間無病息災でくらせるといわれている。

また、「若水」といって、元旦に唱えごとをして井戸から汲んだ水を料理に使うなどといった例は、あたらしい年の到来とともに、火や水の聖性を再生させる行為であると解釈されよう。

そして、このような火や水を神聖視する習慣は、二〇世紀における近代化の進行――すなわちガスの火で料理をつくり、水道をひねれば水が出る生活が一般化する中で、消滅の方向をたどったのである。

台所の近代化

ガスや水道を設備した台所が普及するのは、さきに述べたように、関東大震災後の東京においてである。近代文明のシステムによって、火と水を土間に隔離する必要はなくなり、台所は屋内空間に設置されるようになる。食事をする部屋に隣接して、板敷の台所が設けられ、そこに、水道の蛇口をそなえた流し台、まな板をおいて切ったり盛りつけるための調理台、ガス台と、食器や調味料、食料をいれておく戸棚がおかれるようになり、現在の台所の原型ができあがる。

それまでは、土間のカマドのたき口にかがんで薪をくべたり、土間の床においた水桶にかがみこんで食物や食器を洗うなど、台所仕事の基本はかがみこむ姿勢であった。屋内に設けられるようになった台所の設備は、立ったまま作業ができるものであった。日本の屋内空間での作業はすべて、床に座っておこなうものであったが、この近代の台所が普及すると、屋内での立ち仕事になったのである。

ただし、立って料理するようになっても、隣室の食事の空間はタタミに座って食べる方式であったから、主婦は食事を運ぶたびに、立ったり、座ったりしなくてはならなかった。一九七〇年代にイスに腰掛けて食べるダイニング・テーブルの使用が一般化することによって、料理づくりと食事がおなじ高さの平面で統一されることになったのである。

(1) 神崎宣武「台所の文明と文化――火を中心として」山口昌伴・石毛直道(編)『家庭の食事空間』三五

〜二八頁、ドメス出版、一九八九年

2　飯炊き〜薪から自動炊飯器へ

羽釜と日本式炊飯　米を主食としている民族のなかでも、日本人はとくに飯の味についてうるさいようである。料亭で、おいしいご馳走がならべられても、主食である飯の味がまずかったら、この料理屋は駄目だという評価がくだされる。食事を構成する飯とおかずを比較したときに、おいしいおかずと、おいしい飯の両方があることが望ましいが、どちらかいっぽうを選ぶとしたら、おいしい飯のほうを選択するのが、過去の日本人であった。そこで、おいしい飯を炊くために、当時の主婦は毎日苦労をかさねていたのである。

江戸時代後期に、半球形の釜底の上部に円筒形の胴がつき、半球部と円筒部の境目におおきな鍔《つば》のついた、飯炊き専用の釜が普及した。鍔の部分を羽根にみたてて、この型式の飯炊き釜を羽釜《はがま》という。鍔があることによって、釜をカマドの開口部にはめたとき、開口部と釜の直径のちがいによる隙間を遮断し、熱効率をたかめる。羽釜には厚手の重い木蓋をする(図20)。羽釜と重い木蓋をもちいることによって、アジアの稲作圏のなかでも類例のない日本独自の炊飯技術が成立したのである。

米を洗い、夾雑物をとりのぞいたあと、しばらく吸水させ、ザルで水切りをし、釜にいれて水を加える。古米と新米、米の精白度など、使用する米の状態におうじて、加える水の量を加減する。水の量がすくないと、炊きあがったときに釜底の米が焦げてしまうし、水がおおすぎたら、水っぽい飯になってしまう。飯炊きのさいの水加減に、みな、頭を悩ませた。

「はじめチョロチョロ、なかパッパ、赤児泣いても蓋とるな」といって、釜を火にかけたらあと、できあがるまでは蓋をあけることをしない。高い蒸気圧を利用して米を炊くので、重い蓋が必要で、もし炊飯の途中で蓋をあけたら、蒸気圧が低下して好ましくない結果が生じる。火加減も微妙である。最初は弱火で、ついで強火で一気に加熱し、蓋と釜のあいだから蒸気がもれるようになったら、カマドから薪をとりさり、残り火で飯を炊きあげる。

はじめから強火で炊くと、釜底に接した米粒が焦げてこびりつき、対流がさまたげられるので、釜底から遠い部分の米粒は生煮えとなる。そこで、最初は弱火でゆっくりと釜のなか全体をあたためる。つぎの強火の段階で、沸騰した湯のなかで米が煮えるが、そのままにしておいたら、蒸気が蓋をもちあげて、吹きこぼれてしまう。その直前に、カマドから薪を引いて、残り火の火熱を利用する。すると、粘り気のある汁が米粒に吸収され、米粒の表面をコーティングする。それでものこったわずかな水分は、余熱で熱せられて蒸発する。

沸騰した湯で煮ることと、蒸気で蒸す状態の二段階を経て、日本式の飯炊きが完了するのである。このさいに大切なのは、薪を引き上げるタイミングを誤らないことである。早すぎたら生煮えの飯になるし、遅すぎたら焦げ飯になってしまう。澱粉が完全にアルファー化され、釜底に水分をのこさず、焦げ飯にはならず、しかも釜底に接した米

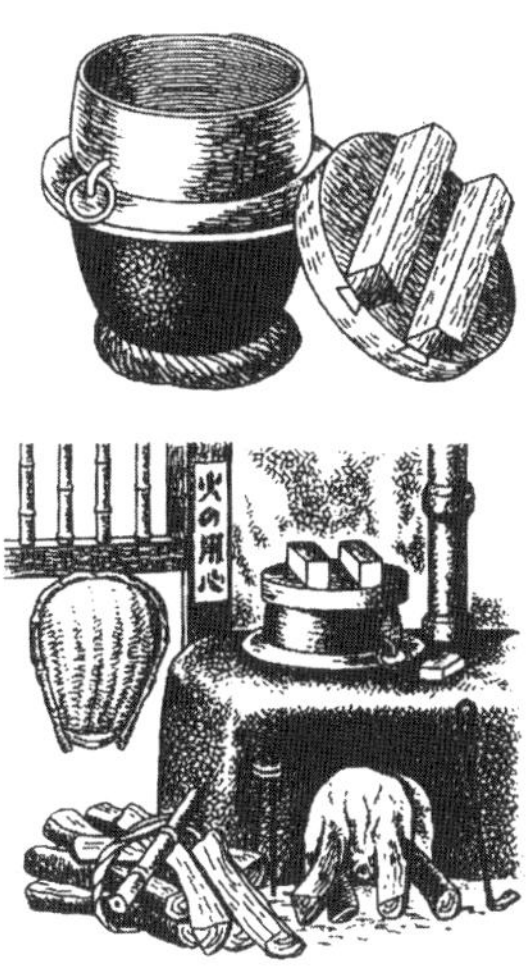

図20　カマドと羽釜

粒の部分にだけ、うすい焦げ目がついて、食欲をそそるよい匂いのするメラノイジンが生成された状態——それが理想的な飯の炊きあがりである。

蓋をあけてはならないので、米の炊け具合の状態を観察することなしに、これらの作業はなされる。そのためには火加減と水加減の厳密さと、長年の経験が要求される。熟練した主婦でも、ときには失敗する可能性がある。それを防止するために、釜のなかで湯が煮えたぎる音を聞いたり、湯気の立ち上がりかたを見たり、匂いをかいで判断をする。飯炊きのあいだ、主婦はカマドの前を離れるわけにはいかなかったのである。

できあがった飯は「飯櫃《めしびつ》＝お櫃《ひつ》」に移しかえて、食事の場に供される。飯櫃は木製なので、保温性にすぐれ、余分な水分を吸収し、朝に炊いた飯を夕食まで保存することができるとされた。夏の暑い日には、食べ残しの飯が変質しないよう、竹製の飯籠にいれ、軒下の風通しのよい場所につり下げることもおこなわれた。

飯シャモジは主婦権の象徴　飯櫃とセットになっているのが「飯シャモジ」である。飯櫃からシャモジで飯をすくい取り、各自の飯茶碗によそうのは主婦の役目であった。このとき、育ち盛りの子どもには他の家族よりも多めに分配するとか、麦飯のなかから、おいしい米のおおい部分をえらんで家長の飯碗によそうなどといったことを、主婦が加減したのである。

かつての日本の家庭では、日常生活の家計は夫ではなく、主婦が管理していた。自給自足経済の時代には、米その他の食料の年間の使用計画をたてて、食料の管理をすることが主婦に任せられ、それが家計の中心的事柄であった。結婚しても、しばらくは夫の母である姑《しゅうとめ》が家計を管理するが、老齢にさしかかって、姑が嫁に家計の管理を任せ、主婦権を委譲することを「シャモジ渡し」と表現した。飯の分配の道具であるシャモジは、主婦権を象徴するものであった。そこで、シャモジを譲ることは穀物貯蔵庫や、米櫃《こめびつ》をはじめとする家庭内のいっさいの管理権の譲渡を意味し、嫁が主婦権を握ることを象徴した。

自動炊飯器の登場　二〇世紀になると、経験とデリケートな判断が要求され、世界でいちばんむずかしい調理であると言われる「飯の炊き方」を簡便化しようという、さまざまな試みがなされるようになる。たとえば都市ガスの普及によって、微妙な火加減のコントロールが容易なガスを熱源とする飯炊き専用の「ガスカマド」が考案された。一九二〇〜三〇年代に、ガスや電気を熱源に組み込んだ炊飯器の発明がいくつもなされたが、いずれも一般の家庭にまでは普及しなかった。

昭和三〇(一九五五)年に、「自動式電気釜」という商品が発売されて以来、急速に飯炊きの自動化が進行した。現在では、コンピューター制御による「自動炊飯器」が普及している。タイマーをセットしたら、希望する時間に、好みの炊き加減の飯が食べられるようになった。保温装置付きなので、いつでも温かい飯が食べられる。家庭では炊飯器から直接シャモジで飯をよそって食べるのが普通で、炊飯器は食卓近くにおかれるようになった。

飯炊きは台所仕事ではなくなり、飯炊きに関する主婦の苦労は昔物語となってしまったのである。そして、羽釜や飯櫃は台所から姿を消してしまった。

3　包丁とまな板～台所の日本刀

包丁は料理人の象徴　かつての日本の職業的料理人にとって、包丁は武士の刀とおなじような意味をもつものであった。料理店の鍋、その他の台所道具は店に所属するが、包丁は料理人が個人で所有する道具であるとされた。「包丁一本晒《さらし》にまいて旅へ出るのも板場《いたば》の修業」と『月の法善寺《ほうぜんじ》横町』で歌われているように、料理人が別の料理屋に転職するときは、包丁をもって移動したのである。料理長はあたらしい料理人の包丁を見て、その包丁が何処の職人によってつくられたものであるか、所有者がいつも研《と》ぎすまして手入れを怠らないようにしているかなど、包丁の状態から、その料理人の技量のほどを判断したという。日本刀には製作者の銘が打たれているが、手づくりの包丁には、刀とおなじように製作者の銘が刻まれている。

現在では板前ということばが、職業的日本料理人をしめす一般名称としても使用されるようになったが、本来の「板前」や「花板」ということばは、「まな板の前」に位置する料理長などの上級料理人をしめすものである。

大きな店の調理場で働く料理人は、野菜や魚を洗ったり、魚のウロコをとったりする「洗い方」、魚などを焼く「焼き方」、煮物料理をする「煮方」などに分業化されている。そのなかで最高の地位にあるのが板前で、刺身を引くまな板の前に位置して、調理場全体の監督をする。

台所の日本刀　現在の欧米の料理用のナイフは、ステンレススチールでつくられているのが普通であるが、これでは魚肉のようなやわらかな材料を、薄く、美麗に切るには刃が堅すぎると、日本料理人たちはいう。

和包丁は、日本刀のつくりかたを引き継いでいる。江戸時代に、世情が安定し武器の需要がすくなくなると、各地に刀鍛冶《かたなかじ》の技術をとりいれた包丁鍛冶が出現した。和包丁は、日本刀の鍛造とおなじく、鋼鉄と軟鉄を組み合わせてつくられる（図21）。そのため、よく切れるだけではなく、しなやかさがあり、微妙な感触が手元につたわり、こまかい細工がしやすい。

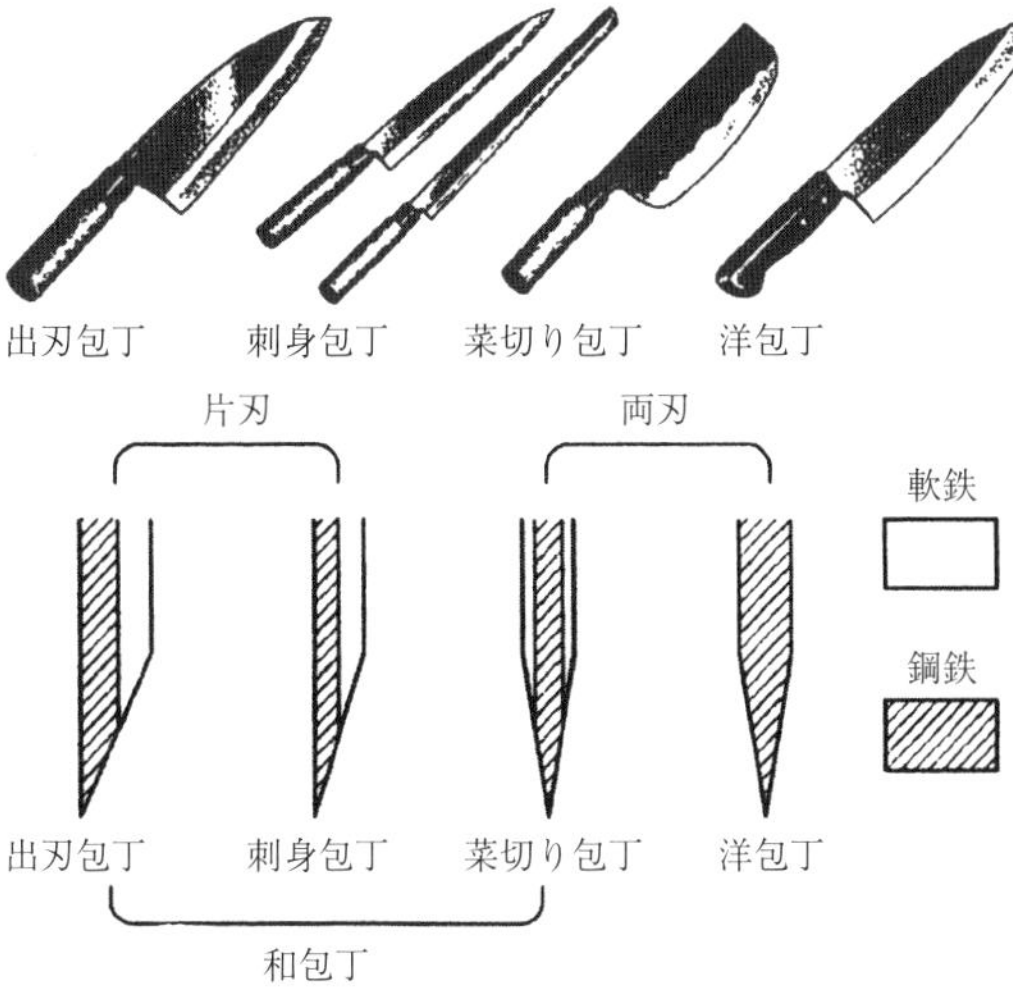

図21　さまざまな包丁

菜切り包丁は両刃であるが、出刃包丁や刺身包丁は片刃である。欧米や中国の包丁が両刃であるのにたいして、片刃包丁が発達したのが和包丁の特色である。

力学的に説明すると、片刃の包丁を使用した場合、平らな側の面は切ろうとする材料に常に密着しており、切断面が平滑になるいっぽう、反対側の刃の角度のつけられた面は、刃のつけられた面の反対側に切られたものを押しひろげる作用をもつ。

そこで、片刃の包丁をもちいることによって、やわらかな魚肉を、なめらかな切断面で薄く引くことができる。片刃で、軟鉄でくるんだ包丁が、材料をなめらかに切る効果をもつことは、切られた材料の細胞を電子顕微鏡によって観察することで証明されている。欧米や中国の包丁が、押し切りをするのにたいして、「刺身を引く」という表現にみられるように、日本料理では引き切りの技術がおもんじられる。

包丁の分化　包丁は、ながいあいだ短刀形の刃物であったが、一五世紀になると、柄幅よりも刃の幅がひろい刃物がつくられ、菜刀《ながたな》という野菜切り用と、魚専用の包丁の二種類が使いわけられた。江戸時代になると包丁の分化がすすみ、料理技術が洗練された一八世紀になると、さまざまな形態の包丁が出現するようになる。(1)

日本ほどさまざまな形態の包丁があり、料理材料の種類におうじて使いわける国はないであろう。幅広で両刃の「菜切り包丁」、片刃の薄刃で細身の長方形をした「刺身包丁(タコ引き)」、刺身包丁の先端がとがった「柳刃包丁」、片刃で分厚い「出刃包丁」、料理職人が使用するものには「ソバ切り包丁」、「アジ切り包丁」、「ウナギ裂き」というウナギ料理専用の包丁、「スイカ包丁」、「スシ切り包丁」……など、さまざまな種類の和包丁がある。この多様化の原因は、一八世紀後半の飲食店の発達にともない、ウナギ屋、麺類の店、スシ屋などといった専門料理店が成立し、そこでとりあつかう食品専用の包丁が開発されたためでもある。

このような料理人専用ではなく、一般の家庭の台所にそなえるべき包丁とみなされていたのは、菜切り包丁、出刃包丁、刺身包丁の三種類で、かつては台所の必需品とされた。

かつて家庭料理は女の仕事とされていたが、大きな魚やニワトリを解体するのは、男の役目であり、鳥肉専門店のない田舎や漁村の生活では、男性が家庭で出刃包丁を使用する機会もあった。

現在では、スーパーマーケットで、切り身魚や、既製品の刺身を購入して食べることが普通になった。そこで、出刃包丁や刺身包丁を台所に置く必要性がうすれ、まるまる一匹の大きな魚を調理したり、刺身を引くことは、料理を趣味とする家庭でしかおこなわれなくなっている。また、砂鉄を原料とする伝統的な手造りの包丁は非常に高価なものとなったし、このような包丁を伝統的な砥石《といし》で研ぐのはめんどうである。このような状況のもとで、三角形をした「文化包丁」と「果物ナイフ」だけしかもたない台所が増加している。

箸を使用する文化では、すべての食べものは台所で、箸でつまめる大きさに切り刻んでおかなければならない。そこで、まな板が台所での必需品となっている。重量のある包丁で叩き切ることがおおい中国の台所では、力をいれて振りおろした包丁の刃先に耐えるよう、丸木を厚く輪切りにした円形のまな板がもちいられるのが普通である。薄手で軽い包丁を使用する朝鮮半島と日本のまな板は中国ほど厚くはなく、長方形である。

まな板　「まな板」という名称の「ま」は接頭語で、「な」は古語で魚をしめす。そこで「真魚板（俎板）」は、もともとは魚を料理するための板をしめす。プロの料理人が魚料理に使用した柄のついた長い箸を「真魚箸」という。伝統的な料理の主力が、魚に焦点を当てたものであったことをしめす名称である。

さきに述べたように、伝統的な台所仕事はかがみこんだり、床に座っておこなわれた。そこで、伝統的なまな板は床に座って作業をするためのものであり、短い脚がつき、低い台状の形をしていた。考古学的発掘で発見された最古のまな板は四世紀後半のものであるが、これには下駄とおなじような構造の脚がついている。その後、四本脚のついた小さなテーブル状のまな板が一般的となったが、一八世紀になると、まな板の下面に切り込みをいれて、そこに低い長方形の板をはめ込んだ二脚のまな板がよく使われるようになった。大正時代以後、立ち仕事の台所が普及するようになると、調理台や流し台のうえにまな板を置いて切るようになり、まな板は単なる厚手の長方形の板になった。

近頃まで、まな板の一面を魚や肉専用にもちい、裏返した面を野菜専用にもちいた家庭もあった。脚つきのまな板をもちいていた頃は、魚用と野菜用に、二つのまな板をそなえていた家庭もおおかったようである。

伝統的な概念では、食品を「精進」と「なまぐさ」という二つのカテゴリーに分類した。肉や魚を料理することは、殺生と血のケガレをともなう「なまぐさい」行為とみなされていた。不浄なものを料理したまな板で、本来は精進である野菜を切ったら、不浄が感染するおそれがあるので、二つのまな板を使いわけたのである。おなじ理由で、富山県など精進を料理する「精進鍋」と、なまぐさものを料理する「不塩《ぶえん》鍋」を使いわけていた地方もある。不塩(無塩)とは、塩をしない鮮魚をさすことばである。

(1) 三浦純夫「まな板と包丁——切り刻む調理具の歴史」日本民具学会(編)『食生活と民具』二一一〜二三三頁、雄山閣出版、一九九三年

4　汁とだし〜うま味の文化

汁と吸いもの　日本人は汁もの好きである。水分がおおい粥を食べるときや、茶漬けの食事などの例外をのぞくと、和食の食事には汁椀が添えられるのが普通である。一汁一菜という献立の最低単位にも汁が登場する。

かつて、秋田県の角館《かくのだて》地方の農村でおこなわれたアンケートの結果によると、この地方では一カ月に一〇〇回ほど味噌汁を食していたという。三度の食事のほかに、間食としても食べられたため、このような結果になったのである(1)。

宴席の食事に供される汁物料理の記録には、「汁」と「吸い物」という二つのことばがでてくる。江戸時代の宴席料理では、飯を食べるときに供されるものを汁とよび、飲酒にともなうものを吸い物とよんだ。さきに述べたように、本膳料理の宴会のさいには、何種類もの汁もの料理が供されたが、そのうち飯碗とともに供されるのが汁であり、その他は吸い物といったのである(2)。したがって、まったくおなじ料理法でつくられた汁ものでも、酒にともなうか、飯にともなうかの献立上の位置により、よび名を変えたのである。ただし、現代ではこのような風習は忘れ去られて、二種類の名称が混用されている。

料理技術から汁物料理を分類する場合、「味噌汁」と「すまし汁」に大別される。いずれの汁も、漆塗りの木椀にいれ、正式には蓋のついた椀で供するのが通例であり、陶磁器の碗は使用しない。

汁椀は、普通は黒塗りか朱塗りであり、外側には装飾的な紋様が描かれることがおおく、内側は黒あるいは朱の無地である。内側を無地にしておくことによって、味噌汁の色を鮮やかに見せ、透明なすまし汁の場合は材料の野菜や魚を浮き立たせる、という審美的な理由からであろう。

中国では陶磁器の碗、朝鮮半島では金属製の碗にスープをいれ、匙をそえて供するが、日本の食事作法では、木椀をもちあげて口をつけて飲む。現在の家庭では、木製の椀に漆を塗った本物の漆椀より、手入れが簡単なプラスチック製を使用することが多くなりつつある。見た目や、持ったときの感触では、漆椀との区別がつきがたい、精巧なプラスチック製もある。

うまい汁物づくりの基本になるのが、だし汁をつくることである。「だし」の語源は、「煮出す」であるといわれる。次にその文化を探ってみよう。

だしの文化　肉食をしない日本の伝統的料理法では、ごくわずかな例外をのぞいては、中国、朝鮮半島のように哺乳類や鳥類で汁物をつくることはなかった。そこで、鰹節、煮干し、コンブ(昆布)、干しシイタケ(椎茸)など、だし専用食品が発達したが、これは日本の食文化の特徴のひとつである。だし専用食品は、水と一緒に短時間煮ることによって、そのエッセンスの大部分が抽出される。だしをひいて、本来の用途をおえた「だしがら」は、捨てるか、佃煮に再加工される。

以下に述べるように、だし専用食品の普及の歴史からみると、民衆の家庭料理においてだしを使用するようになったのは江戸時代以後のことであり、明治時代になってようやく常用されるようになったと考えられる。

鰹節と煮干し　八世紀の『大宝律令』に朝廷への献上品として、「堅魚《かつお》」、「煮堅魚《にかつお》」、「堅魚煎汁《かつおいろり》」という食品がでてくる。堅魚は三枚におろしたカツオの干物、煮堅魚はカツオをゆでて現在の生節《なまりぶし》をつくって乾燥させたもの、堅魚煎汁は煮堅魚をつくるときのゆで汁を煮詰めた汁であると推定される。堅魚煎汁は、発酵調味料である未醬《みそ》、醬《ひしお》とならんで、古代の上流階級の調味料としてもちいられたと考えられる。現在でも鰹節の産地である鹿児島県枕崎《まくらざき》では、堅魚煎汁と同様のカツオの「せんじ」が製造される。鰹節づくりの工程で得られる煮汁を濾過し、とろみがでるまで煮詰めたもので、カツオのうま味と香りのエッセンスであり、だしとして使用される。

ながいあいだ鰹節は、だし専用食品ではなく、そのまま食べる保存食品としてつくられたようである。戦国時代には兵糧《ひょうろう》としてもちいられ、小刀で削って食べられた。

江戸時代になると、煮たカツオを天日乾燥するだけではなく、煙でいぶす焙乾《ばいかん》とカビつけの技術が適用されるようになる。煙で燻製したあと、表面にカビを培養すると、魚肉中の水分と脂肪分が減少し、魚肉の蛋白質がさまざまなアミノ酸に分解する。このカビの作用と燻蒸《くんじょう》の結果、独特のうま味と香気が増加し、長期間変質せずに保存できる、世界でいちばん堅い食品である鰹節が完成した。

鰹節でだしをひくことは、室町時代末に成立した『大草殿より相伝之聞書』が最初の記録であるという。江戸時代の料理書には鰹節のだしの記事がいくつもみられるが、それはプロの料理のことであり、民衆が鰹節のだしを常用したかどうかについては、疑問がのこる。

江戸時代には小刀や包丁で鰹節を削っていたので、削り節をつくるのもたいへんであった。カンナ(鉋)状の鰹節削り器は江戸時代に考案されたといわれるが、明治時代になって家庭に普及しはじめ、全国の家庭の必需品になるのは、昭和になってからのことである。

鰹節とおなじく、イノシン酸のうま味をもつ動物性のだし食品に「煮干し」がある。煮干しは「イリコ（炒り子）」、「ジャコ（雑魚）」、「ダシジャコ（出汁雑魚）」ともよばれるが、イワシの稚魚を主とする小魚類を、塩水で煮てから天日乾燥させてつくる。

日本の沿岸で大量に漁獲されるイワシは、食材としては商品価値のひくい大衆魚とされていた。江戸時代にイワシ網漁業がさかんになると、その稚魚を煮て、安価な灯油である魚油もつくられたが、干鰯《ほしか》という肥料に加工することがおおかった。現在の煮干しにちかいものは、瀬戸内海では一八世紀からあったという。各地で煮干し生産がさかんになるのは明治二〇年代以降である。

いちばん庶民的なだし食品である煮干しの普及によって、だしをとって味噌汁をつくることが普通になった。それ以前は、だしなしで味噌汁をつくる農家もおおかったのである。

コンブとシイタケ　北海道と東北地方の産物であるコンブは、奈良時代から都に運ばれていた。古代、中世には、だしに使用するのではなく、そのまま、あるいは火であぶって食べる保存食品としての用途がおおかったようである。

室町時代、西廻り廻船《かいせん》で福井県の敦賀《つるが》にコンブが水揚げされ、琵琶湖を経由して京に運ばれるようになる。この頃から、コンブはだしに使用されるようになったのであろう。江戸時代に、蝦夷《えぞ》地《ち》開拓がはじまると、コンブは北海道の重要な産物とされ、北前船で大量のコンブが大坂に集荷され、そこから全国に流通した。集荷地であった京、大坂を中心に、室町時代末から江戸時代の高級料理にコンブだしが使用されるようになり、上方料理のコンブだし、江戸料理のカツオだしといわれた。

さきに述べたように、江戸時代、沖縄は中国に輸出するためのコンブの集荷地であったため、その消費量は全国一であり、「クーブイリチー」など沖縄料理の食材としてもよく使用された。しかし、肉食が禁じられなかったので、だしは豚肉や鰹節でひき、コンブを利用するのは一般的ではなかった。

コンブとならんで、歴史的に中国へ輸出された食品に、干しシイタケがある。これは、うま味のもとであるグアニル酸を含有する食品である。もともとは野生のシイタケを採集して利用したが、一七世紀から、原木に切りこみをいれ、そこに天然の胞子が付着するのをまつ半栽培がおこなわれるようになった。明治時代以後、原木に種菌を移植する技術が発達し、シイタケは栽培作物となった。

実証のための記録にとぼしいので、確言はできないが、植物性のうま味食品であるコンブ、干しシイタケのだしは、中世の僧院で開発された可能性が考えられる。

だし専用食品が普及する以前、うまい煮物や汁物料理をつくるときには、「潮汁《うしおじる》」のように魚介類や鳥類を一緒に煮ることで、具材にふくまれる動物性食品のうま味を抽出していた。禅宗など、いっさいの動物性食品を口にすることが禁じられていた僧院での食事に、おいしさを付加するものとして、コンブやシイタケのうま味が認識されるようになったのではなかろうか。

うま味の発見

甘味、油脂、うま味が、おいしさの三大要素といわれる。砂糖のような高カロリーの食品の甘味がおいしいとされるのは、人類に共通する（おなじく高カロリーの油脂を摂取すると、脳内に快感物質が生成され、おいしく感じることが、最近の研究であきらかにされた）。だしは高カロリーではないが、成分にふくまれるうま味物質と香りが食欲を増進させる効果をもつ[3]。

日本料理の基本的技術として、だしをとることが発達した背景には、肉、油脂、強烈なスパイスを使用しなかった伝統的食生活がある。動物の蛋白質や脂肪に富んだ食材は、水で煮るだけでも、肉のアミノ酸や脂肪が溶けだして、おいしくなる。そのため、だしを加えなくても、ビーフシチューはおいしいのである。ヨーロッパの野菜料理では、バターや油脂を使用し、野菜サラダのドレッシングにも植物油を使用する。うま味にとぼしい野菜に油脂が加えられると、食欲をそそるのである。

甘味のあるイモ類などをのぞくと、一般に野菜は塩味だけでは、おいしくはならない。日本では、野菜を煮るときに、味噌や醬油で味つけをするが、味噌、醬油には塩味のほかに、うま味成分である各種のアミノ酸――とくにグルタミン酸がおおくふくまれているので、料理がうまく感じられるのである。

ヨーロッパの学者たちによって、人間が感じる味覚は、甘さ、塩辛さ、苦さ、酸っぱさの四種類であるとの説が提出されたが、日本の科学者たちはこれに異議を唱えた。日本人にとって重要な、だしのうま味がそれでは説明できないからである。この四原味といわれるものをどのように組み合わせても、鰹節やコンブのだしの味にはならないのである。

二〇世紀になって、日本人の科学者たちによって、だしの成分がつぎつぎと発見された。まず最初に、池田菊苗教授が、コンブのだしのうま味はグルタミン酸であることを発見、その翌年にはコムギからグルタミン酸を分離、生成して、結晶状にした調味料「味の素」が発売された。

鰹節、煮干し、肉のうまみ成分はイノシン酸であり、シイタケのうま味成分がグアニル酸であることが、日本人の科学者たちによってあきらかにされた。これらのだし物質のもたらす味覚は、さきの四原味とは性質のちがう味であり、四原味とはことなるメカニズムで、舌から脳に伝達される第五の味であることが証明された。これらのうま味をしめす物質は、日本語をとった「うま味物質(umami substance)」という名称で国際学界に通用することになった。

コンブと鰹節をあわせて、だしをとることはよくおこなわれてきたが、コンブのうま味成分のグルタミン酸と、鰹節のイノシン酸が相乗効果をあげ、コンブだしの一〇倍以上のうま味が感じられることも、科学的に証明された。このような研究にもとづき、うま味物質を工業的に生産する、日本独自の「だし産業」が発達したのである。

現在では、鰹節削り器をそなえた家庭の台所はすくなくなった。そうかといって、化学調味料の結晶を使用することもすくなくなり、天然の材料を主原料として濃縮した液体状や粉末状の各種の「だしの素」が利用されることがおおい。

(1) 宮本常一『食生活雑考』(宮本常一著作集第二四巻)二五三頁、未来社、一九七七年
(2) 河野友美「汁と吸い物について」『食べもの日本史総覧』歴史読本特別増刊・事典シリーズ一七、新人物往来社、一九九二年
(3) 伏木亨「人間の嗜好の構造と食文化」伏木亨(編)『味覚と嗜好』食の文化フォーラム二四、ドメス出版、二〇〇六年

三　外食、料理、飲みもの

　ここで紹介する飲食物は、日本の読者にとっては、なじみの深いものばかりである。しかし、その歴史についてはあまり知られていない。また、飲食という行為の背後にひそむ日本的観念について、わたし独自の見解を記してある箇所もあるので、本書に収録することにした。

　まず、日本の外食店の多様性について述べ、ついで、そこで供される刺身、スシ、スキヤキなどの料理や、豆腐と納豆、麵類などの食品についての記述をおこなう。最後の二章は茶と酒にあてた。

1　外食店〜高密度分布

飲食店の高密度分布　平成一八(二〇〇六)年の総務省「事業所・企業統計調査」によると、日本全国に約七二万軒の飲食店がある。この統計でいう飲食店には、食事を提供する店のほかに喫茶店がふくまれている。おおくの喫茶店では、コーヒー、紅茶などの飲みもののほかに、サンドイッチなどの軽食を提供するのが普通なので、この七二万軒は食事をすることができる施設と考えてよい。単純計算をすると、国民一〇〇〇人に約六軒の飲食店が存在することになる。日本は、世界のなかでも高密度に飲食店が分布する国であろう(1)。

大都市では、東南アジア、インド、トルコ、メキシコなどのエスニック料理を供するレストランもおおく、世界の料理が食べられるが、外国起源の料理のレストランでおおいのは、西洋起源の料理を供する洋食屋と中国料理店で、韓国＝朝鮮料理店がそのつぎにおおい。地方の小さな町でも、日本料理店のほかに、中国料理店とハンバーガー、ピザなどのファストフードを売る店がある。

現在における日本料理の店の実用的分類をしてみると、「料亭」、「板前割烹」、「専門店」、「居酒屋」にわけることができる。

料亭　料理茶屋の系統をひきついだ料亭では、高級日本料理のコースを供する。高層ビルのなかで開業している料亭もあるが、おおくの場合は、料亭は一戸建ての伝統的木造建築、あるいは、そのような伝統的建築を模した店構えである。高級料亭での食事は、タタミの部屋で供される。それぞれの部屋は日本庭園に面して景色を楽しめるように設計され、部屋の床の間には、生け花とともに書画が飾られている。高価な陶磁器や漆器の食器が使用されるので、一流料亭の倉庫は、さながら美術品の保管庫である。このような食器に美的に盛りつけられた料理を、和服姿の女性が運んでくる。

料亭は、料理の味を楽しむだけではなく、美的空間でなくてはならないという通念があるが、それは茶の湯にともなう食事であった懐石料理の美学が、高級料亭にとりいれられているからである。

板前割烹　料亭のつぎのランクに位置するのが板前割烹の店である。さきに述べたように、板前とは料理屋の厨房の「まな板の前」という意味から転じて、伝統的日本料理に従事する料理人をさすことばである。割烹とは、「切る、煮る」ということばが原義であるが、転じて料理をしめすことばとして使用される。

板前割烹店は、一つの空間のなかに調理場と客席が設けられ、客が直接料理人に注文をし、料理人が料理をするのを見たり、料理人と客がコミュニケーションをしながら食事ができる、ダイニング・キッチン形式の店である。スシ屋などの専門店でも、おなじような形式の店構えがみられるが、板前割烹店ではさまざまな種類の日本料理を楽しむことができる。

概して板前割烹の店では、質がたかい料理を供する。できあがった料理を、料理人が目の前にいる客に出すので、給仕を雇わずにすむし、料亭ほどインテリア・デザインや食器に金をかけることがないので、料亭なみの質の料理を比較的手軽な値段で食べることができる。板前割烹店は一九二〇年代の関西にはじまり、大都市で流行するようになった。

専門店　ある特定の料理に専門化したレストランがおおいのが、江戸時代以来の日本の外食の特徴である。さまざまな料理の専門店があるが、代表的なものをいくつかあげてみよう。

いちばんおおいのが「ソバ屋」、「ウドン屋」と「スシ屋」である。蒲焼を食べさせる「ウナギ屋」、「テンプラ屋」もおおい。「フグ料理屋」を開業するには、各都道府県がおこなう試験に合格した、ふぐ調理師免許をもつ料理人がいなくてはならない。

中国料理の軽食を日本風に変形した専門店が「ラーメン屋」と「餃子屋《ぎょうざや》」であり、日本風のカレーライスに特化した専門店が「カレー屋」である。世界の他の国々とおなじく、現在ではハンバーガー、フライド・チキン、ピザなどのファストフード専門店の数もおおい。

居酒屋　「飲み屋＝居酒屋」は和風のパブである。江戸時代の飲み屋の常連は日銭のはいる職人たちであったが、二〇世紀になると都市のホワイトカラーも飲み屋にいくようになった。一九八〇年代になると、若い女性たちのグループを飲み屋でみかけるのは、ごく普通のことになった。たいていの飲み屋では、てばやく提供できる各種の酒肴や「おでん」のほか、飯と味噌汁を用意している。そこで、酒を飲みながら料理を二～三皿食べ、最後に飯を注文するというように、飲み屋で食事をして帰ることもできる。

（1）外食産業の市場規模は平成九（一九九七）年の二九兆円をピークに、減少傾向がつづいている。飲食店数も平成二四（二〇一二）年には五七万五〇〇〇店に減少した。それにもかかわらず全国の飲食店従業員数は増加傾向にある。それは零細な小規模店が閉店するいっぽう、一店舗あたりの従業員数のおおい大型店が増加したことによる。人口の減少と高齢化社会の影響を考えると、わが国における飲食店の減少傾向は当分つづくであろう。それを考慮にいれても、日本は世界のなかでの飲食店の高密度分布地域であることに変わりはない。

2　刺身～料理をしない料理

パラドキシカルな料理観　伝統的な日本の料理思想には、他の文明諸国の料理哲学とはいちじるしくことなる側面がある。ヨーロッパや中国の料理に関する観念には、「料理とは、そのままでは食べられないものに対して、人間が技術を駆使して食用可能なものに変化させる行為である」とか、「料理とは、自然には存在しない味を創造することである」という主張がつよいようである。

たとえば、中国の広東人たちは、自らの料理技術を誇って、「四本足のもので食べられないものは机だけであり、二本足で食べられないのは両親だ。翼があるもので食べられないのは飛行機だけ、水に潜るもので食べられないのは潜水艦だけ」と、なんでも食用可能なものに変えることができると豪語する。

それにたいして、伝統的な日本の料理に関する思想では、人工的技術は最小限にとどめ、なるべく自然にちかい状態で食べるべき、ということが強調される。著名な日本料理人たちは、「料理技術よりもたいせつなのは、新鮮な素材をえらびだして、材料の持ち味を生かす能力である」、「料理人が避けるべきことは、料理のしすぎである」というような主張をつづけてきた。

日本の高級料理は、「料理をしないことこそ、料理の理想である」というパラドキシカルな料理観にささえられているのである。そのような「料理をしない料理」の代表に刺身がある。

刺身は、生の魚肉を切ってならべ、調味料をそえただけの、単純きわまりない料理である。それにもかかわらず、日本人は刺身をもっとも洗練された食べものであると考えている。刺身と、その前身のナマス(膾)は、日本料理の献立の王座を占めてきたものであり、上等な日本料理の献立に刺身を欠かすことはできない。

われわれは、魚料理の味を評価するときに、味つけのよしあしや、料理人の技術を評価するまえに、つねに問題にするのは、その魚が新鮮であるか、どうかである。「まず生で食え、つぎには焼いて食え、それでも駄目なら煮て食え」という格言がある。すなわち、鮮度のよい魚を賞味するには、最低限の料理技術である「切ること」と、最低限の味つけである醤油とワサビをそえるだけの刺身にして、生で食べるべきである。刺身で食べるには鮮度に問題のある魚は、生食についで単純な料理法である焼き魚にして食べろというのである。焼き魚にするには問題があるほど鮮度の落ちた魚には、より複雑な料理法である煮る技術を適用し、醤油、味噌、酒、その他の調味料によって、人工的な味を付加して食べたらよいというのである。

反文化的料理　人類学者であるクロード・レヴィ＝ストロースの理論によると、「焼くという料理法は食物を直接火にかざすことであるのたいして、煮るという行為は、水と容器という二重の媒介物によって火熱と食物を隔てている。文化というものは自然界と人間の間の媒介物として作用するものであるから、火熱という自然界の現象に水と容器という二重の媒介物を通じて作用させる煮るという行為のほうが、焼くことよりも文化的な行為である」という。

この理論をうけいれるならば、煮ることよりも、焼くことをおもんじ、さらに自然のままの状態である生で食べることに価値をみいだす日本人の魚料理にたいする観念は、反文化的な料理の価値体系であるということになるのだが、さてどうだろう？

生の魚を食べるということは、日本に限られたことではない。太平洋諸島では、柑橘類の汁、ココナツミルク、海水や塩で味つけした生の魚肉を食べる習慣があるし、ペルーのセビチェも生魚の料理である。

中国では、古代から動物の肉や魚肉を細く切って、酢を使用した調味料に和えて食べるナマス料理があった。その後、時代が降るにつれ、漢族は生ものを食べないようになり、すべてを火熱で処理する料理体系が発達して、生魚を食べなくなった。それでも、広東省と福建省には「魚生(ユィサン)」という生魚の料理が残っていたが、淡水魚をよく使用するので、魚の寄生虫が人間に感染する危険があった。その防止のために、解放後、生魚の料理が禁止された。しかし、現在でも台湾や、広東・福建出身の華人のおおいシンガポールでは、中国スタイルの刺身を食べることができる。

朝鮮半島では「フェ(膾)」といって、生の牛肉や魚を切って、トウガラシ味噌である「コチュジャン」と酢を基本とした調味料で和えて食べる料理が、現在でも食べられている。日本の韓国料理屋で供される「ユッケ」は、漢字では「肉膾」と表記する。

ナマスから刺身へ　日本でも古代から、生の魚介類や野菜、ときには鳥類や哺乳類の生肉を、細切りや薄切りにして、酢を基調にした調味料に和えたナマス料理が食べられてきた。鎌倉時代の『厨事《ちゅうじ》類記《るいき》』には、コイ、サケ、マス、スズキ、キジ、フナのナマスのつくりかたが記載されている。ナマスの語源を「生酢」にもとめる説もある。

刺身ということばは、京都吉田神社の神官鈴鹿家の記録である『鈴鹿家記』の応永六(一三九九)年の記事に「指身、鯉、イリ酒、ワサビ」とあるのが初出であるという。イリ酒(煎り酒、熬酒)とは、室町時代につくられるようになった調味料で、古酒に削った鰹節、梅干し、たまり少量をいれて煮つめ、漉したものである。コイの刺身に煎り酒とワサビをつけ、あるいは和えて食べたのであろう。

刺身の語源については、切り身にした魚種がわかるように、魚のヒレやエラを魚肉に刺して供した、という説や、武家社会では「切る」ということばをきらって、「切身」ではなく「刺身」と表現したことにもとづくという説もある。

魚のナマスと刺身が同義語として使用された時代を経て、江戸時代になると現在と同様の刺身の食べかたが成立する。ナマスが細かく刻んで酢を使用した和え物であるのにたいして、刺身はナマスよりも大きく切り、煎り酒や醬油を小皿にいれて供し、ワサビなどの薬味をそえる。江戸時代には、煎り酒、カラシ酢、ショウガ味噌などで刺身を食べることもおこなわれたが、醬油をつけて食べるのが主流になった。醬油は、江戸時代の都市から普及した調味料なので、刺身に醬油をつける食べかたも都市民から流行するようになったと考えられる。

ワサビは日本原産の野生植物であったが、江戸時代に刺身が流行するようになると、需要に供給が追いつかず、栽培化されるようになった。

コイなどの淡水魚の刺身もあるが、淡水魚の泥臭さを消すために酢味噌で食べることがおおい。一般には刺身は海水魚が利用される。

刺身にする魚はきわめて鮮度のよいものであることが要求される。したがって、刺身用の魚は高価であるし、冷蔵技術や輸送手段の発達しない時代には、内陸部の住民が海の魚の刺身を食べられる機会はきわめてすくなく、刺身はご馳走の代表であった。

3　スシ〜保存食品からファストフードへ

江戸にはじまる握りズシ　現在では、全国のほとんどのスシ屋が、「握りズシ」を主力商品として食べさせる。握りズシは、一九世紀初頭に江戸の市街で流行するようになった、いわば江戸の地方料理であった。握りズシは、江戸の街で屋台で立ち食いする食べものとして発達し、箸を使用せずに、手で食べるのが普通であった。

明治時代になって、東京の文化が全国制覇をするようになると、各地の都市に握りズシを食べさせる店が出現する。関東大震災で焦土となった東京から、スシ職人が全国に散らばって、握りズシ専門店を開店した。

第二次大戦時に米の配給制度がはじまると、外食券をもたないと、食堂で米を食べられないようになる。戦後の食料難時代の昭和二二(一九四七)年の「飲食営業緊急措置令」で、外食が制限されたときに、東京のスシ屋組合が、スシ屋は「飲食業」ではなく「委託加工業」であると当局に認めさせた。米一合をもっていけば、握りズシ一〇貫をつくってくれて、店で食べたり、持ち帰ることが可能になった。このことにより、全国のスシ屋が、握りズシを提供するようになったのである。

それ以前は、各地の都市には、「サバ(鯖)ズシ」、「柿の葉ズシ」、「酒ズシ」、「大阪ズシ」など、それぞれの地方名物を提供するスシ屋もあった。また、郷土料理としてのスシは、店で食べるよりも、行事のさいに、家庭でつくることがおおかった。

握りズシは、握った米飯のうえに鮮魚の薄切りをのせただけの単純な食品であるが、かたちよく握るには修練を必要とし、家庭の主婦にはつくることが困難で、専門の職人の握ったものを賞味する外食料理とされている。

全国にひろまった江戸前の握りズシは、現在では日本の国民食として、世界で認められるようになった。海外でスシといえば、握りズシ、あるいは巻きズシのことである。現在、世界の大都市のほとんどにスシ屋がある。一九五八年に大阪で生まれた「回転スシ店」も、いまや世界中でみられる。

スシの歴史　「握りズシ」、「海苔巻ズシ」、「ちらしズシ」は、一八世紀後半から一九世紀初頭になって出現した、あたらしいスシである。さきに述べたように、日本の古代、中世のスシは、東南アジアや中国の水田稲作地帯に分布をもつ「ナレズシ」であった。

琵琶湖沿岸では、現在でもナレズシがつくられている。かつては、さまざまな魚種がナレズシの対象とされたが、現在ではニゴロブナを原料とする「フナズシ」が名物とされている。

四〜六月の産卵期に漁獲したニゴロブナのウロコと卵以外の内臓を取り去り、大量の塩を使用して、塩漬けにしておく。七月下旬になると、塩漬けにした魚を水で洗い、余分な塩味をとりのぞき、木桶の底に炊いた米飯を敷きつめ、そのうえに魚をならべ、さらに米飯をのせるという手続きをくりかえし、魚と飯をサンドイッチ状にしてから内蓋をし、そのうえに重石をのせ、水を張って保存する。

張り水で空気を遮断して酸化を防ぎ、塩で腐敗を防止しておくと、米飯が乳酸発酵する。その酸っぱい味が魚肉にしみこみ、蛋白質の一部はうま味のもとであるアミノ酸に分解する。三〇〇g程度の魚なら正月には骨まで柔らかくなり食べ頃となるが、一kg前後の大形の魚は二年間ぐらい保存するとおいしくなる。食べるときには、ペースト状になった飯をこそぎ落として、スライスして、酒の肴や、飯のおかずにする。

「生ナレズシ」が出現した一五世紀以後、日本のスシは、アジアの他の地域とことなる独自の発展をとげる。塩魚と米飯を混ぜて、重石をしてから、数日から一カ月くらいのうちに食べるのが生ナレズシである。この場合、飯にはよわい酸味がつくが、飯はペースト状にはならず、まだ粒状で、魚肉は新鮮さをたもっている。そこで、米飯を捨てずに、魚肉といっしょに食べるのである。ナレズシは魚だけを食べる副食品であったのにたいして、生ナレの出現によって、スシは主食と副食があわさったスナック料理としての性格をそなえるようになったのである。

ナレズシが、特定の漁期に集中して得られる魚の大量保存法としてつくられ、年間を通じて利用可能な保存食であったのにたいして、生ナレになると、祭、宴会などの行事の日に食べることを目的に、少量つくられるようになる。常備の保存食品ではなく、嗜好食品と化した。そこで、スシの原料魚も一時期に大量に漁獲される魚にこだわることなく、多様化し、さまざまな海の魚がもちいられるようになった。また、魚だけではなく、野菜類をもちいた精進のスシもつくられるようになった。

少量を、短期間で食べるために、小さな木箱に飯を詰めて、そのうえに魚肉をのせて、内蓋をして、重石をのせて、できたスシを包丁で切って食べる、「箱ズシ」がつくられるようになり、それが発展して現在の大阪名物の箱ズシとなる。

一七世紀末になると、乳酸発酵による酸味の生成をまたずに、飯や魚に酢を加えて、酢酸の酸味で手軽に味つけをする「早ズシ」がつくられるようになる。そして、一九世紀はじめの江戸の街では、魚には酢をしないで、桶や箱の道具も使用せずに、手で固める「握りズシ」が流行するようになる。保存食品として出発したスシは、発展のすえに握りズシとなり、ファストフードにたどりついてしまったのである。それでも、スシ飯には酢を加えて、かならず酸味をつけることに、古代からの伝統がかろうじて残存している。(1)

(1) 石毛直道、ケネス・ラドル『魚醤とナレズシの研究——モンスーン・アジアの食事文化』二一一〜二八頁、岩波書店、一九九〇年

4 スキヤキ～食卓でのあたらしい伝統

霜降り肉　日本のウシは、毎日ビールを飲み、ブラシでマッサージをしてもらって育てられ、霜降り肉になる、と信じている外国人もいるという。ウシ専用のビアホールやマッサージパーラーがあるわけもなく、普通の肉牛がこのようなぜいたくな待遇をうけることはない。いっぽう、細かい脂肪のサシがはいった日本の霜降《しもふ》り肉を食べて、「やわらかすぎて、噛みごたえがせず、ケーキみたいだ。脂肪がおおすぎて、健康にもよくない」と感想をもらす外国人もいる。

脂肪のおいしさを味わえて、やわらかな肉質の霜降り肉は、スキヤキをおいしく食べるために開発された。洋食や中国料理が、家庭でつくられるようになる以前は、一般の肉屋で塊状の肉を売ることはなく、スキヤキにできる薄切り肉ばかりであった。

さきに述べた、東京の牛鍋は、牛肉をネギ、豆腐と一緒に、だし、醬油、味醂《みりん》、酒などを配合した「割りした」で煮た料理である。関西のスキヤキは、「割りした」を使用せず、まず肉を焼き、さまざまな野菜をいれて、醬油、砂糖、酒、味醂などの調味料をかけて煮て、生卵につけて食べた。

関東大震災で東京が壊滅状態になったあと、大阪や京都の関西風の料理店が東京に進出した。関西料理が入って来て、割りしたで煮ることには変わりはないが、多種類の野菜をいれ、生卵をつけて食べるようになった。牛鍋という名称は死語と化し、関東でもスキヤキとよばれるようになった。

シャブシャブ　スキヤキとならんで人気がある牛肉を使用した鍋物料理にシャブシャブがある。これは北京の名物料理である「涮羊肉（シュワヤンロウ）」の日本版とでもいうべき料理である。涮羊肉は、中央に炭火をいれ、煙突のついた火鍋（フォグオ、日本ではシャブシャブ鍋という）という鍋物専用の鍋で沸騰させたスープに、ごく薄く切った羊肉を箸でつまんで、すすぎ、たれにつけて食べる。涮は、「すすぐ、ざっと洗う」という意味のことばである。

シャブシャブは、北京で暮らしていた日本人たちによって伝えられて、第二次大戦後、関西から流行した料理である。羊肉のかわりにウシの薄切り肉が使用されるが、これにも霜降り肉が好まれるし、日本的に変形したたれが使用され、みごとに日本料理化した。豚肉のシャブシャブも食べられる。シャブシャブという名称は、肉をすすぐときの擬声語に由来し、大阪のある牛肉料理専門店に起源することばである。

「乱交」の料理　手間をはぶくために、できあがった料理を鍋のまま食卓に供して、各自の食器にとりわけて食べることは、世界各地で略式の食べかたとしておこなわれる。しかし、東アジアで発達した鍋物料理は、食卓に材料と熱源をおき、食卓で料理をつくりながら食べることが特徴である。それは、箸と木炭を使用する文化圏に特徴的な料理法である。沸騰している鍋から直接食べるので、鍋物料理は熱く、体を温めるので、日本では冬に好まれる。材料を切っておくだけなので手間がかからないし、鍋物をかこむ誰でもが、料理長になれる楽しみがある。多くの家庭において、冬には週に一度は鍋物料理をしているであろう。

しかしながら、現在の形式の鍋物料理が成立したのは、スキヤキの例にみるように、明治時代以後のことである。

一九世紀に肉食が復活してから、牛鍋＝スキヤキが普及したが、魚や豆腐を主材料とする鍋物料理は、その以前から存在していた。しかし現在の鍋物のように、一つの鍋を人びとがとりかこむ形式の食べかたではなかった。さきに述べたように、伝統的な日本人の食べかたは、個人別に食物をあらかじめ盛りわけるのが原則であった。おなじ鍋や食器に、箸をいれて食べあうのはタブーであり、おなじ器から食物をとりわけるさいには、誰の口にも触れない中立の箸である取り箸＝菜箸を使用するのであった。口に触れる箸をまじえることによって、他人のケガレが感染することを防止したのである。

そこで、かつての鍋物料理は、個人単位の鍋を使用したのである。たとえば、秋田県の名物料理の「ショッツル鍋」は、この地方の特産品の魚醬油であるショッツルを調味料として、魚や野菜を煮る料理である。現在では、ひとつの土鍋を家族全員がかこんで食べるのが普通である。しかしかつては、一人に一個の炭火をいれた小さなコンロと、鍋の役をするホタテ貝の貝殻が用意され、一人一人が自分の貝殻で料理をして食べたのである。子どもが独りで料理をする能力があるとみとめられる年頃に達すると、自分の使用する貝殻の鍋が渡されたという。そこで、ショッツル鍋を「カヤキ（貝焼き）」とよんだ。

江戸時代の絵画資料でも、小さなコンロに小さな鍋をかけて、「湯豆腐」などの一人用の鍋物をつくる情景が描かれている。ただし、夫婦、親子のようにきわめて親密な関係の者の間では、おなじ鍋に箸をいれて食べることもあったであろう。

明治時代にはじまった、一つの鍋に直箸を入れてつつきあう鍋物は、箸を通じて、鍋を共にする者同士の人格が混交しあう食べかたである。それは、日常的な作法を破る、いわば「乱交パーティ」である。このような食べかたは、食べる者同士の連帯感をたかめる効果をもつ。そこで、スキヤキなどの鍋物は、ことなる地方の出身者が集まる学生の寮や宿舎などで、連帯意識を強化する料理として、よくおこなわれるようになったのである。

鍋物料理が発達したのは、中国、朝鮮半島、日本である。この東アジア諸国では、古くから木炭を料理の熱源として利用し、コンロが普及していたので、煙をださない燃料を使い、食卓で容易に調理できたのである。また、この地域で箸が使用されていたことも、鍋物の発達と関係をもつ。手づかみでは、煮えたぎる鍋から食べものをとることが困難だし、金属のフォーク、スプーンでも手が熱くなって食べづらいであろう。

鍋物料理を食べる東アジアの国のなかでは、日本のような箸の使い方に関するタブーがなかった中国、朝鮮半島のほうが、古くから普及したのである。

5　豆腐と納豆～畑の肉

豆腐の起源　ダイズを原料とした各種の食品が発達したことは、東アジアの食文化の特徴のひとつである。豆腐、納豆などの日常的副食物であるダイズ食品のほか、味噌、醬油など調味料もダイズからつくられているので、平均的な日本人は、毎日なんらかのかたちでダイズを食べている。肉や乳製品が欠如していた伝統的な食生活においては、ダイズ食品が蛋白質の重要な補給源の役割をはたしてきたのである。

漢王朝の創始者である劉邦《りゅうほう》の孫にあたる淮南《わいなん》王が、紀元前二世紀に豆腐を発明したという中国の伝説がある。しかし、中国食物史研究の開拓者である篠田統《おさむ》の考証によると、中国の文献に豆腐の文字があらわれるのは九世紀末から一〇世紀初頭のことであるという。

豆腐という文字があらわれる以前の唐代の中頃（八〜九世紀）に、中国人が北方の遊牧民のつくるチーズ状の食品である乳腐《にゅうふ》の製法にヒントを得て、中国人が豆腐を考案したのだろう、と篠田は推測した。すなわち、乳に酸、あるいはレンネットといわれる酵素を凝固剤として加え、乳の蛋白質を凝固させてチーズを製造する方法を、ダイズに適用して豆乳を凝固させたのが、豆腐であるという。乳腐、豆腐の腐とは乳製品の胡語にたいする宛字であり、「腐った」という意味ではなく、「ブルンブルン」したものをしめすことばとされる(1)。

豆腐の製法　その後の技術的進歩の結果、現在の東アジアでは、酸や酵素ではなく、金属イオンの作用を利用した凝固剤である硫酸カルシウム（石膏）、あるいは「にがり」（主成分は塩化マグネシウム）をもちいて、豆乳を固めるのが一般的である。日本では伝統的には「にがり」を使用して豆乳を凝固させたが、第二次世界大戦中に、「にがり」にふくまれる金属マグネシウムが軍需用のジュラルミンの原料として統制物資にされた頃から、「澄まし粉」という石膏を使用することになった。石膏で凝固させた豆腐は、保水性がよく滑らかなので、日本人の嗜好に合致して定着した(2)。

機械を使用するようになる以前の、伝統的な日本の豆腐のつくりかたを紹介してみよう。乾燥したダイズを一晩水に漬けると、吸水して二倍くらいにふくれる。これを石臼で挽いて得られた、どろどろの液体に水を加えて、おおきな釜にいれて一〇分程度沸騰させてから、布袋にいれて絞り、「豆乳」と「おから」あるいは「卯《う》の花」とよばれる絞り粕に分離する。

おからは蛋白質とダイズ油に富んだ栄養のたかいものであるにもかかわらず、貧乏人の食べものとみなされてきた。江戸時代の学者である荻生徂徠《おぎゅうそらい》は、若い頃は貧乏で、豆腐屋から毎日おからをもらい、それを食べることで生き延びていたという。おからに魚や貝、海藻、野菜などを加えて煮るおから料理もあるが、現在ではおからの大部分は家畜の飼料にまわされる。

豆乳は、中国人の好きな飲みものであり、朝食のさいに飲む者もおおい。近年、日本でも人気を得ている。

凝固剤である「にがり」は、塩化マグネシウムが主成分である。海水を濃縮して食塩の結晶を採取したあとの残りの溶液や、自然塩を空気中に放置して溶け出してくる液体をあつめたものである。かつては、塩をおおきな稲藁《わら》の袋にいれて保存していたので、湿気を吸収して、袋から液体が滴る。これをあつめてにがりとして使用した。

にがりを入れて、豆乳が凝固しはじめたら、底に多数の穴をあけた木箱に注ぎ、重しをして余分な水分をしぼりだして固め、水のなかにいれれば豆腐の出来上がりである。あとは、買い手がくるのを待てばよい。

「冷奴《ひややっこ》」や「湯豆腐」の食感をおもんじる日本の豆腐は、柔らかいため衝撃によわく、傷つきやすいので、水にいれておくのである。中国や朝鮮半島の豆腐は固くつくるので、市場では板のうえに積みあげて売っている。

豆腐食品　食品保存剤や冷蔵技術のない時代には、豆腐をそのまま保存することはできず、豆腐屋はその日に売るぶんだけを毎日製造した。都市では朝食の味噌汁に豆腐をいれることがおおく、朝はやく買いにくる顧客に間に合うよう製造するので、豆腐屋は町でいちばん早起きをする職業であった。売れのこりの豆腐は、「油揚げ」、「ガンモドキ（西日本では、ヒリョウズとよぶ）」、「焼き豆腐」などに加工した。

江戸時代初頭に、冬期に豆腐を冷凍乾燥させて保存食品化した「高野豆腐（凍り豆腐、凍《し》み豆腐）」がつくられるようになった。高野山の土産物として有名となったので、この名称が普及した。現在では高野豆腐は、冷凍施設と乾燥施設をそなえた工場で、工業的に生産されている。

寿永二（一一八三）年、奈良の春日若宮神社の神職の日記に「唐符《とうふ》」という文字があらわれるのが、日本における豆腐の初出である。中世における豆腐の製造と料理は仏教寺院で発達したが、なかでも肉や魚の動物性の食品の食用を厳格に禁止した禅宗寺院で豆腐がよく食べられた。動物性の蛋白質を食べない僧侶にとって、豆腐は蛋白質の重要な補給源であった。そこで、現在でも有名な禅宗寺院の近くには、豆腐料理専門店がある。

江戸時代初頭、豆腐は高級食品であり、農民が豆腐を自家製造することを禁じることもあった。江戸時代中頃になると、都市には多数の豆腐屋が出現し、町の住人にとって、豆腐はもっとも日常的な食物になった。しかし、豆腐屋のない農村においては、製造に手間がかかるため自家製造して食べることは普段はせず、豆腐料理はハレの日の食べものとみなされていた。

さきに述べた『豆腐百珍』シリーズが刊行されたことでわかるように、何百種にのぼる豆腐料理が考案されたが、そのなかで日本人がもっとも愛好するのは、「冷奴」と「湯豆腐」であろう。湯豆腐を煮すぎると、硬くなり、微妙な豆腐の味がそこなわれるので、あたためた程度で湯豆腐は食べるべきであるという。ここにも、「料理をしないことを料理の理想とする」哲学が顔をのぞかせている。豆腐そのものの持ち味を賞味しようと試みるのである。そして、豆腐の成分の大部分が水であるので、よい水が得られるところで、うまい豆腐が生産されるといわれている。

湯葉　豆腐の兄弟にあたるのが「湯葉」である。湯葉も中国起源の食品で、中国語では、シート状の干し湯葉を「腐皮（フービー）」とか、「豆腐皮（トウフォビー）」とよぶ。乳を弱火で加熱すると、表面に固形の膜ができる。おなじように豆乳を加熱すると、蛋白質が凝固した膜ができる。これが湯葉である。湯葉は、鎌倉時代に禅僧が中国から伝えた食品であると考えられる。寺院における精進料理の材料としてもちいられてきたので、寺院のおおい京都で湯葉料理が発達した。

納豆　煮たり、蒸したりしたダイズを稲藁で包んでおくと、稲藁に付着していた菌が移って繁殖し、ダイズが発酵して「糸引き納豆」ができあがる。このように「納豆」は単純な製法の食品であるが、納豆の発酵に役立つ菌が増殖せず、有害な菌が優勢に増殖したら食用に耐えないものになる。二〇世紀はじめに、日本の科学者たちが納豆菌（バチルス・ナットウ）を分離し、製造業者に頒布するようになった。この菌を加熱したダイズに移植して発酵させることにより、稲藁を使用せず、清潔で、効率よく、失敗せずに納豆が生産できるようになった。

納豆の仲間には、朝鮮半島の「チョックンジャン（戦国醬）」、ネパールの「キネマ」、ブータンの「シェリ・スゥーデ」、アッサムの「アクニ」、ミャンマーの「ペー・ガピ」、北タイの「トゥア・ナオ」、マレー半島からジャワ島にかけての「テンペ」がある（図22）。

これら納豆の仲間は、加熱したダイズを放置して菌を生やしたり、稲藁や木の葉に包んで植物体についている菌を移植して、無塩発酵をさせる。地域によって発酵菌の種類がちがうので、日本や朝鮮半島のように糸を引くものもあれば、テンペのように煮豆が白いカビ(クモノスカビ)におおわれ、糸を引かず粘り気の少ない製品など、さまざまである。トゥア・ナオは、発酵したダイズを搗きくだいてから、煎餅状に成形し、乾燥させて、長期保存が可能なようにした納豆の仲間である。

中国の古代には無塩発酵の納豆状の食品である「淡豉(ダンチー)」もつくられたが、のちに塩を加えて製造する、日本の浜名納豆に似た「豆豉(ドウチー)」に変化した[3]。

このような納豆類似食品が東アジア、東南アジアに分布することを考えると、日本の糸引き納豆も古い時代から存在した食品であろうが、ながいあいだ文書記録に登場することはなかった。粗野な食べものとみなされたため、洗練された都の料理には登場せず、中央の文献に記されることがなかったのであろう。

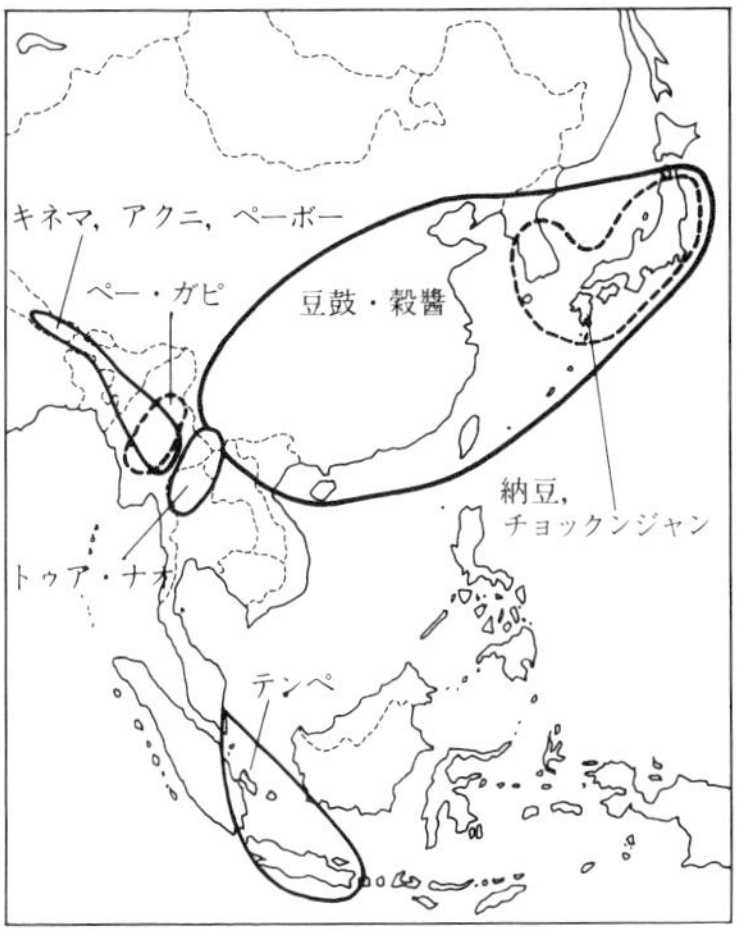

図22　ダイズ発酵製品の分布図(『魚醬とナレズシの研究』p. 352 より)

一五世紀の中頃の『精進魚類物語』は、納豆、豆腐、野菜などの精進物の軍勢が、魚鳥の生臭物《なまぐさもの》の軍勢と合戦し、精進物が勝利し、魚鳥は鍋で煮られてしまうという、『平家物語』のパロディである。そこに精進物の大将は、美濃国の住人である大豆の御所の子息「納豆太郎糸重」であると記されている。これが文献にあらわれる糸引き納豆の初出である。
一九世紀以前は、刻んだり、すりつぶして、「納豆汁」にするのが、納豆の食べかたの主流であったようである。『宝暦現来集』によると、文政年間(一八一八〜三〇年)まで、江戸の市街での納豆売りは、納豆汁用に「たたき納豆」といって納豆を刻んだものに、細かく切った豆腐、菜と薬味をそえて売りにきたが、一八三〇年代の天保年間になると、粒納豆だけを売りにくるようになったという。

江戸の市街で、朝食に手間をかけられない、いそがしい都市民のあいだで、手軽なおかずとして醤油をかけた納豆の食べかたが流行するようになったのである。

朝飯にパンを食べることが普及する以前の東京人の典型的な朝の食事は、飯と味噌汁、納豆、漬物の献立であった。一九五〇年代まで、東京の市街では、毎朝、納豆の行商人の売り声が聞こえた。

江戸＝東京の文化的影響のつよい東日本では納豆がよく食べられるのにたいして、現在でも西日本では納豆の消費はすくない。関西人は納豆を知らないといわれるが、そんなことはなかった。元禄三(一六九〇)年刊の『人倫訓蒙図彙《じんりんきんもうずい》』には、京の町にたたき納豆を売る店があったことが記載されている。幕末の京、大坂、江戸の三都の風俗を比較した『守貞謾稿』には、江戸の納豆売りについて述べたあと、「京坂は自製するのみ、店売りもこれなし」と記されている。納豆は、関西人の嗜好にあわず、幕末になると、納豆好きの者は自家製造しなくてはならなかったようだ。ただし納豆を食べないのは都市部であり、京都北山の農村部では第二次大戦の頃まで糸引き納豆を自家製造していた(4)。

糸引き納豆のほかに、別の系統の納豆がある。煮たダイズに、コウジカビ(アスペルギルス・ソーヤ)を移植し、二〜三カ月塩水に漬けて発酵させてから、乾燥させたものである。普通の納豆のような粘り気はなく、黒褐色をした、ウサギの糞のようなかたちをしていて、八丁味噌に似た味がするものである。そのまま、酒の肴にしたり、飯のおかずにしたりするほか、すりつぶして調味料にもちいることもある。

これは、中国の豆豉と同類のもので、日本では九世紀には存在していたことがわかっている。古代には「くき(豉)」という名称や、「塩辛納豆」ともよばれ、中世ではたんに納豆とよばれることもあった。しかし、江戸時代になると、納豆という名称は糸引き納豆をしめすことになった。

京都の天龍寺でつくられる豉を「天龍寺納豆」、大徳寺でつくられるものは「大徳寺納豆」、浜名湖の近くの大福寺でつくられるものは「浜名納豆」あるいは「浜納豆」というふうに、寺院と関係ある名称でよばれることもある。これらを総称して、「寺納豆」ともいう。精進をまもる寺院で発達したダイズ食品である。

(1) 篠田統「豆腐考」『風俗』第八巻一号、二〇~三七頁、一九六八年
(2) 市野尚子・竹井恵美子「東アジアの豆腐づくり」石毛直道(編)『論集 東アジアの食事文化』平凡社、一九八五年
(3) 吉田集而・石毛直道「民族学から見た無塩醗酵大豆とその周辺」相田浩・上田誠之助・村田希久・渡辺忠雄(編)『アジアの無塩発酵大豆食品――アジア無塩発酵大豆会議'85講演集』STEP、一九八六年
(4) 久世壇「京都北山七ヶ村の食生活」『季刊人類学』第七巻四号、講談社、一九七六年

6　精進料理〜仏教徒のヴェジェタリアン料理

仏教と神道　一神教であるイスラーム教やユダヤ教、キリスト教の世界では、一人の人間が同時に二つの宗教の信者になることはあり得ない。しかし日本の場合は、神仏習合といって、土着の宗教である神道と、外来宗教である仏教が融合し、民衆は神と仏の両方を信仰するのであった。かつては、おなじ境内のなかに仏教寺院と神社が建てられた神宮寺《じんぐうじ》もおおかった。日本の近代化が開始されると、明治政府は、仏教の影響を排除し、神道をもりたてようとする政策を採用した。

江戸時代には、寺院は檀家制度を利用した人別帳《にんべつちょう》による戸籍管理の業務をおこなった。人びとは出生、死亡、よそに転居するさいなどは寺院に登録をしなければならず、寺院は行政の末端組織としての機能もになっていた。このような旧体制を近代的行政機構に改革するためには、寺院の勢力をよわめることが必要であった。さらに、神道の最高の司祭としての天皇の権威を利用して近代化を図ろうとした新政府は、神道を国家統合のイデオロギーの基幹に位置づけて国民国家を形成しようとした。

そこで、明治の初期には、神仏分離がおこなわれ、廃仏毀釈《はいぶつきしゃく》といって、仏教寺院が破壊されたり、僧侶の還俗《げんぞく》が奨励されたりした。そのような風潮のなかで、明治五(一八七二)年に政府は、「僧侶の肉食妻帯蓄髪は勝手たるべし」と、僧侶が俗人とおなじ生活をおくることを許可したのである。

神道の神官たちは魚や鳥肉を食べたり、酒を飲むことが許されており、神社の祭には酒や、魚が供物として供えられ、神官は結婚することができる。それにたいして、浄土真宗以外の仏教の宗派においては、僧侶は結婚が禁じられ、肉や魚を食べることや、飲酒も禁じられていた。このような戒律を破った僧侶は破門されることになっていたのだが、実際は隠れて妾《めかけ》をもったり、酒を飲み、魚を食べる僧侶もすくなくなかったようである。

一般の民衆でも、親族の命日には動物性の食品を食べず、精進がまもられた。両親の命日などのさいは、月命日《つきめいにち》といって、毎月おなじ日に精進をしたので、むかしの家庭では一カ月に二〜三回は魚を食べない日があったのである。

祖先の霊魂を祭る仏教行事である盆の期間は、殺生を禁じる仏教の戒律にしたがって漁民は漁業に従事することをやめ、すべての仏教徒は動物性の食品を食べないですごしてきた。現在でも、盆の期間には出漁しない漁民もおおいが、冷蔵された魚や肉が店にでまわっているので、盆の期間を精進料理ですごす風習は消滅しかかっている。

おおくの仏教宗派のなかでも、とくに精進料理の発達に貢献したのが禅宗であった。

一三世紀は日本における宗教改革の時代であり、中国仏教の影響を脱し、日本仏教独自の教義をつくりあげた宗派がいくつも出現した。そのなかでも、ラディカルな運動をくりひろげた浄土真宗は、僧侶に肉食妻帯を許す、独特の教義をつくりあげた。これらの日本化した仏教宗派は、その後、中国の仏教とほとんど交流関係をもたなかった。

しかし、禅宗は日本化した仏教になることを拒否し、中国の禅宗を学ぶために僧侶を留学させ、中国から高僧を日本に招聘しつづけてきた。このような禅僧によって、中国の学術や美術は日本に紹介されることがおおく、中世において禅宗は中国文明を日本に紹介する重要な役割をはたしてきた。中国の精進料理の技術も、禅宗が伝えて、日本の僧侶たちの食事を向上させたのである。豆腐や湯葉の料理法や寺納豆など、禅宗の寺院から他宗の寺院や民衆の台所に伝えられたものがおおいと考えられる。

普茶料理とシッポク料理　一七世紀中頃に、中国の禅宗の高僧である隠元が移住してきて、京都郊外の宇治に黄檗山萬福寺《おうばくさんまんぷくじ》を開設した。このとき、隠元は中国風の精進料理の技術を伝えたといわれ、それを「普茶《ふちゃ》料理」という。

普茶料理では、ゴマ油をよく使用し、おおくの材料を油炒めや揚げ物にし、料理の最終段階では、水にといた澱粉を加えて、とろ味をつけることもおおい。この普茶料理の技術は、現在の中国で「素菜（スウツァイ）」とよばれる精進料理に共通するものである。

銘々膳に個人別の配膳をする日本料理とはことなり、普茶料理では、大きな食卓をかこみ、大皿に盛った料理を銘々の小皿に取り分けて会食し、料理名も片言の中国語で呼ぶのであった。

おなじように中国に起源する食事に、「シッポク（卓袱）料理」がある。これは鎖国下で中国人が居住することを許された唯一の場所である長崎で成立した、日本化した中国料理である。シッポク料理は仏教とは関係ないので、魚、ニワトリ、ブタなどの動物質の材料も使用し、料理とともに酒を飲むことができるが、普茶料理では植物質の材料に限られ、飲みものは茶である。一八世紀の日本の知識人のあいだには中国趣味が高揚し、シッポク料理や、普茶料理を食べることが流行し、これらの料理の専門店もできた。

肉や魚の動物性の高蛋白食品を禁じられている精進料理では、植物性の食品にふくまれる蛋白質の利用に工夫が凝らされる。さきに述べたように、豆腐料理や湯葉、麩の料理は植物性の蛋白質の摂取源である。

「精進料理」では、鰹節その他の魚や肉を原料とした、だし汁を使うわけにはいかない。そこで、さまざまな植物性の材料からだし汁をとることがおこなわれるが、もっとも重要なのがコンブとシイタケである。中世以来、干しシイタケは日本から中国に輸出されて、中国の精進料理の重要な材料とされてきたが、一九八〇年代になると、逆に中国で栽培されたシイタケが日本に輸入されるようになった。

豆腐、湯葉、麩などの精進料理の材料には、栄養と独自の食感はあるが、材料そのものの味がしないものがおおい。それらの材料を、他の材料と混ぜたり、だし汁の味をふくませたうえで、炒めたり、揚げたりしてから、煮るといったふうに、さまざまな料理技術を何重にも駆使することによって、本来は味のないものを、おいしく食べるための技巧が凝らされる。それゆえ、一般に精進料理をつくるには、時間と手間がかかる。

「料理をしないことを、料理の理想とする」日本料理のなかで、人工的なテクニックを必要とされるのが精進料理である。技巧を凝らして、植物性の材料しか使用せずに、魚や肉料理の外観をつくり、味も似たものにつくりあげることもおこなわれる。

たとえば、ウナギの「蒲焼」を、海苔とすりおろしたヤマノイモを主材料としてつくるが、外観、テクスチャー、味も本物の蒲焼にちかい。これらの「もどき料理」は、料理人が技術を誇るために考案したものであろうが、それだけではなく、僧侶たちが俗人の食べものにたいする煩悩を断ち切ることができなかったことをしめすものでもあろう。

7　テンプラとトンカツ〜歴史があたらしい国民料理

テンプラとサツマ揚げ　「テンプラ（天麩羅）」は、海外でもよく知られている日本の代表的料理のひとつである。しかし、その歴史は比較的あたらしい。

魚介類を使用せず、野菜だけを材料とするテンプラを「精進揚げ」とよび、区別することがある。油脂を使用しない日本料理のなかで、寺院で発達した普茶料理などの揚げ物が、精進揚げという名称の起源である可能性が考えられよう。

テンプラということばは、日本語に語源を探すことが困難である。テンプラは、さきに述べたように南蛮人が伝えた料理であるので、ポルトガル語に語源をもとめようとする説が有力である。だが、中国から伝えられた料理であるとして中国語に語源をたどる説など、一〇種類くらいの語源説があるが、いまだもって定説はない。

テンプラという名称の初出は、寛文九（一六六九）年刊の『料理食道記』のなかの「てんふら」とされ、「小鳥たたきて、かまくらえび、くるみ、葛たまり」と記されている。小鳥のミンチ肉やイセエビを餡かけにしたものと思われるが、これでは揚げ物であるかどうかは、わからない。

延享四（一七四七）年刊の料理書『料理歌仙の組糸』に、「てんふらは何魚にてもうんとんの粉まぶして油にて揚る也。菊の葉てんふら又ごぼう、蓮根、長芋其他何にてもてんふらにせんにはうんとんの粉を、水、醬油とき塗付けて揚る也」とあり、衣揚げのテンプラの製法がはじめてあらわれる。

幕末の『守貞謾稿』では、「京坂にては半平《はんぺい》を胡麻油揚げとなし名づけててんぷらと云油をもちひざるを半平と云也江戸には此天麩羅なし他の魚肉海老等に小麦粉をねりころもとし油揚にしたるを天ぷらと云此天麩羅京坂になし有之《これある》はつけあげと云」と関東と関西のちがいを説明している。すなわち、関西でのテンプラは、現在の「サツマ（薩摩）揚げ」にあたる魚のすり身を油揚げにしたものを指し、一方、現在のテンプラにあたる衣揚げを「つけあげ」とよんだのである。

つけあげは、薩摩の島津藩が琉球に進出したときに、沖縄で「チギアギ（付け揚げ）」とよばれる魚のすり身の油揚げをもちかえり、鹿児島名物のサツマ揚げとなった。そこで、関東・東北地方ではサツマ揚げの名称を使用するが、西日本と明治の開拓期に関西人がおおく移住した北海道では、サツマ揚げをテンプラとよぶことがおおかった。幕末にサツマ揚げの仲間の食品をテンプラとよんでいた京都、大阪では、現在でもサツマ揚げをテンプラという高齢者がおおい。

従来、食用油といえば高価なゴマ油が主であったが、江戸時代になると、安価な菜種油が生産されるようになり、油絞りの技術も進歩して、手軽に買えるようになった。このような背景のもと、豆腐の油揚げ、サツマ揚げ、テンプラのような揚げ物料理が江戸時代に普及することになった。

魚介類の衣揚げであるテンプラは、ソバ、ウナギの蒲焼、握りズシとならんで、江戸の街で発達した食べものである。一七七〇〜八〇年代に、江戸市街の道路の屋台における立ち食いの料理として、テンプラが普及した。箸を使用しないで気軽に食べられるように、魚、エビ、野菜などを竹串に刺して、衣をつけて揚げた。値段も安い大衆相手の食べものであった。

一九世紀の初頭には、屋台ではなく、店構えをしたテンプラ専門店ができ、幕末になると、「江戸のレストラン・ガイド」である料理番付にもテンプラの名店が載せられた。テンプラ屋が飲食業界での市民権を得て、地位のある人びとも賞味するようになったのである。

日本料理となったトンカツ　二〇世紀になってから流行した、あたらしい揚げ物料理が「トンカツ」である。仔ウシやヒツジの切り身にパン粉をまぶしてつくる料理を、英語で「カットレット(cutlet)」という。これが、なまってカツレツというようになり、豚肉のカツレツが普及すると、略してトンカツとよぶようになった。

カットレットや、ドイツやオーストリアのシュニッツェルのような西欧の肉料理は、仔ウシ肉や仔ヒツジ肉、豚肉の薄切りをたたき、コムギ粉をまぶして溶き卵をつけ、パン粉をまぶしてから、バターやラードをフライパンにいれて焼く。トンカツのような揚げ物料理ではなく、「シャロウ・フライ(shallow fry)」といって、少量の油脂で焼きつけて加熱するのが定法である。

明治初期の西洋料理の本にカツレツが紹介されているが、二〇世紀にさしかかる頃、日本化した洋食として、ポークカツレツが東京の洋食店で流行するようになった。これは、テンプラの伝統にのっとって、大量の油脂をいれた深い揚げ鍋のなかで衣をつけた肉が泳ぐようにして揚げる「ディープ・フライ(deep fry)」の料理に変化してしまった。バターではなく、牛肉にはヘッド、豚肉にはラードがもちいられ、テンプラとおなじくゴマ油で揚げる店もあった。

明治二八(一八九五)年に、銀座の西洋料理店「煉瓦亭」では、キャベツのせん切りを添えたトンカツをポークカツレツという名称で供したという。トンカツという名称は、大正一〇(一九二一)年に、新宿の「王ろじ」という店からはじまったという。

一九二〇年代には、東京の下町に豚カツ専門店が何軒も誕生した。トンカツ専門店では、ステーキとおなじくらいに厚切りにしたブタのヒレ肉やロース肉を、内部まで熱が通るように揚げる技術を誇った。揚げたトンカツをまな板のうえで一口大に切って供し、客はこれを箸で食べたのである。

箸で食べる食べものとなったことによって、トンカツは日本国籍を得て、以後、日本料理の宴会にも供されるようになったのである。トンカツには、キャベツのせん切りと、伝統的な和カラシを添えるのが定法となった。これは、西洋のマスタード(洋カラシ)とはことなるものである。

トンカツやコロッケには、既製の国産ウスターソースをじゃぶじゃぶかけた。当時の日本人にとって、ウスターソースは西洋の醤油にあたる調味料と考えられ、醤油が万能の調味料であるように、西洋料理には、なんでもウスターソースをかけて食べたのである。

トンカツ屋の後を追ってできたのが、串カツ屋である。大正一一(一九二二)年、神戸に最初の串カツ専門店ができ、その後、大阪を中心に大衆的居酒屋兼串カツ店が流行するようになった。関西流の「串カツ」の特色は、豚肉だけではなく、牛肉、鶏肉、魚、エビ、貝、野菜、コンニャクなど、なんでも小さな串に刺してパン粉をつけて揚げてしまうことにある。

かつての家庭では、パン粉をつけた揚げ物料理であるトンカツやコロッケは、近所の肉屋がつくったものを買ってきて食べた。一九六〇年代になると、植物油で揚げるだけの半製品のトンカツが売り出され、家庭でよくつくられるようになった。トンカツ専用のトンカツ・ソースが生産されるようになり、家庭の食卓の必需品となっている。

名古屋周辺では、八丁味噌を使用したたれをかけた味噌カツの人気がたかいが、これはトンカツの郷土料理化である。

トンカツから派生した料理に、カツ丼、カツカレーがある。また、トンカツづくりの技術を適用した料理に、カキフライとエビフライがある。パン粉をまぶしたカキやエビを大量の植物油で揚げる料理は、海外にはない日本起源の洋食である。ながいあいだ、トンカツとおなじくウスターソースをつけて食べたが、現在ではタルタルソースで食べることが普及しつつある。トンカツとカキフライ、エビフライは、海外の日本料理店でも人気の料理となっている。[1]

（1）岡田哲『とんかつの誕生――明治洋食事始め』講談社、二〇〇〇年

8　麺類～味の地方差

関東と関西　明治時代になって、首都東京の方言を基調にして標準語が定められ、政府の強力な指導のもとに、国民国家の形成と歩調をあわせて全国に普及した。一九七〇年頃から地方文化の復興運動が始まり、方言の見直しもおこなわれるようになったが、それまでは、公的な場で方言を話すことは恥ずかしいとされ、方言の話者は標準語にたいして劣等感をいだいていた。

そのような状況で、大阪と京都の方言――この二つの都市が隣接していることからわかるように、大阪と京都の方言は似ており、その微妙な差を識別できない東京人は両方をあわせて関西弁とよぶ――は例外であった。京都や大阪の人間は、ラジオやＴＶでも、恥じることなく関西弁で話したりもした。その背景には、関西の社会や文化に対する自負心と、東京に対するライバル意識がある。

かつての京都は首都で文化の中心地であったし、大阪は江戸時代を通じて経済の中心地であった。

全国の文化を均一化し、中央集権化する近代の東京にたいして、歴史的伝統をもつ関西だけが対抗できたのである。関西の自己主張が、方言よりも顕著にあらわれるのが食べものである。

東京が首都となってから、その前身である江戸で成立した握りズシとテンプラ、江戸風のウナギの蒲焼などの食べものが全国制覇するようになる。

いっぽう、すでに述べたように、現在東京で食べられているスキヤキは関西から進出したものである。東京の料亭で供する洗練された高級料理のほとんどが、明治時代以後に関西の懐石料理の影響を強くうけたものであり、伝統的な江戸前＝東京の料理を供する高級料亭はすくない。

カウンターごしに料理づくりが見られ、料理人と対話しながら食事のできる板前割烹店は、小さくても、てっとりばやく、うまいものを食べさせる点が実質本意の大阪人にうけて、明治時代の大阪で流行しはじめる。板前割烹店は、関東大震災以後の東京に進出し、やがて全国に普及した。

ソバとウドン　ごくありふれた食べものでありながら、江戸＝東京圏と関西圏の嗜好のちがいを顕著にしめすものが麺類である。東京を中心とする東日本では「ソバ」を愛好し、関西を中心とする西日本は「ウドン」地帯である、というのが、一般の人びとがいだくステレオタイプ化した概念である。ただし、現実には東日本でも、北関東の畑作地帯などウドンを食べてきた地域もあるし、西日本にもソバを名物とする地方もたくさんある。

作物としてのソバは、稲作やコムギの生産には適さない寒冷で土地のやせた場所でも栽培できる。そこで、山がちな場所ではソバが食べられてきた。江戸は平野に位置するが、後背地に山梨県や長野県といったソバの産地をひかえていたので、よく食べるようになった。

西日本には、大阪平野や、讃岐平野のように気候が温暖で地力が肥えた平野部がある。そこではイネの収穫のあと、水田の水を落として畑地とし、冬から春にかけてコムギを栽培し、一年のうちにイネとコムギを収穫する二毛作がおこなわれた。そこで、ウドンが麺類の主流となったのである。

江戸時代、都市に麺食専門の軽食店が出現する。一七世紀の江戸の麺食店では、「うどん・そば切り」という看板をかけ、ウドンのほうがソバよりも上位に記されていた。もともと、ソバは、「ソバくらいしかできない」土地のやせたところで救荒食として栽培されたので、コムギにくらべると格のひくい作物とされていたことにも関係することであろう。

しかし、一八世紀になると、江戸では地位が逆転して、ソバが主流となる。ソバ屋がウドンも食べさせるということになり、「ソバ通」といわれる人びとが出現する。ソバを趣味性のたかい料理にまで洗練させたのは、江戸における外食文化であった。

江戸では、濃口醬油の濃厚な味にあうように、大量の鰹節を使用した「ソバつゆ」がつくられ、ウドンが優勢な関西では、薄口醬油とコンブだしの「ウドンつゆ」がもちいられた。いっぽう、関東と関西の中間に位置する名古屋周辺では、幅広いキシメンを、八丁味噌で煮込んだものが好まれる。このように、各地に名物の麺料理があり、麺類は地方の味が代表される食べものである。

ラーメン　第二次大戦終了後から、さきに述べたシナソバが全国的に流行するようになる。「シナソバ」は差別的な言葉としてしだいに使用されなくなり、「中華ソバ」といわれるようになり、現在は「ラーメン」とよばれる。

シナソバ、中華ソバ時代は、鶏ガラのスープに醬油を加えた味つけで、具にはシナチク（支那竹＝メンマ）、豚肉、鳴門巻、刻みネギがのせられたものがおおかった。鳴門巻、刻みネギは、在来のソバ、ウドンから引っ越してきたものであり、最初から日本化した麺料理としての性格をそなえていた。
ラーメンの語源については、中国語で手延べ麺をあらわす「拉麺（ラーミェン）」に起源するという説が有力である。

おなじくコムギ粉でつくった麺であるにもかかわらず、ウドンやキシメン、ソウメンなどの日本の麺類と中華麺のことなる点は、麺生地の製法にある。塩水でコムギ粉を練るのが日本の伝統的な製麺法であったのにたいして、近代になって日本に伝えられた中華麺の製法では、塩のほかにアルカリ塩を溶かした「かん水（鹹水）」で生地を練る。かん水の作用で、麺の弾力性が増し、しこしこした食感になり、麺は淡い黄色で、独特の匂いをもつ。

中国北部の小麦作地帯はアルカリ性土壌なので、そこの水もつよいアルカリ性をしめす。このような風土のなかで生まれた麺の風味を、人びとは嗜好したのだろう。のちに、中国南部の稲作地帯でコムギの麺がつくられるようになるが、水が酸性なので、アルカリ塩水溶液である「かん水」を加えて、北方とおなじような風味をもつ麺をつくる技法が成立した。近代の日本で中国料理店を開業した中国人は広東省、福建省などの南方の出身者がおおいため、日本の中華麺の生地づくりにはかん水を使用するのが定法となったのであろう[1]。

敗戦によって、旧満州や、中国の各地から日本に引き揚げてきた人びとが、ラーメン屋を各地の都市で開業し、中国系の麺料理を普及させた。当時の日本は食料不足に悩んでおり、人びとは栄養の高い食品に飢えていた。ニワトリやブタのスープを使用し、叉焼（チャーシュー）をのせた中国系の麺は、伝統的な日本の麺よりも栄養に富む麺料理であると歓迎され、ラーメンが全国に普及したのである。

ラーメンが全国的な商品として展開される過程で、各地のラーメン屋が、それぞれの地方の嗜好にあったスープの味つけやトッピングの種類について工夫をこらし、地方独特の料理法を考案した。

札幌では、塩や醤油のかわりに味噌で味つけをし、北海道の産物であるバターとトウモロコシをスープのうえにのせ、麺自体の味が濃厚な味のスープに消されないように、かん水をおおく加え、弾力があり太めの麺を使用するサッポロ・ラーメンがつくられた。ほかにも北海道には旭川ラーメン、函館ラーメン、上川ラーメンといった名物ラーメンがある。九州で有名なのは、長浜ラーメン、熊本ラーメン、鹿児島ラーメン……といった具合に、発祥地の名前が付けられた。こうして、中国起源の麺料理が日本各地で地方化して、新しい郷土食になったのである。

現在の中国では、ラーメンは日本発の麺料理としてうけいれられ、大都市には「日式拉麺」の店が進出している。

一九六〇年代以降、食品の流通が全国的規模で展開し、料理や食べもの情報がＴＶや新聞などのメディアを介して全国に普及するようになると、食べものの地方的特色が失われ、均一化する傾向がつよい。

そのなかで、ラーメンは逆に地方的な性格を強調し、それぞれの土地の名物料理として定着した。さらに、東京や大阪など大都市ではチェーン店が展開して、日本各地のラーメンが食べられるようになった。ラーメンは比較的歴史のあたらしい食べものであるだけに、さまざまな種類に分化する活力をもっているのである。

即席麺の誕生　昭和三三（一九五八）年に、世界で最初の即席麺である「チキンラーメン」が発売された。これを開発した安藤百福《ももふく》氏は、昭和四六(一九七一)年には「カップヌードル」を発明した。発泡スチロール製の使い捨てのカップに、即席麺に乾燥肉や乾燥させたエビや野菜のトッピングをのせ、食べるための小さなプラスチックのフォークを添えた商品である。カップのなかに湯をついだらよいだけなので、カップが鍋と食器の機能を備えている。

スープ麺は、食べるときに椀状の食器を必要とするし、箸がないと食べづらい。したがって、チキンラーメンは椀や箸を使用して食事をする地域以外には普及しづらかった。その制約をやぶるものとして、カップヌードルが登場したのである。いまや、カップヌードルは伝統的には麺食の習慣がなかった地域にまで普及した世界的商品となった。

二〇〇三年における、世界での即席麺の消費量は一〇一四億食であり、人類は一年に一人あたり一四・四食の即席麺を食べていることになる。

(1) 石毛直道『麺の文化史』七七〜七八頁、講談社学術文庫、二〇〇六年(再録『石毛直道自選著作集』第三巻、ドメス出版、二〇一二年)

9 保存食〜漬物と魚の干物

漬物は保存食品 ヨーロッパの保存用食品は、ハム、ベーコン、ソーセージなどの肉製品とバターやチーズのような乳製品がおおいが、肉や乳が欠如した伝統的な日本の食生活においては、畜産物を加工して保存する技術が欠落していた。日本の保存用食品の主な素材は野菜、海藻、魚である。

野菜に塩を加えて貯蔵すると、乳酸菌や酵母の働きで防腐力をもつ乳酸や酢酸が生成され、塩の保存力とあいまって長期間保存できる「漬物」となる。

広義の漬物には、魚介類や海藻を原料とした製品もある。ナレズシは米飯を漬け床にした魚の漬物であるし、若狭から丹後半島にかけての地域の郷土料理である「ヘシコ」は、塩蔵魚を糠床《ぬかどこ》に長期間漬けこんでつくる。

しかし、普通は漬物といえば、野菜や山菜が原料である。漬物が発達した北海道、東北、北陸地方などは積雪地帯で、大地が雪におおわれる四カ月間前後は、新鮮な野菜を手にいれることができない。冬越しのために野菜を保存する必要があり、そこで雪国に名産品の漬物が数おおく生まれた。栽培した野菜ばかりではなく、一定の季節に大量に採集できる野生の食用植物である山菜も、冬季の植物性の食物として重要であり、漬物にしたり、乾燥品にして保存したのである。

漬物は、そのまま食べるだけでなく、積雪地帯では、水に浸して塩分を取り去ってから、煮物など、冬季の料理素材として利用することもおこなわれてきた。

コンブ、ワカメ、ノリなどの海藻の乾燥品も重要な保存食であった。乾燥させることによって腐敗を防止し、同時に軽量にもなり、長距離運搬に便利であった。そのため、海藻の乾燥品は、古代から全国規模で流通していた。

かつての首都であった京都は、漬物の種類がおおいことで有名である。内陸部に位置しているので、京都では日常的に海産魚の副食物を食べることが困難であり、食事における野菜の副食物の比重がたかかった。さまざまな野菜の品種改良が京都近辺でおこなわれ、「京野菜」といわれる洗練された野菜がおおいため、それを原料とした漬物が考案されたのである。

塩を使用しない特殊な漬物もあるが、一般には漬物づくりに塩は不可欠であり、さもなければ塩分をふくむ醤油や味噌を加えて漬物をつくる。その種類は、八つに大別される。

①野菜に塩をまぶし容器に入れてから内蓋をし、そのうえから重石をのせてつくる、もっとも単純な技術である塩漬

②米ヌカに塩を加えてペースト状にしたものに漬ける糠漬《ぬかづけ》

③醤油に漬ける醤油漬

④味噌に漬ける味噌漬

⑤酒粕に漬ける粕漬《かすづけ》

⑥塩をまぶした野菜を酢に漬ける酢漬

⑦コウジに塩を混ぜたものにつける麴漬《こうじづけ》

⑧カラシの粉末に塩水とコウジを混ぜたものに漬け込む辛子漬《からしづけ》

このような漬け床と、葉菜、ダイコン、カブ、ナス、キュウリ……といった原料を組み合わせると、日本全国に一〇〇〇種類以上の漬物が存在することになる。そのなかでも、全国的に普及し、漬物の代表となったのが、タクアンと梅干しである。

ダイコンの糠漬である「タクアン」は、一七世紀頃から、さかんにつくられるようになった。

「梅干し」は、少量で塩分を補給でき、のどの渇きを止める効果があるとされ、内戦がつづいた室町時代の後期からは、兵士の携帯食としてよくもちいられるようになった漬物である。防腐効果があるので、米飯の弁当に梅干しをのせた日の丸弁当にしたり、握り飯のなかに梅干しをいれた。

中国では古代から完熟前の梅の実を薫製にしたものや、塩漬にしてから乾燥させたものが薬品として利用されたので、日本の梅干しも食中毒を防ぐ効果があると信じられ、また疫病が流行したときには梅干しを食べたら伝染しないと考えられた。

生鮮食品化した現代の漬物　江戸時代の大都市には漬物の専門店が出現していたが、農村では漬物は自家製が普通であった。一九三〇年代、漬物の生産量の八〇％が自家製で、工場生産は二〇％であった。現在では、漬物づくりをする家庭が減少し、企業が生産した漬物を買うことがおおくなった。雪のおおい地域の冬期でも、温室栽培をした、あるいは輸入品の生鮮野菜が出回るようになったので、漬物を調理の材料に使用することもすくなくなった。

塩気のおおい長期間保存用の漬物は、塩分の取りすぎによる病気の原因とされている。そのため、調味液に漬けこむ、低塩分の漬物が商品としてもてはやされるようになっている。これらの低塩分の漬物は冷蔵庫で保存しなければならない。すなわち、かつての保存食品が、いまや生鮮食品化しているのである。

塩魚と干物　これは、魚の保存食品についてもおなじである。かつては、長期間魚を保存するためには、さきに述べた塩辛やナレズシにするほか、大量の塩をまぶした塩魚や、天日乾燥させて極端に水分をすくなくした固い乾燥魚である干物に加工した。薫製にして魚を保存する技術も知られてはいたが、あまりさかんではなかった。

しかし冷蔵保存の発達した現在、塩分の量がすくない塩魚や、乾燥時間を短くした生乾きの干物が市場におおく出回り、これらは鮮魚同様に家庭の冷蔵庫にいれて保存されるのである。

干物に加工されるのは、イワシ、カタクチイワシ、アジなどの、小形で一度に大量に漁獲されるため、鮮魚としては市場価値の低い魚がおおい。大量に製造されるこのような魚種の干物のほか、一〇〇種類以上の海産魚やイカ、タコ、貝類にいたるまでも干物に加工される。

塩魚も、干魚も、めんどうな調理法が不必要で、焼くだけで食べられるので、調理に時間をかけることがむずかしい朝食の副食物として好まれる。伝統的な旅館における朝食の典型的な献立は、塩魚である塩鮭、または小魚の干物を焼いたもの、納豆、ノリ、生卵、味噌汁、米飯、漬物から構成される。納豆、ノリは保存食品であるし、生卵は割って醤油をいれてかき回してから飯のうえにかけるだけのことで、調理を必要としない。

米飯の供される食事のなかで、いちばん簡単なものが、茶漬けである。この最低限の食事にも漬物が登場することからわかるように、漬物は米飯に不可欠な食べものとみなされてきた食べものである。

10　茶の伴侶～餅と菓子

餅には稲霊《いなだま》が宿る　伝統的な祭や行事に登場するのが餅である。正月は「餅」を食べるときで、雑煮を食べるほかに、「鏡餅」が供えられる。

ガラス製の鏡が普及する以前の日本の鏡は、青銅製で円盤の形をしていた。この金属の鏡は、神道の神を象徴する物体とされていた。おおくの神社では、社屋の奥に金属製の神鏡が置いてあり、その鏡にむかって人びとは祈る。

神道の神々は「あの世」の存在であるが、人びとが祈願するときには、「この世」にやってきて、神鏡に宿って、祈りを聞いてくれると信じられた。正月には各家庭が、この神鏡の形を模した鏡餅を飾ることによって儀礼の場となり、元旦の朝、食事前に鏡餅に手を合わせて拝むのである。

鏡餅に宿る神は、歳神《としがみ》といわれる一年間のイネ作を司る神であり、それはイネの穀霊が神格化されたものである。したがって、元日の朝、一年の最初の行事として鏡餅を拝むことは、あたらしい年のイネ作の無事を願う農耕儀礼としての意味をもつのである。

米を搗き固めてつくる餅には、イネの穀霊が凝縮されている。したがって、餅は神聖な食べものとしての性格をもつ。そのため、餅は祭の食べものとされてきた。また、力餅といって、餅を食べると、他の食物にくらべエネルギーや力が増すとみなされた。米を凝縮させた食品で、少量でおおくのカロリーを摂取でき、消化に時間がかかるので、なかなか腹が減らないという栄養学的、生理学的理由もある。それにもまして、餅を食べればイネの穀霊の超自然的な力を身につけることができるとして、力がでる食品とされたのであろう。そこで、正月に小さな丸餅を年長者が配る風習がうまれ、これが「お年玉」の起源であるという説がある。

食事で餅を食べれば主食の地位を占めるが、食事以外で間食として茶と一緒に食べる餅は、「餅菓子」という菓子のカテゴリーにいれられる。可塑《かそ》性のある餅をさまざまな形に加工し、抹茶やヨモギなどを混ぜて色つけをしたり、餡をくるんだり、餅菓子の種類は非常におおい。餅に似たもので「ダンゴ（団子）」がある。ダンゴは、ウルチの米や、モチ米の粉を水でこね、小さな球形に丸めて、蒸したり、ゆでてつくる。

甘味料と菓子　菓子ということばは、古代には果物や堅果をしめすことばであった。食事の最後にデザートを食べることが一般的ではなかった日本では、食事と食事のあいだに間食をするためのモモ、カキ、ウリ、ミカン、クリ、クルミなどの果物や堅果が本来の菓子であった。穀物や豆類を主要な原料として人工的につくった甘い菓子が普及すると、果物を「水菓子」と区別した。

『日本書紀』に、皇極二（六四三）年に日本に移民してきた朝鮮半島の貴族が、三輪山で養蜂を試みたが成功しなかったという記録がのこされている。その後、日本において養蜂はほとんどおこなわれなかった。一八世紀になると、いくつかの地方で、農家の副業としての養蜂がはじまったが、その産額は少なかった。野生のハチの巣から採取した「蜂蜜」が主流のため貴重品であり、日常の食物ではなく薬品としてもちいられ、蜂蜜を使用した菓子づくりはなされなかった。明治政府が西洋種のミツバチと、その養蜂技術を導入してから、日本で養蜂が盛んになり、一時は海外に輸出するほどの産額の拡大をみた。

伝統的な甘味料には、アマズラがある。「アマズラ（アマチャヅル）」の茎を切り、そこからしたたり落ちる甘い樹液を煮詰めてシロップ状にしたものである。『枕草子』には、平安時代の宮廷で、氷室《ひむろ》で保存した氷を削ってアマズラをかけて食べたことが記録されている。『今昔物語』には、アマズラでヤマノイモを甘く煮た「芋粥」があらわれる。ほかに古代の甘味料としては、米を発芽させた米モヤシからつくる「水飴《みずあめ》」もあったが、水飴やアマズラは貴重品で、庶民の口に入るものではなかった。

さきに述べたように、八世紀頃から、中国から伝来した「唐菓子（とうがし、からくだもの）」がつくられた。唐菓子のおおくは、コムギ粉、あるいは米の粉を練って、さまざまな形をつくり、ゴマ油で揚げたものがおおい。しかし、これら古代の菓子にアマズラなどの甘味料が加えられるのはまれで、甘みのないものが普通であった。

ながいあいだ日本では「砂糖」を生産することがなく、中国から輸入される珍奇な品物であり、薬用品であった。

一六世紀に日本の商船隊が中国南部や東南アジアとの交易を盛んにおこない、いっぽうポルトガル、オランダ、イギリスの商船や、中国船が日本にやってきて貿易をおこなうようになると、砂糖の輸入がふえ、甘い菓子がつくられるようになり、さきに述べた日本的に変形した西欧起源のケーキである「南蛮菓子」や、甘い餡をいれて蒸してつくる中国起源の菓子である「饅頭《まんじゅう》」などがつくられるようになる。ついでながら言及すると、中国語で「饅頭《マントウ》」といったら、コムギ粉を発酵させてつくる蒸しパンのことで、主食食品である。日本の饅頭のように餡をいれた食品は「包子《パオズ》」という。

鎖国後も、海外との交易を許された唯一の港である長崎にオランダ船や中国船がもたらす重要な物資のひとつが砂糖であった。一七世紀になると、琉球や西南日本の温暖な地方でサトウキビを栽培して、国産の砂糖を生産することがはじまる。砂糖の普及によって、都市には菓子の専門店が成立し、さまざまな種類の菓子を製造販売するようになった。

茶と菓子の結合　茶や菓子について吟味し、最高のものが供されるのは茶の湯の会のときであった。茶会に供される菓子は、あまりにも甘すぎると茶の味を損なうといわれ、ほのかな甘味をもち、色彩と造形的な美しさをそなえていることが要求される。そこで、茶の湯が盛んであった、江戸時代の京都、金沢、松江などの都市で、高級な銘菓が発達した。茶会が懐石料理の形式をつくりあげたのとおなじように、抹茶を飲む茶会が優雅な菓子を生みだしたのである。

ただし、民衆の日常生活のなかで、菓子を食べる習慣を広めたのは、「葉茶」が普及してからのことである。上流階級の飲みものであった「抹茶」を飲むためには、さまざまな専用の道具が必要だし、めんどうな作法が要求されるので、民衆の飲みものにはならなかった。民衆の普段の飲みものは、湯や水、あるいは飯を炊いたあと釜底に残った焦げ飯に湯を注いだものなどであった。

一七世紀はじめになると、抹茶ではなく葉茶を飲むことが普及する。茶の木は日本のおおくの地方で栽培可能なので、農民たちは畑の一郭に茶の木を植えて、自家製の茶を飲むようになり、茶が国民飲料になったのである。

日常的に茶を飲むようになると、八つ時(午後二時頃)の間食に、茶と菓子が供されるようになり、これを「おやつ」というようになった。民衆の茶である「番茶」にともなう菓子は、気取らない安価なものであった。そのような菓子には甘味の加えられないものもおおかった。現在の関東地方で好まれる「塩煎餅《しおせんべい》」はその一例である。

二〇世紀前半までは、菓子を買って茶を飲むのは都会の民衆の風習であり、農民は塩辛い漬物や、ゆでたり焼いたりしたサツマイモやクリなど、自家製の軽食とともに茶を飲んだのである。

明治時代以来、西欧から導入された菓子は、油脂や乳製品を使用するので、日本の伝統的菓子をあらわす「和菓子」にたいして、西洋の菓子という意味の「洋菓子」とよばれる。緑茶を飲むときには和菓子が添えられ、紅茶やコーヒーには洋菓子が出されるのである。ただし、現代では一日の生活のなかで茶やコーヒーを飲む頻度が多くなったので、菓子やスナックをともなわずに飲むことのほうがおおい。

11 酩酊と覚醒〜酒と茶

燗酒と徳利・猪口　一九八〇年代から、フルーティな香りを楽しむために、冷やして飲む吟醸酒が流行するようになった。それまでは、原則として酒は温めて飲むものであった。もっとも、醸造酒を温めて飲むのは日本だけではなく、中国でも「紹興酒《しょうこうしゅ》」などの醸造酒を温めて飲む習慣がある。

古代の貴族たちは、桃の節句にあたる太陰暦の三月三日から菊の節句の九月九日の間の暑い時期をのぞき、酒を温めて飲んでいた。江戸時代の中頃になると、年中酒を温めて飲むことが一般化した。正徳三(一七一三)年に刊行された貝原益軒の『養生訓』には、「酒は冷飲も、熱飲もよくない。胃腸をこわす。ぬる燗の酒がいい」と記されている。この頃から小さな杯である「猪口《ちょこ》」と「燗徳利《かんとっくり》」が普及したようである。それまでは、正式の飲酒のさいには扁平なヤカン状の容器に取っ手をつけた銚子《ちょうし》と、平たい杯を酒器としてもちいていた。

一九世紀前半の寛政〜天保年間頃の世相を記した『寛天見聞記』によれば、同書の筆者が幼少の頃は酒の器は金属製の燗鍋である鉄銚子と塗盃(漆塗りの平たい木杯)がもちいられたが、のちに「銚子」は染め付けの陶器(徳利)に、酒杯は猪口に変化したと述べられている。また、「盃あらひとて丼《どんぶり》に水を入れ猪口数多浮かめて詠《なが》め楽しみ」と、「杯洗《はいせん》」が使用されるようになったと記されている。

共飲の作法　酒宴のさいには、自分で酒を注がず、他人から勧められ注いでもらって飲むのが作法であった。そこで、料亭での宴会では、お酌の係として芸者が雇われる。「お流れちょうだい」といって、自分より目上の者の酒杯を使用して飲み干してから、返杯をして、徳利から酒を満たす杯の往復がなされる。それゆえおおぜいの宴会では、杯を交換するたびに洗うための水を入れた専用の道具である「杯洗」が用意されることになったのである。このような杯交換の風習は、伝統的な酒宴において、おなじ杯の酒を目上の者から目下の者へ飲み回した飲酒儀礼が変形したものである。

平安時代の公式の酒宴は、三度儀礼的に酒を飲むことからはじまる。大きな杯に満たした酒を、まず主賓が飲み、おなじ杯を次席の者に渡して飲ませ、その次の者に渡す……というように、一つの杯で参加者全員が酒を飲む。これを三度くりかえす「式三献《しきさんこん》」がおわると、そのあとは各自の杯をもちいて飲むことが許される。

その起源は、古代の宗教的な飲酒にさかのぼる。現代の神社の祭礼の直会《なおらい》の共同飲酒に、この習慣が残されている場合がある。神に捧げた酒を大きな杯に入れて、祭の参加者たちが、座順に従って飲み回す。おなじ器の酒で酩酊することにより、宗教的な連帯感が強化されるのである。茶の湯で、おなじ茶碗をもちいて茶を飲み回すのは、飲酒の作法が茶にうけつがれたのである。このような一つの器で回し飲みする風習は、かつて、飲酒や喫茶が集団を単位としておこなわれていたことを物語る。

貴族や上級の武士、裕福な人びとのあいだでは、酒好きの者が毎日一人で酒を飲むこともあったが、おおくの場合、飲酒は、祭や年中行事、結婚式のときなど、人びとが集まっておこなう社会的行事――すなわちハレの日――におこなわれることであった。茶の湯も、趣味をおなじくする少人数のグループを単位として、茶室という非日常的空間のなかでおこなわれることであった。

やがて葉茶の飲用が普及することにより、手軽に飲茶が楽しめるようになり、集団を単位とした儀式的な茶の飲みかたから、一人で茶を煎じて飲むように変化した。

おなじように、ハレの日に備えて自家醸造の酒をつくるのではなく、製造された酒を売る酒屋が増加することにより、手軽に酒を入手でき、また飲酒のための施設である居酒屋が成立することによって、行事とは関係なく日常的に一人で酒を飲む人びとが出現したのである。

このようにして、非日常的なハレの飲みものである酒が日常的なケの飲みものに変化し、集団を単位として飲まれたものが、個人を単位として消費されることになった。このような現象が進行したのは江戸時代の都市においてであった。

酒と茶の対立関係　酒が酩酊の飲料であるのにたいして、茶は覚醒の飲料であるという認識にもとづいて、酒と茶・コーヒーが対立関係にあるととらえることは、おおくの文化に共通することである。たとえば中国では九世紀末か一〇世紀初頭に書かれたと推定される『茶酒論』という本があるが、これは擬人法で書かれていて、酒と茶のそれぞれが、優劣、勲功を論争して譲らないところへ、水が仲裁者となって、酒と茶を仲直りさせるというストーリーである。

日本では、酒を好む人を「辛党」、酒を飲まずに菓子好きの人を「甘党」という。甘党の飲みものである茶は、葉茶の飲用の普及につれ日常生活の飲みものとなったので、ケの性格がつよい。それにたいして、酒の飲用は個人化してきたとはいえ、祭や行事と結びつくため、ハレの飲みものとしての性格を現在でも残している。すなわち、ハレの飲みものである酒に対し、ケの飲みものとしての茶が対立関係にある。

汎神教である神道では、神々の数はきわめておおいが、「お神酒あがらぬ神はなし」ということわざがあるように、ほとんどの神道の祭で神社への酒の奉納がおこなわれ、祭の重要な儀式の終了後、人びとが集まって、その酒を飲むための宴会である直会《なおらい》がおこなわれる。酒は人と神のコミュニケーションの手段としての役割をになっているのである。

いっぽう、茶は飲酒が禁じられた寺院においてよく飲まれたし、仏教儀礼のさい仏前への献茶もおこなわれる。酒が祭や結婚式など祝い事の贈答品とされるのに対して、仏教寺院や僧侶を連想させる葬送儀礼の贈答品として茶を使用する地方もおおい。そこで、酒が神に結合する飲みものであり、茶は仏に結合する飲みものとしての対立関係が生じる。

大量の酒を飲む者は男らしいとの評価に対して、甘い菓子で茶を飲む者は女性的であるとの評価をくだされる。このような酒と茶の対立関係をあらわすのが図23である。

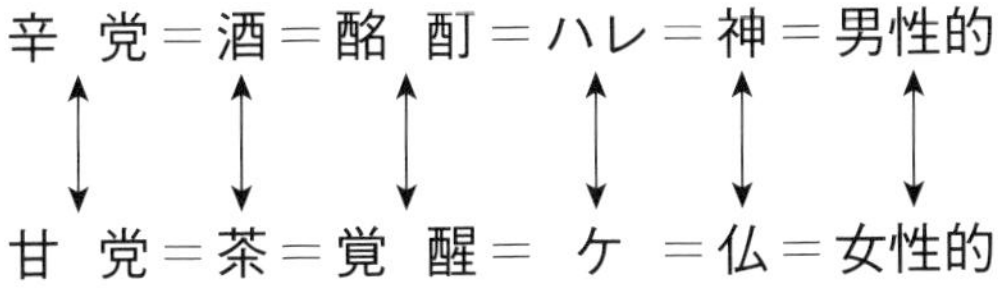

図23　酒と茶の対立関係

文化の飲みものと文明の飲みもの

ここでは仮に、それぞれの民族の価値観に根ざした個別性の強い事象を「文化」とよび、個別的な文化のちがいを乗り越えて普遍的にひろがる事象を「文明」ということばで表現することにしておこう。

酒と茶の伝統的な二大飲料によって占められていた日本社会に、外国に起源する文明の飲みものが浸透するのが、一九世紀後半以後の飲みものの近代史である。

外来の飲みものが普及する過程で、それらを日本文化の文脈に位置づける——

すなわち文明を文化化する——作用が働いてきたのだ。

おおまかにいえば、ビール、ウイスキー、ワインなどの欧米から伝来した酒類やそれをもちいたカクテルも、日本の伝統的な酒に関するイメージを共有する飲みものとされている。これらの外来の酒も辛党好みの酒の肴と一緒に飲まれることがおおいし、外来の酒類を好む者でも大量の飲酒をする者は男性的なイメージの人物としてとらえられる。

ただし、外来の酒は、ハレの場での儀礼的な飲みもの、すなわち神に関係をもつアルコール飲料としての地位は獲得していない。宴会においてビールで乾杯をすることは、明治時代の軍隊からはじまり、現在ではごく普通のことになっている。しかし、結婚式の三三九度の盃事などの儀礼的な飲酒のさいや、神前に奉納する酒は、日本酒によって独占されているのである。

コーヒー、紅茶、ソーダ類、果物ジュースなどの外来のソフトドリンク類と、かつて飲用の習慣がなかった牛乳は、この一〇〇年間に文明の飲みものとして普及した。しかし、カフェイン飲料である紅茶、コーヒーが緑茶とおなじく覚醒の飲料であると生理学的に認識され、またソフトドリンク類は女性的イメージが強い飲みものとされているが、神仏との結合関係を得ることはなかった。

外来の容器であるガラスのコップで日本酒を飲むのは下品な飲みかたとされ、日本酒は陶磁器製の徳利と猪口で飲み、緑茶も伝統的な陶磁器製の茶飲み茶碗をもちいて飲む。それにたいして、紅茶、コーヒーは受け皿つきの洋風のカップで、西欧起源の酒類やソーダ類、果物ジュース、牛乳は外来の容器であるガラス製のコップで飲まれる。飲料そのものだけではなく、供する容器においても、文明の飲みものと文化の飲みものを区別しているのである。

あとがきにかえて～世界における日本食

二〇世紀以前の日本の食文化は、海外の食文化を受容し、それを日本風に変形させてきた歴史をもつものであった。長い歴史のなかで、日本の食文化を海外に発信することは、ほとんどなかったのである。

一九六〇年代まで、世界の都市における日本料理店はごく少数であった。ソウル、釜山、台北、台中、台南などの旧植民地の都市や、日本人移民のおおかった地域に形成された日本人街のあったホノルル、ロスアンジェルス、サンパウロなどの都市でしか日本食を食べることはできなかったのである。その顧客は、在留邦人と日本文化に親しんだ少数の現地人にかぎられていた。

食文化研究に着手する以前のわたしは、一九六〇年代の世界をまわって、日本食が世界性を獲得することは困難であろうと考えた。世界のほとんどの地域で、肉や油脂、香辛料を多用した料理がご馳走とされているのにたいして、そのような料理の伝統が希薄で、魚と野菜を主役とする伝統的日本食は特殊すぎて、海外で評価されることはむずかしいであろうと思ったのである。

当時の日本の食文化の産物で世界性を獲得しつつあったのは、味の素、醬油、即席麵であった。これらの食品工業の製品は、日本人の食文化をはなれても世界的商品になりうる。しかし、日本の伝統文化の文脈のなかではぐくまれた日本料理の味が、海外で理解されるのは困難だろうと考えたのである。

ロスアンジェルスの日本料理店

わたしの予想は見事にくつがえった。一九七〇年代末に、ニューヨークとロスアンジェルスを拠点に、アメリカでスシ・ブームがおこったのである。その頃には食文化研究を開始していたわたしは、一九八〇年に共同研究者たちとロスアンジェルスの日本食レストランの現地調査をおこなった。その結果、わたしがマイナス要因と考えた日本料理の特殊性が、海外ではプラス要因に評価されるようになったことがあきらかになった。(1)

わたしたちはロスアンジェルスの五〇軒の日本食レストランを訪れて、日本食を提供する側からの実態調査をおこなったほか、「なぜ、アメリカ人が日本食を食べはじめたか」を知るために、日本料理店の顧客や、スーパーマーケットの日本食料品売り場の買い物客、日本語や日本文化を学ぶ大学生など、日本食に興味をもつアメリカ人を対象に、六九項目におよぶ質問表のアンケート調査をおこない、五三四人から回収することができた。

アンケートの質問項目には、「日本食(Japanese Food)」ということばから連想される単語を三語記入してもらう欄があった。回答を集計してみると、「テンプラ」、「スシ」、「テリヤキ」、「サシミ」といった料理名と「魚」、「野菜」という日本料理を特徴づける素材名が上位を占めていた。

注目されるのは、「健康的(healthy)」、「かるい(light)」、「なま(raw)」、「単純(simple)」、「清潔(clean)」、「美しい(beautiful)」ということばも上位を占めていることである。

いっぽう、「アメリカ食(American Food)」ということばから連想される単語を記入してもらった結果の集計では、「ハンバーガー」、「ステーキ」、「ホットドッグ」というアメリカを代表する食べものが上位三位を占め、「よい(good)」という単語もあらわれるが、「脂っこい(greasy)」、「ふとる(fattening)」、

「おもい(heavy)」という、油脂を多用するアメリカ食は肥満につながる非健康的な食事であるというイメージをしめす単語が上位を占めていることである。

栄養過多による生活習慣病が社会問題となったアメリカでは、魚、野菜、米を素材として、低カロリー、低コレステロールの日本食が「健康によい食事」であると評価されるようになったのである。

では、アメリカ人たちは健康維持のために無理をして日本食を食べるようになったのか? アンケートで日本食は「健康的」であると記入した人びとの何人かに面接調査をして、本音を聞いてみた。するとあたりまえのことだが、「食べてみたらおいしかった」から、日本食を食べるようになったという回答がほとんどであった。日本食が「健康的」であるという言説が、日本食レストランに出入りするための口実となっていたのである。

「はじめて日本食を口にするときは、いささか冒険心を必要とした。とくに刺身やスシの生魚料理には心理的抵抗感をおぼえた。しかし、日本の生魚料理は、食べてみたらちっとも魚臭く(fishy)なかった」という。

魚の形容詞である fishy ということばには、「魚の」、「魚臭い」という意味があるが、「魚臭い」のは不快な臭いとされる。また、fishy の口語的表現として、話などが「怪しい、いかがわしい、うさんくさい」といった意味をもつ。

英語で「料理」をしめすとされることばである cook は火熱を使用した料理をしめす。

そこで、日米開戦直前には、アメリカ人は生魚を食べる日本人を蔑視して、「料理をしないで、不快な魚の臭いのする生魚を食べる、うさんくさい野蛮な連中」であるというイメージをいだいたようである。

世界にひろがる日本食　アメリカでのスシ・ブームを起点として、二〇世紀末から現在にいたるまで、全世界に日本食を供するレストランの普及がつづいている。二〇〇六年に農林水産省が発表した「海外における〈いわゆる日本食レストラン〉の展開情況」によると、北米約一万店、中南米約一五〇〇店、アジア約六〇〇〇～九〇〇〇店、オセアニア約五〇〇～一〇〇〇店、欧州約二〇〇〇店、ロシア約五〇〇店、中東約一〇〇店の日本食レストランがあるとされた(2)。

その後も世界における日本食レストランは急増し、ジェトロ（日本貿易振興機構）の報告によれば、一九八〇年代のフランスにおける日本食レストランは五〇店程度であったものが、二〇一一年には一五〇〇店になり、二〇〇六年ではロシア全土で日本食レストランが約五〇〇店であったものが、二〇一〇年にはモスクワ市内だけで六〇〇店に達したという(3)。

先進諸国だけではなく、経済発展による所得の向上とともに、アジア諸国でも日本食が高所得層の人びとに食べられるようになり、日本食を食べることが「カッコイイ」こととなった。漫画、アニメ、自動車、オートバイ、電気製品などとならんで、日本食も「クール・ジャパン」の一翼をになうようになったのである。

二〇一三年には、「和食：日本人の伝統的な食文化」が、ユネスコ無形文化遺産に登録された。

現在、世界中で日本料理が食べられるようになったが、海外の日本料理店の経営者や料理人の大半は現地人である。たとえば日系移民のおおいブラジル最大の都市サンパウロでも、「スシ・マン」とよばれる日本料理人の約八割は非日系人である。

わたしが訪れた二〇〇七年には、サンパウロ市に約六〇〇店の日本食を供する店があった。それは、ブラジルの国民料理とされる鉄串に肉塊を刺して炭火で焼いた「シュラスコ」の専門店であるシュラスカリアの店数よりもおおい。

わたしのはいったシュラスカリアにはスシ・コーナーがあり、そこには見なれないスシが置かれていた。「マンゴーの果肉を芯にしたノリ巻き」、「イチゴの果肉のノリ巻き」、「羊羹《ようかん》のノリ巻き」、「カニかまぼこにマヨネーズをつけたものを芯にしたノリ巻き」に、衣をつけて揚げた「テンプラズシ」である。いずれも日本のスシ職人からは、「邪道」と非難されそうな代物である。また、シュラスコの焼き肉の匂いとスシは、日本人の美学としてはミスマッチである。

日本人の発想を超えたスシであるが、それらを「正統な日本食ではない」と非難してよいであろうか。

食べるのはブラジル人であるから、商品としての食べものが、食べる側の文化にあわせて変形されるのは当然のことである。それを非難するならば、日本におけるトンカツやカレーライスなどの日本化した洋食や、ラーメンなどの日本化した中国料理も、欧米や中国からの非難の対象とされるべきものである。

食文化の伝統の「正統性」を強調することは、植民地の人びとに宗主国の文化を押しつけようとしたかつての「同化政策」や「国粋主義」に通じる。むしろ、日本起源の食文化が、海外で独自の進化の方向をたどっているものと、積極的に評価するべきではなかろうか。

伝統は「まもるべきもの」と、うけとられがちである。しかし、伝統の本質は絶えざる創造の連続にある。活力をうしなった事柄が、「まもらなくてはならなくなった」伝統である。海外における日本食の変貌は、伝統的な日本文化の枠にとらわれずに、世界各地の食文化と融合しながら、創造の方向にむかっているものと歓迎すべきではなかろうか。

（1） 石毛直道・小山修三・山口昌伴・栄久庵祥二『ロスアンジェルスの日本料理店――その文化人類学的研究』ドメス出版、一九八五年

（2） 農林水産省ホームページ『海外における日本食レストランの現状について』農林水産省、二〇〇六年

（3） 日本貿易振興機構ホームページ『海外ビジネス情報』日本貿易振興機構、二〇一〇・二〇一一年

石毛直道

1937年千葉県生まれ．京都大学文学部卒業，農学博士．専門は文化人類学（食事文化，比較文化）．国立民族学博物館教授，館長をへて，同館名誉教授．総合研究大学院大学名誉教授．第24回南方熊楠賞受賞．
著書『住居空間の人類学』（鹿島出版会），『食事の文明論』（中公新書），『魚醤とナレズシの研究――モンスーン・アジアの食事文化』（共著，岩波書店），『麺の文化史』（講談社学術文庫），『食卓の文化誌』（岩波現代文庫），『食卓文明論――チャブ台はどこへ消えた？』（中公叢書），『飲食文化論文集』（清水弘文堂書房），『石毛直道自選著作集』全12巻（ドメス出版）他多数．

日本の食文化史――旧石器時代から現代まで

2015年11月27日　第1刷発行
2023年10月5日　第11刷発行

著　者　石毛直道《いしげなおみち》

発行者　坂本政謙

発行所　株式会社 岩波書店
〒101-8002 東京都千代田区一ツ橋2-5-5
電話案内 03-5210-4000
https://www.iwanami.co.jp/

印刷・法令印刷　カバー・半七印刷　製本・松岳社

ISBN 978-4-00-061088-9　　Printed in Japan